201 POLISH VERBS

201 POLISH VERBS

FULLY CONJUGATED
IN ALL THE TENSES
Alphabetically arranged

Clara Kaipio,

Teaching Master
Confederation College
Thunder Bay, Ontario, Canada

BARRON'S EDUCATIONAL SERIES, Inc.

All inquiries should be addressed to:
Barron's Educational Series, Inc.
250 Wireless Boulevard
Hauppauge, New York 11788

Library of Congress Catalog Card No. 77-8810

Paper edition
International Standard Book No. 0-8120-0577-5

Library of Congress Cataloging in Publication Data

Kaipio, Clara.
    201 Polish verbs fully conjugated in all the tenses.

    English and Polish.
    Includes indexes.
    1. Polish language — Verb — Tables, lists, etc.   2. Polish language — Inflection.   I. Title.
PG6271.K3   491.82'4'21   77-8810
ISBN 0-8120-0577-5

PRINTED IN THE UNITED STATES OF AMERICA

56   510   13

To

Marc and Audrey

         who try their utmost

         to master the Polish verb

Acknowledgments:

to Dr. L. Zawadowski of Lakehead University who read
the manuscript and made many helpful comments

to my students for their creative responses

C O N T E N T S

INTRODUCTION: THE VERB

ASPECT. Almost all Polish verbs occur in two major categories, called aspects. Those which express completion of an action are called perfective /e.g., skrócić/, those which express duration of an action as well as its incompletion are called imperfective /e.g., skracać/. Perfective verbs differ from imperfective verbs either by their suffix /e.g., imperfective: kup-owa-ć, perfective: kupić/, or by their stem form /e.g., imperfective: ot-wier-ać, perfective: ot-worz-yć/, or by their prefix /e.g., imperfective: moknąć, perfective: z-moknąć/, or their forms are altogether different /e.g., imperfective: brać, perfective: wziąć/.

In addition, in the verbs of motion, the imperfective infinitive subdivides into indeterminate /e.g., nosić/ and determinate /e.g., nieść/ infinitive. Determined verbs do have perfective forms /e.g., zanieść/, whereas indetermined verbs of motion do not have a matching perfective verb. The term indeterminate infinitive refers to a frequentative, repetitive or habitual motion and determinate infinitive describes a specific motion in progress.

With some other Polish verbs, however, the imperfective infinitive subdivides into actual /e.g., widzieć/ and frequenta-

tive /e.g., widywać/ infinitive. The term actual infinitive
refers to a regular or habitual action or to an action in
progress; frequentative infinitive describes an irregular rep-
etition of an action.

PERSON AND NUMBER AND FINITE VERB FORMS. Verb forms which are
inflected for person - first person /e.g., czytam, czytamy/,
second person /e.g., czytasz, czytacie/, and third person /e.g.,
czyta, czytają/ and number - singular /e.g., czytam, czytasz,
czyta/ and plural /e.g., czytamy, czytacie, czytają/ are called
finite. They include the present tense /e.g., czytam, czytasz,
etc./, the past tense /e.g., czyta-ł-em(-ł-am), czyta-ł-eś(-ł-aś),
etc./, the conditional mood /e.g., czyta-ł-by-m(-ł-a-by-m),
czyta-ł-by-ś(-ł-a-by-ś), etc./ and the imperative mood /e.g.,
czytaj, etc./.

GENDER. Gender occurs with the past and conditional tenses. In
the singular the past and conditional tenses distinguish three
forms, each with a different ending: masculine /e.g., past:
słucha-ł-em; conditional: słucha-ł-by-m/, feminine /e.g., past:
słucha-ł-am; conditional: słucha-ł-a-by-m/ and neuter /e.g.,
past: słucha-ł-o; conditional: słucha-ł-o-by/. In the plural
the past and conditional tenses have two types of forms, the
so-called masculine-personal forms /e.g., past: by-li-śmy;
conditional: by-li-by-śmy/ and forms used for feminine persons,
for animals and for inanimate things /e.g., past: by-ły-śmy;

conditional: by-ły-by-śmy/.

NONFINITE VERB FORMS. The nonfinite verb forms are not inflected for person and number. They include the infinitive /e.g.,
czyta-ć/, the adverbial participles /e.g., present gerund:
czyt-aj-ąc; past gerund: prze-czyta-wszy/, the present active
participle /e.g., czyta-ją-cy/, the passive participles
/czyt-an-y, prze-czyt-an-y/ and the verbal noun /e.g., czytanie/.

All the verb forms in the introductory pages have their prefixes,
stems or endings separated by a hyphen, e.g., u-my-ł-em/-ł-am/.
The student then should make the substitution and conjugate with
ease any other verb form with a different prefix when all the
parts of the verb have been exposed so clearly on the page for
him, e.g., prze-my-ł-em/-ł-am/, wy-my-ł-em/-ł-am/.

TABLE I: ENGLISH-POLISH TERMINOLOGY RELATED TO THE VERB

This table is inserted in this manual for the sake of those students who will use 201 Polish Verbs with a reference grammar written in Polish. They will be spared the cumbersome task of searching out translations in dictionaries.

verb - czasownik

transitive - czasownik przechodni

intransitive - czasownik nieprzechodni

auxiliary verb - słowo posiłkowe

infinitive - bezokolicznik

aspect - aspekt

imperfective - aspekt niedokonany

perfective - aspekt dokonany

indeterminate - aspekt nieokreślony

determinate - aspekt określony

actual - aspekt jednokrotny

frequentative - aspekt częstotliwy

tense - czas

present - czas teraźniejszy

past - czas przeszły

future - czas przyszły

compound /future/ - forma złożona

simple /future/ - forma prosta

mood - tryb

indicative mood - tryb orzekający OR oznajmujący

conditional - tryb przypuszczający OR warunkowy

imperative - tryb rozkazujący

voice - strona

active - strona czynna

passive - strona bierna

reflexive - strona zwrotna

conjugation - koniugacja

number - liczba

singular - liczba pojedyncza

plural - liczba mnoga

gender - forma, rodzaj

personal form - słowo osobowe

impersonal form - forma bezosobowa

masculine - forma męska

feminine - forma żeńska

neuter - forma nijaka

masculine-personal form - forma męskoosobowa

inanimate form - forma rzeczowa

x

prefix - przedrostek OR prefiks

suffix - przyrostek OR sufiks

root - rdzeń

stem - temat

ending - końcówka

participle - imiesłów

adjectival participle - imiesłów przymiotnikowy

adverbial participle or gerund - imiesłów przysłówkowy

declinable - odmienny

indeclinable - nieodmienny

present active, declinable - imiesłów przymiotnikowy czynny

współczesny, odmienny

present passive, declinable - imiesłów przymiotnikowy bierny

współczesny, odmienny

past passive, declinable - imiesłów przymiotnikowy bierny

przeszły, odmienny

present gerund, indeclinable - imiesłów przysłówkowy czynny

współczesny, nieodmienny

past gerund, indeclinable - imiesłów przysłówkowy czynny

uprzedni, nieodmienny

verbal noun - rzeczownik słowny

This table shows the student that many compound verbs can be formed by adding one or more prefixes to an appropriate simple verb.   Thus the simple verb <u>pisać</u> /to write/ by adding to it the following prefixes becomes a compound verb with a host of new meanings:

dopisać - to add in writing

napisać - to finish writing

nadpisać - to write a heading

opisać - to describe

odpisać - to answer / a letter/, to copy

popisać - to write a bit

podpisać - to sign

przepisać - to copy

przypisać - to add in the margin, to attribute

rozpisać - to send out /mail/, to copy parts from score /music/

spisać - to draw a list

wpisać - to inscribe

wypisać - to copy an excerpt, to subscribe

zapisać - to write down, to bequeath

PREFIX	MEANING
do-	to, towards
na-	on, upon, in
nad-	above

o-, ob-	of, about
od-	from
po-	over, through, after
pod-	under, below
prze/d/-	in front of
prze/z/-	through, across
przy-	near, close to, by
roz-	dis-
s-	with
u-	off; on
w-	in
wy-	out
ws-	up
wz-	up
z-	with
za-	behind

Some verbs however have a meaning which cannot be inferred from the meaning of the prefix, e.g., przejść/przechodzić - to stop /of a sensation/. In such cases only a dictionary may help the student. Nevertheless the list of prefixes remains a useful guide for the student in straightforward situations.

TABLE III: VERBS OF MOTION

Here are some of the verbs of motion with their appropriate

meanings.

IMPERFECTIVE	INDETER- MINATE	DETER- MINATE	PERFECTIVE	MEANING
	chodzić	iść	pó-jść	go /on foot/, walk
	jeździć	jechać	po-jechać	go /by vehicle/, travel, ride
	latać	lecieć	po-lecieć	fly
	pływać	płynąć	po-płynąć	swim, sail, float
	nosić	nieść	za-nieść	carry, bear, wear /ID only/
	wodzić	wieść	po-wieść	lead, conduct
	wozić	wieźć	po-wieźć	carry /by vehicle/, transport
	chodzić		przy-jść	come
do-chodzić			do-jść	go as far as, reach, attain
do-jeżdżać			do-jechać	arrive at, commute /I only/
do-pływać			do-płynąć	reach /the shore/
nad-chodzić			nad-e-jść	approach, come, arrive
nad-jeżdżać			nad-jechać	be arriving /by vehicle/
na-jeżdżać			na-jechać	drive over
ob-chodzić			ob-e-jść	go around, walk around
ob-jeżdżać			ob-jechać	go around / by vehicle/
od-chodzić			od-e-jść	leave, depart, walk /off/
od-jeżdżać			od-jechać	go away /by vehicle/, leave
od-latywać			od-lecieć	fly away
od-nosić			od-nieść	take back

po-chodzić			originate /I only/
pod-chodzić		pod-e-jść	come up to, approach
pod-nosić		pod-nieść	lift, pick up, take up
prze-chodzić		prze-jść	pass by, cross, go through
		prze-jść się	go for a stroll /P only/
prze-jeżdżać		prze-jechać	go across, go through /riding/
		prze-jechać się	go for a ride /P only/
prze-nosić		prze-nieść	carry across
prze-pływać		prze-płynąć	swim across, sail across
przy-chodzić		przy-jść	come, arrive /on foot/
przy-jeżdżać		przy-jechać	come, arrive /by vehicle/
przy-nosić		przy-nieść	bring /on foot/, fetch
przy-wozić		przy-wieźć	bring /by vehicle/, import
roz-chodzić się		roz-e-jść się	go one's way /on foot/
s-chodzić		z-e-jść	go down /on foot/, descend
u-chodzić		u-jść	escape
w-chodzić		w-e-jść	ascend, enter, walk in, go in
w-jeżdżać		w-jechać	drive in, ride in
w-nosić		w-nieść	bring, carry in, contribute
wy-chodzić		wy-jść	go out, come out /on foot/
wy-jeżdżać		wy-jechać	leave, drive out, depart
z-jeżdżać		z-jechać	go down /by vehicle/, ride down
za-chodzić		za-jść	drop in, stop by, set /sun/

TABLE IV: SUFFIXES

legend: C = consonant, V = vowel

PRESENT TENSE SUFFIX	PRESENT TENSE THIRD PERSON PLURAL	INFINITIVE	PAST TENSE THIRD PERSON SINGULAR /MASCULINE/	PAST TENSE SUFFIX
-uj-	prac-uj-ą	prac-owa-ć	prac-owa-ł	-owa-
-uj-	pod-pis-uj-ą	pod-pis-ywa-ć	pod-pis-ywa-ł	-ywa-
-uj-	za-koch-uj-ą się	za-koch-iwa-ć się	za-koch-iwa-ł się	-iwa-
-uj-	ps-uj-ą	ps-u-ć	ps-u-ł	-u-
-aj-	po-zn-aj-ą	po-zn-awa-ć	po-zn-awa-ł	-awa-
-aj-	czyt-aj-ą	czyt-a-ć	czyt-a-ł	-a-
-ej-	istni-ej-ą	istni-e-ć	istni-a-ł	-a-
-ij-	b-ij-ą	b-i-ć	b-i-ł	-i-
-oj-	b-oj-ą się	b-a-ć się	b-a-ł się	-a-
-yj-	m-yj-ą	m-y-ć	m-y-ł	-y-
-C-	po-śl-ą	po-sła-ć	po-sł-a-ł	/C/-a-
-C-	z-w-ą	z-wa-ć	z-wa-ł	/C/-wa-
-C-	robi-ą	rob-i-ć	rob-i-ł	/C/-i-
-C-	ucz-ą	ucz-y-ć	ucz-y-ł	/C/-y-
/C/-m-	za-jm-ą	zaj-ą-ć	zaj-ą-ł	/C/-ą-
/C/-n-	pły-n-ą	pły-ną-ć	pły-ną-ł	/C/-ną-
/V/-n	sta-n-ą	sta-ną-ć	sta-ną-ł	/V/-ną-
/C/-n-	mok-n-ą	mok-ną-ć	mók-ł	-C-
-C-	kład-ą	kłaś-ć	kład-ł	-C-

xvi

TABLE V: VERB ENDINGS, EXAMPLES AND FORMATION

This table shows the verb pattern of the three conjugations in
Polish commonly referred to as the -ę, -esz; -ę, -isz/-ysz; -am/-em,
-asz/-esz conjugations named after the endings in the first
person singular and second person singular of the present tense
or the simple future tense:

-ę, -esz	Conjugation I
-ę, -isz OR -ysz	Conjugation II
-am, -asz OR -em, -esz	Conjugation III

The present tense endings:

NUMBER	PERSON	CONJUGATION I -ę, -esz	CONJUGATION II -ę,-isz/-ysz/	CONJUGATION III -am, -asz / -em, -esz
sing.	1.	-ę	-ę	-am / -em
sing.	2.	-esz	-isz /-ysz/	-asz / -esz
sing.	3.	-e	-i /-y/	-a / -e
pl.	1.	-emy	-imy /-ymy/	-amy / -emy
pl.	2.	-ecie	-icie /-ycie/	-acie / -ecie
pl.	3.	-ą	-ą	-ą / -ą

Examples:

pisa-ć	robi-ć	uczy-ć /się/*	kocha-ć	wiedzie-ć
I pisz-ę	II rob-i-ę OR	ucz-ę /się/ III	koch-am OR	wi-em
pisz-esz	rob-isz	ucz-ysz /się/	koch-asz	wi-esz
pisz-e	rob-i	ucz-y /się/	koch-a	wi-e
pisz-emy	rob-imy	ucz-ymy /się/	koch-amy	wi-emy
pisz-ecie	rob-icie	ucz-ycie /się/	koch-acie	wi-ecie
pisz-ą	rob-i-ą	ucz-ą /się/	koch-aj-ą	wi-edz-ą

*In reflexives the particle "się" always remains invariable and is placed after the verb /except in compound future and 3rd sing. and pl. imperative/.

Formation /present/:

The formation of the various tenses in Polish is fairly straightforward. The only one which presents some difficulty for the student is the present indicative. It consists, as all inflected forms do, of stems and endings. The endings are listed in the chart, but stems may vary in appearance, that is, they may be variable, e.g., brać: bior-ę, bierz-esz, bierz-e, bierz-emy, bierz-ecie, bior-ą, or invariable, e.g., czyta-ć: czyt-am, czyt-asz, czyt-a, czyt-amy, czyt-acie, czyt-aj-ą.

It is on the variations in the endings which occur in the present tense that the three conjugations are based.

The first conjugation incorporates
1. infinitives in -ać with different stem forms in the infinitive and the present tense, e.g., pis-ać: pisz-ę, br-ać: bior-ę, etc.;

2. infinitives in -yć, -ić or -uć and the present tense
extended by the suffix -j-; -iję, -uję, -yję, e.g., p-ić: p-ij-ę,
p-ij-esz, etc., pl-uć: pl-uj-ę, pl-uj-esz, etc., sz-yć: sz-yj-ę,
sz-yj-esz, etc.;

3. infinitives in -ować and the present tense ending in -uj-ę,
-uj-esz, etc., e.g., dzięk-ować: dzięk-uj-ę, dzięk-uj-esz, etc.;

4. infinitives in -wać and a present tense ending in -ję, -jesz,
etc., e.g., da-wać: da-j-ę, da-j-esz, etc.;

5. infinitives in -ywać, -iwać and a present tense in -uję,
-ujesz, etc., e.g., zachow-ywać się: zachow-uj-ę się, zachow-uj-
esz się, etc.; zamieszk-iwać: zamieszk-uj-ę, zamieszk-uj-esz, etc.;

6. infinitives in -nąć and a present tense in -nę, -niesz,
etc., e.g., ciąg-nąć: ciąg-n-ę, ciąg-n-iesz, etc.;

7. infinitives in -ąć and a present tense in -nę, -niesz, etc.,
or -mę, -miesz, etc., e.g., ci-ąć: t-n-ę, t-ni-esz, etc., d-ąć:
d-m-ę, d-mi-esz, etc.;

The second conjugation incorporates the following stem
changes:

1. ć or ci to c, e.g., pła-ci-ć: pła-c-ę, pła-ci-sz, pła-ci,
pła-ci-my, pła-ci-cie, pła-c-ą;

2. dź or dzi to dz, e.g., wi-dzi-eć: wi-dz-ę, wi-dzi-sz,
wi-dzi, wi-dzi-my, wi-dzi-cie, wi-dz-ą;

3. ś or si to sz, e.g., pro-si-ć: pro-sz-ę, pro-si-sz, pro-si,
pro-si-my, pro-si-cie, pro-sz-ą;

4. ź or zi to ż, e.g., mro-zi-ć: mro-ż-ę, mro-zi-sz, mro-zi,
mro-zi-my, mro-zi-cie, mro-ż-ą;

5. ść or ści to szcz, e.g., goś-ci-ć: go-szcz-ę, go-ści-sz,
go-ści, go-ści-my, go-ści-cie, go-szcz-ą;

6. źdź or ździ to żdż, e.g., je-ździ-ć: je-żdż-ę, je-ździ-sz,
je-ździ, je-ździ-my, je-ździ-cie, je-żdż-ą;

The stems of the first person singular and third person plural
differ from all the other forms.

The third conjugation incorporates
1. infinitives in -ać and the present tense ending in -am, -asz,
etc., e.g., żegn-ać: żegn-am, żegn-asz, etc.;

2. infinitives in -eć and the present tense ending in -em, -esz,
etc., e.g., rozumi-eć: rozumi-em, rozumi-esz, etc.;

Past tense endings:

xx

number	person	masculine	feminine	neuter
sing.	1.	-ł-em	-ł-am	-
sing.	2.	-ł-eś	-ł-aś	-
sing.	3.	-ł	-ł-a	-ł-o

		masculine-personal forms	feminine, animal and inanimate forms
pl.	1.	-li-śmy	-ły-śmy
pl.	2.	-li-ście	-ły-ście
pl.	3.	-li	-ły

Examples:

odbudow-ywa-ć (imperfective)/odbud-owa-ć (perfective)

Singular

    Masculine

        1. odbudowywa-ł-em   1. odbudowa-ł-em

        2. odbudowywa-ł-eś   2. odbudowa-ł-eś

        3. odbudowywa-ł   3. odbudowa-ł

    Feminine

        1. odbudowywa-ł-am   1. odbudowa-ł-am

        2. odbudowywa-ł-aś   2. odbudowa-ł-aś

        3. odbudowywa-ł-a   3. odbudowa-ł-a

    Neuter

1.	-	1.	-
2.	-	2.	-
3.	odbudowywa-ł-o	3.	odbudowa-ł-o

Plural

Masculine-personal forms

1.	odbudowywa-li-śmy	1.	odbudowa-li-śmy
2.	odbudowywa-li-ście	2.	odbudowa-li-ście
3.	odbudowywa-li	3.	odbudowa-li

Feminine, animal and inanimate forms

1.	odbudowywa-ły-śmy	1.	odbudowa-ły-śmy
2.	odbudowywa-ły-ście	2.	odbudowa-ły-ście
3.	odbudowywa-ły	3.	odbudowa-ły

Formation /past tense/:

The past tense endings are uniform for all the Polish verbs. They are formed by dropping -ć from the infinitive /e.g., słucha-ć/ and adding -ł- in the singular and -li- or -ły- in the plural together with the appropriate ending.

Yet some stem alternations do occur in the past tense:

Note 1: If the infinitive has -e- before the ending -ć, e.g.: mi-e-ć, rozumi-e-ć, widzi-e-ć, etc., the -e- is replaced by -a- in the singular of all genders and in the plural of the feminine, animal and inanimate forms; however, in the plural of masculine-personal forms the verb retains the stem vowel of the infinitive.

mi-e-ć:	sing. 1.	mi-a-ł-em	mi-a-ł-am	-
	2.	mi-a-ł-eś	mi-a-ł-aś	-
	3.	mi-a-ł	mi-a-ł-a	mi-a-ł-o

```
       pl. 1. mi-e-li-śmy              mi-a-ły-śmy

           2. mi-e-li-ście             mi-a-ły-ście

           3. mi-e-li                  mi-a-ły
```

Note 2: If the infinitive has -ą- before the ending -ć, e.g.:
krzykn-ą-ć, min-ą-ć, wzi-ą-ć, zdj-ą-ć, the -ą- is replaced
by -ę- in all forms except those of the masculine singular.

```
min-ą-ć: sing. 1.  min-ą-ł-em min-ę-ł-am  -

              2.  min-ą-ł-eś min-ę-ł-aś  -

              3.  min-ą-ł    min-ę-ł-a    min-ę-ł-o

       pl. 1.  min-ę-li-śmy    min-ę-ły-śmy

           2.  min-ę-li-ście   min-ę-ły-ście

           3.  min-ę-li        min-ę-ły
```

Note 2(a): Some of the verbs which end in -nąć in the
infinitive , e.g.: marz-nąć, mok-nąć, zlęk-nąć się, etc.,
drop the -ną- in the past tense and add the respective endings
of the past tense.

```
marz-ną-ć: sing. 1.  marz-ł-em   marz-ł-am   -

               2.  marz-ł-eś   marz-ł-aś   -

               3.  marz-ł      marz-ł-a     marz-ł-o

        pl. 1.  marz-li-śmy    marz-ły-śmy

            2.  marz-li-ście   marz-ły-ście

            3.  marz-li        marz-ły
```

Note 3: If the infinitive ends in two consonants or -c, the
consonant of the first person singular of the present or
simple future tense is retained before the -ł- of the past

tense, e.g.: gry-źć, kła-ść, nie-ść, m-ó-c, pi-e-c, po-m-ó-c,
strz-y-c, u-pa-ść, wie-źć, wy-m-ó-c, za-nie-m-ó-c.

m-ó-c: mo-g-ę: sing. 1. mo-g-ł-em   mo-g-ł-am   -

               2. mo-g-ł-eś   mo-g-ł-aś   -

               3. mó-g-ł   mo-g-ł-a   mo-g-ł-o

         pl. 1. mo-g-li-śmy   mo-g-ły-śmy

               2. mo-g-li-ście   mo-g-ły-ście

               3. mo-g-li   mo-g-ły

Note 3(a): Notice the vowel alternation between e, o, and ó
in verbs like nie-ść, wie-źć.

nie-ść: sing. 1. ni-o-s-ł-em   ni-o-s-ł-am   -

             2. ni-o-s-ł-eś   ni-o-s-ł-aś   -

             3. ni-ó-s-ł   ni-o-s-ł-a   ni-o-s-ł-o

         pl. 1. ni-e-ś-li-śmy   ni-o-s-ły-śmy

             2. ni-e-ś-li-ście   ni-o-s-ły-ście

             3. ni-e-ś-li   ni-o-s-ły

Future tense endings:

Number	person	COMPOUND FUTURE				SIMPLE FUTURE
		I	II			
			masculine	feminine	neuter	
sing.	1.	będ-ę -ć	będ-ę -ł	-ł-a	—	same
sing.	2.	będzi-esz -ć	będzi-esz -ł	-ł-a	—	endings
sing.	3.	będzi-e -ć	będzi-e -ł	-ł-a	-ł-o	as for
			masculine personal forms	feminine and inanimate forms		the
pl.	1.	będzi-emy -ć	będzi-emy -li	-ły		present
pl.	2.	będzi-ecie -ć	będzi-ecie -li	-ły		tense
pl.	3.	będ-ą -ć	będą -li	-ły		

Examples:

rozumie-ć (imperfective)/z-rozumie-ć (perfective)

Compound Future

I

All genders

Singular

    1. będ-ę rozumie-ć

    2. będzi-esz rozumie-ć

    3. będzi-e rozumie-ć

Plural

    1. będzi-emy rozumie-ć

    2. będzi-ecie rozumie-ć

    3. będ-ą rozumie-ć

II

Singular

  Masculine

    1. będ-ę rozumia-ł

    2. będzi-esz rozumia-ł

    3. będzi-e rozumia-ł

  Feminine

    1. będ-ę rozumia-ł-a

    2. będzi-esz rozumia-ł-a

    3. będzi-e rozumia-ł-a

  Neuter

    1. -

    2. -

    3. będzi-e rozumia-ł-o

Plural

    Masculine-personal

        1. będzi-emy rozumie-li

        2. będzi-ecie rozumie-li

        3. będ-ą rozumie-li

    Feminine and inanimate

        1. będzi-emy rozumia-ły

        2. będzie-cie rozumia-ły

        3. będ-ą rozumia-ły

With reflexives the particle "się" is placed after the auxiliary verb. E.g., będę się malował /-a/, etc., będę się malować.

Simple Future

            All genders

    Singular

        1. z-rozumi-em

        2. z-rozumi-esz

        3. z-rozumi-e

    Plural

        1. z-rozumi-emy

        2. z-rozumi-ecie

        3. z-rozumi-ej-ą

Formation /future/:

    The future compound tense is formed from imperfective verbs in two ways:

I. by using the future of the auxiliary verb <u>być</u> with the infinitive, e.g.: będ-ę odwiedza-ć, będzi-esz odwiedza-ć, etc.

II. by adding the past tense forms to the corresponding future of the auxiliary verb <u>być</u>, e.g.: będ-ę odwiedza-ł/-a/, będzi-esz odwiedza-ł/-a/, etc.

There is no difference in meaning between the two forms of the future compound. The latter form, however, is more common.

The simple future is formed from perfective verbs and has the same endings as in the present tense, e.g.: prze-czyt-am, prze-czyt-asz, etc.

Conditional endings:

NUMBER	PERSON	CONDITIONAL ENDINGS
sing.	1.	-by-m
sing.	2.	-by-ś
sing.	3.	-by
pl.	1.	-by-śmy
pl.	2.	-by-ście
pl.	3.	-by

Examples:

mokną-ć (imperfective)/z-mokną-ć (perfective)

Singular

    Masculine

1.	mók-ł-bym	1.	z-mók-ł-bym
2.	mók-ł-byś	2.	z-mók-ł-byś
3.	mók-ł-by	3.	z-mók-ł-by

    Feminine

1.	mok-ła-bym	1.	z-mok-ła-bym
2.	mok-ła-byś	2.	z-mok-ła-byś
3.	mok-ła-by	3.	z-mok-ła-by

    Neuter

1.	-	1.	-
2.	-	2.	-
3.	mok-ło-by	3.	z-mok-ło-by

Plural

    Masculine-personal forms

1.	mok-li-by-śmy	1.	z-mok-li-by-śmy
2.	mok-li-by-ście	2.	z-mok-li-by-ście
3.	mok-li-by	3.	z-mok-li-by

    Feminine and inanimate forms

1.	mok-ły-by-śmy	1.	z-mok-ły-by-śmy
2.	mok-ły-by-ście	2.	z-mok-ły-by-ście
3.	mok-ły-by	3.	z-mok-ły-by

Formation:

    The conditional is formed by adding to the third person

singular of the past tense /e.g., czytać: czytał, czytała, czytało/ and to the third person plural of the past tense /e.g., czytać: czytali, czytały/ the endings -bym, -byś, -by, -byśmy, -byście, -by, /e.g.: czyta-ł(-a)-bym, czyta-ł(-a)-byś, etc./.

Imperative endings:

NUMBER	PERSON	IMPERATIVE ENDINGS
sing.	2.	-, -ij /-yj/, -j
		OR
		proszę -ć*
sing.	3.	niech /on, ona, ono/ OR /pan*, pani*/ -a, -e, -i/-y
pl.	1.	-my, -ij-my /-yj-my/
pl.	2.	-cie, ij-cie /-yj-cie/**
		OR
		proszę -ć*
pl.	3.	niech /oni, one/ OR /państwo*/ -ą

* used in polite commands or requests

** used with groups of people with whom one is on very familiar terms

Examples:

czyta-ć (imperfective)/prze-czyta-ć (perfective)

Singular

2.	czyt-a-j	2.	prze-czyt-a-j
2.	proszę czyt-a-ć	2.	proszę prze-czyt-a-ć
3.	niech /on/ czyt-a	3.	niech /on/ prze-czyt-a
3.	niech /ona/ czyt-a	3.	niech /ona/ prze-czyt-a
3.	niech /ono/ czyt-a	3.	niech /ono/ prze-czyt-a
3.	niech pan czyt-a	3.	niech pan prze-czyt-a
3.	niech pani czyt-a	3.	niech pani prze-czyt-a

Plural

1.	czyt-aj-my	1.	prze-czyt-aj-my
2.	czyt-aj-cie	2.	prze-czyt-aj-cie
2.	proszę czyt-a-ć	2.	proszę prze-czyt-a-ć
3.	niech /oni/ czyt-aj-ą	3.	niech /oni/ prze-czyt-aj-ą
3.	niech /one/ czyt-aj-ą	3.	niech /one/ prze-czyt-aj-ą
3.	niech państwo czyt-aj-ą	3.	niech państwo prze-czyt-aj-ą

With reflexive imperatives the particle "się" is placed after "proszę" and "niech". E.g., proszę się /po-/śpieszyć

    niech się /pan (-i)//po-/śpiesz-y

    niech się /państwo/ /po-/śpiesz-ą

Formation/imperative/:

The imperative mood is formed from both the imperfective and perfective aspects of the verb.

The second person singular of the imperative mood is

formed from the present tense stem when

1. the third person singular of the present /imperfective
verbs/ and simple future /perfective verbs/ ends in -e, -i,
or -y, by dropping the endings -e, -i and -y. E.g., my-ć /się/:
myj-e /się/ -- myj /się/; myśle-ć: myśl-i -- myśl or prosi-ć:
pros-i -- proś; patrze-ć: patrz-y -- patrz.

2. the third person singular of the present /imperfective
verbs/ and simple future /perfective verbs/ has no -e, -i or
-y ending. In such a case the second person singular of the
imperative is formed from the third person plural /present
or simple future/ by dropping the ending -ą, e.g., jeś-ć:
jedz-ą -- jedz; ubiera-ć: ubieraj-ą -- ubiera-j.

3. the verb stem ends in two or more consonants, by dropping
the ending of the third person singular of the present or
simple future tense and by adding the particle -ij /-yj/ to
the stem, e.g., spa-ć: śp-i -- śp-ij; zamkną-ć: zamkn-ie --
zamkn-ij; obejrze-ć: obejrz-y -- obejrz-yj.

The word "proszę" may be added to the infinitive to
form a polite request or wish in the second person singular
of the imperative, e.g., proszę przyjś-ć.

Note 1: The final consonant may be softened, e.g., prosi-ć:
proś; rzuca-ć: rzuć.
Note 2: Verbs with a softened stem ending in b, p, w, f, m

/e.g., kupi-ć: kupi; kłama-ć: kłamie/ do not retain the softness in the imperative form /e.g., kup, kłam/.

Note 3(a):   In some verbs change occurs between o and ó when the stem ends in a voiced consonant, e.g., robi-ć: robi -- rób; zgodzi-ć się: zgodzi się -- zgódź się.

(b):   In other verbs there is no change in the stem from o to ó, e.g., po-sł-o-dzi-ć: po-sł-o-dź; o-g-o-lić się: o-g-o-l się.

Note 4:   There are exceptions to the above rules, e.g., dawać: dadz-ą -- daj; być: będzi-e -- bądź, etc.

The first person plural of the imperative is formed by adding the ending -my to the second person singular of the imperative, e.g., słucha-ć: słuchaj -- słuchaj-my.   Exception: z-rozumie-ć: z-rozum -- z-rozum-iej-my.

The second person plural of the imperative is formed by adding the ending -cie to the second person singular of the imperative, e.g., leże-ć: leż -- leż-cie.

Also the word "proszę" may be added to the infinitive to form a polite request in the second person plural of the imperative, e.g., proszę czyta-ć.

To form the third person singular or plural of the im-perative add <u>niech</u> to the third person singular or plural of the present tense or simple future, e.g., niech /on, ona, ono/

przyjdzi-e. The words <u>pan</u>, <u>pani</u>, <u>państwo</u> are used with this

form to form polite requests, e.g., niech się pan/-i/ spiesz-y,

niech się państwo spiesz-ą. The word <u>proszę</u> may be added to

this form when expressing a polite request, e.g., proszę niech

pan/-i/ przyjdzi-e, proszę niech państwo przyjd-ą.

Nonfinite verb endings:

NONFINITE VERB	FORM	NUMBER	PERSON	IMPERFECTIVE	PERFECTIVE
infinitive				-c OR -ć	-c OR -ć
adjectival participle	present active	sing.	masc.	-c-y	
			fem.	-c-a	
			neut.	-c-e	
		pl.	masc.-pers.	-c-y	
			fem.& inan.	-c-e	
	present passive	sing.	masc.	-an-y, -on-y, -t-y	
			fem.	-an-a, -on-a, -t-a	
			neut.	-an-e, -on-e, -t-e	
		pl.	masc.-pers.	-an-i, -en-i, -c-i	
			fem.& inan.	-an-e, -on-e, -t-e	
	past passive	sing.	masc.		-an-y, -on-y, -t-y
			fem.		-an-a, -on-a, -t-a
			neut.		-an-e, -on-e, -t-e
		pl.	masc.-pers.		-an-i, -en-i, -c-i
			fem.& inan.		-an-e, -on-e, -t-e
adverbial participle	present gerund			-ąc	
	past gerund				-wszy OR -łszy
verbal noun				-nie	-nie

Examples:

Infinitive

      o-puszcza-ć /się/ (imperfective)/o-puści-ć /się/

      (perfective)

Present active participle

    Singular

      masculine

          o-puszcz-aj-ą-c-y /się/

      feminine

          o-puszcz-aj-ą-c-a /się/

      neuter

          o-puszcz-aj-ą-c-e /się/

    Plural

      masculine-personal

          o-puszcz-aj-ą-c-y /się/

      feminine and inanimate

          o-puszcz-aj-ą-c-e /się/

Present passive participle

    Singular

      masculine

          o-puszcz-an-y*

      feminine

          o-puszcz-an-a

      neuter

          o-puszcz-on-e

    Plural

      masculine— personal

o-puszcz-an-i

feminine and inanimate

o-puszcz-an-e

Past passive participle

Singular

masculine

o-puszcz-on-y*

feminine

o-puszcz-on-a

neuter

o-puszcz-on-e

Plural

masculine-personal

o-puszcz-en-i

feminine and inanimate

o-puszcz-on-e

*Passive participles do not occur with reflexive or
intransitive verbs.

Adverbial participle

Present gerund

o-puszcz-aj-ąc /się/

Past gerund

o-puści-wszy /się/

Verbal noun

o-puszcz-a-nie /się/, o-puszcz-e-nie /się/

Formation /nonfinite verb forms/:

Infinitive, the dictionary form of a verb, may end
either in -c or -ć. Infinitives occur in both the perfective
and imperfective aspects, e.g., pie-c /imperfective/, u-pie-c
/perfective/; przed-stawia-ć /imperfective/, przed-stawi-ć
/perfective/.

The present participle active is formed by adding -c-y
/masculine singular/, -c-a /feminine singular/, -c-e /neuter
singular/, -c-y /masculine-personal plural/, -c-e /feminine,
animal and inanimate plural/ to the third person plural of
the present tense, e.g., jeś-ć: jedz-ą -- jedz-ą-c-y,
jedz-ą-c-a, jedz-ą-c-e, jedz-ą-c-y, jedz-ą-c-e. It is a
verbal adjective and thus agrees with the noun or pronoun it
modifies in case, gender and number.

The present passive participle is formed from imperfective
verbs and the past passive participle is formed from perfective verbs by adding -a-ny, -o-ny, -t-y to the stem of the
past tense. It is a verbal adjective and thus agrees with
the noun it modifies in case, gender and number, e.g.,
u-męczy-ć: u-męcz-y-ł -- u-męcz-on-y /masculine singular/,
u-męcz-on-a /feminine singular/, u-męcz-on-e /neuter/,
u-męcz-en-i /masculine-personal plural/, u-męcz-on-e /feminine,
animal and inanimate plural/.

Some verbs undergo changes in the part of the past tense
stem used to form these participles, e.g., zamyka-ć:
zamkn-ię-t-y, zamkn-ię-t-a, zamkn-ię-t-e, zamkn-ię-ci,

zamkn-ię-t-e.

The passive participles occur primarily with transitive verbs.

Note 1: All verbs whose infinitives end in -ać and others in -eć form their passive participles by adding -an-y, -an-a, -an-e, -an-i, -an-e to the stem of the past tense, e.g., zn-ać: zn-an-y, zn-an-a, zn-an-e, zn-an-i, zn-an-e; widzi-eć: widzi-an-y, widzi-an-a, widzi-an-e, widzi-an-i, widzi-an-e.

Note 2: Verbs whose infinitives end in -ić, -eść, -eźć, -ec form their passive participles by adding -on-y, -on-a, -on-e, -on-i, -on-e to the stem of the past tense, e.g., po-dziel-ić: po-dziel-on-y, etc.; pl-eść: pleci-on-y, etc.; z-nal-eźć: z-nalezi-on-y, etc.; pi-ec: piecz-on-y, etc.

Note 3: Verbs whose infinitives end in -yć, -ąć and some in -ić form their passive participles by adding -t-y, -t-a, -t-e, -c-i, -t-e to the stem of the past tense, e.g., od-kr-yć: od-kry-t-y, etc.; wzi-ąć: wzię-t-y, etc.; roz-b-ić: roz-bi-t-y, etc.

Adverbial participles include the present gerund and the past gerund.

The present gerund is formed by adding -ąc to the third person plural of the present tense. It is a verbal adverb and therefore is not declined, e.g., dźwigać: dźwigaj-ąc. It is formed from imperfective verbs.

The past gerund is formed by adding -wszy to the past tense stem ending in a vowel /e.g., o-broni-ć: o-broni-ł --

o-broni-wszy/ and -łszy to the past tense stem ending in a consonant /e.g., wy-nieś-ć: wy-niós-ł -- wy-niós-łszy/. It is formed from perfective verbs. Likewise it is a verbal adverb and stays indeclinable.

The verbal noun is formed from the past tense stem of the imperfective and perfective verbs. It is neuter in gender and is inflected, e.g., nominative singular: pod-pisywa-nie /się/, pod-pisa-nie /się/.

GUIDE TO THE USE OF THIS MANUAL

The Polish verb when compared with verbs of some of the other languages appears relatively straight forward. It has only three tenses of the Indicative, one Conditional, the Imperative and a few nonfinite verb forms. This manual provides 201 commonly used Polish verbs with complete conjugations and non-finite verb forms.

These verbs are arranged in alphabetical order, and under each entry the imperfective infinitive is listed before the perfective.

A number of verbs which are formed with prefixes are conjugated here; others are listed in the index. A page number /e.g., śpiewać/zaśpiewać - komu, co - sing - p.157/ is provided in the index for all the conjugated verbs in the manual. Verbs without the page number /e.g., w-nosić/w-nieść - kogo, co - bring, carry in, contribute/ are not conjugated. Their conjugation may be obtained from the basic verb without a prefix /e.g., nosić ID* nieść D/za-nieść P - kogo, co; do kogo, komu - carry, bear, wear (ID only) - p.77/ in the body of the manual.

Also many reflexive verbs are conjugated in the manual. Reflexive verbs are sometimes preferred to non-reflexive verbs simply for the sake of meaning. Yet if any of the conjugated verbs also occurs in the reflexive form, its infinitive is listed at the top of the page right below the infinitive of the conjugated verb and a meaning is provided for it /e.g., przyznawać/przyznać - admit, grant przyznawać się/przyznać się - admit, confess/.

The infinitive of the conjugated verb /e.g., bawić się/za-
bawić się/ is always placed above the verb which will not
be conjugated /e.g., bawić/zabawić/. One must remember
though, that today passive participles do not occur in reflexive
or intransitive verb forms. They exist only as adjectives or
have special meanings.

In the verbs of motion, the indeterminate /e.g., chodzić/
and determinate /e.g., iść/ verbs are conjugated on the
appropriate page. However, the perfective infinitive /e.g.,
pójść/ for determined verbs is listed but the verbs are not
conjugated.

The actual /e.g., mieć/ and frequentative /e.g., miewać/
verb forms are likewise conjugated on the appropriate page.

The nonfinite verb forms, except for the infinitive which
is listed at the top of each page, are grouped separately
under a readily recognizable general heading of "Participles".

All declinable participles are listed in the nominative
singular of the masculine /e.g., pres. act.: przeznacza-ją-cy;
pres. pass.: przeznacz-an-y; past pass.: przeznacz-on-y/,
feminine /e.g., pres. act.: przeznacza-ją-ca; pres. pass.:
przeznacz-an-a; past pass.: przeznacz-on-a/ and neuter forms
/e.g., pres. act.: przeznacza-ją-ce; pres. pass.: przeznacz-an-e;
past pass.: przeznacz-on-e/ and in the nominative plural of the
masculine-personal forms /e.g., pres. act.: przeznacza-ją-cy;
pres. pass.: przeznacz-an-i; past pass.: przeznacz-en-i/ and
feminine and inanimate forms /e.g., pres. act.: przeznacza-ją-ce;

xlii

pres. pass.: przeznacz-an-e; past pass.: przeznacz-on-e/.
On the conjugated page, all of these forms are entered in the
following compact manner:

Pres. Act.   przeznaczający,-a,-e;-y,-e

Pres. Pass. przeznaczany,-a,-e;-i,-e

Past Pass.   przeznaczony,-a,-e;-eni,-one

The verbal noun is entered under the nominative singular
case for both the imperfective /e.g., przeznacz-a-nie/ and
perfective /e.g., przeznacz-e-nie/ verb forms.

Rare verbal and nonfinite forms are omitted from the text.

It must be explained that almost any verb chosen as a
model in the manual is usually one of any number possible which
could have been taken for consideration.

The present tense is arranged on the page in the following
way: the first person singular /e.g., po-do-b-a-m się/ and
plural /e.g., po-do-b-a-my się/ are placed on the first line,
the second person singular /e.g., po-do-b-a-sz się/ and plural
/e.g., po-do-b-a-cie się/ are placed on the second line, and
the third person singular /e.g., po-do-b-a się/ and plural
/e.g., po-do-b-a-ją się/ are placed on the third line. The
present tense is positioned in the following way on the
conjugated page:

Pres. podobam się   podobamy się

       podobasz się   podobacie się

       podoba się   podobają się

In the past tense in the singular, the first entry for the
first, second and third person is always in the masculine form,

e.g., 1st person: ot-wie-ra-ł-e-m

      2nd person: ot-wie-ra-ł-e-ś

      3rd person: ot-wie-ra-ł

The second entry for the first, second and third person is always in the feminine form, e.g.,

      1st person: ot-wie-ra-ł-a-m

      2nd person: ot-wie-ra-ł-a-ś

      3rd person: ot-wie-ra-ł-a

The third entry for the third person only is in the neuter form, e.g., 3rd person: ot-wie-ra-ł-o.

Because of space limitation all forms are entered on the conjugated page in the following manner:

Past   otwierałe/a/m

      otwierałe/a/ś

      otwierał/a/o/

    In the plural, the first entry for the first, second and the third person is always in the masculine personal form, e.g.,

      1st person: ot-wie-ra-li-śmy

      2nd person: ot-wie-ra-li-ście

      3rd person: ot-wie-ra-li

The second entry for the first, second and third person is always in the feminine, animal and inanimate form, e.g.,

      1st person: ot-wie-ra-ły-śmy

      2nd person: ot-wie-ra-ły-ście

      3rd person: ot-wie-ra-ły

All forms are entered on the conjugated page in the following manner:

xliv

otwierali/ły/śmy

otwierali/ły/ście

otwierali/ły/

Although the compound future tense has two forms /e.g.,
będę zamyka-ć, będziesz zamyka-ć, etc., and będę zamykał /-a/,
będziesz zamykał /-a/, etc./, only the second form is entered
on the conjugated page. The first form is omitted from the
conjugated page for the reason of space limitation. It's
formation is, nevertheless, explained and examples are provided
in the tables.

In the future compound tense in the singular the first
entry for the first, second and third person is always in the
masculine form, e.g.,

     1st person: będę za-my-ka-ł

     2nd person: będziesz za-my-ka-ł

     3rd person: będzie za-my-ka-ł

The second entry for the first, second and third person is
always in the feminine form, e.g.,

     1st person: będę za-my-ka-ł-a

     2nd person: będziesz za-my-ka-ł-a

     3rd person: będzie za-my-ka-ł-a

The third entry for the third person only is in the neuter form,
e.g., 3rd person: będzie za-my-ka-ł-o

Because of space limitation all forms are entered on the
conjugated page in the following manner:

Fut. będę zamykał/a/

     będziesz zamykał/a/

będzie zamykał/a/o/

In the plural, the first entry for the first, second and third person is always in the masculine personal form, e.g.,

    1st person: będziemy za-my-ka-li

    2nd person: będziecie za-my-ka-li

    3rd person: będą za-my-ka-li

The second entry for the first, second and third person is always in the feminine, animal and inanimate form, e.g.,

    1st person: będziemy za-my-ka-ły

    2nd person: będziecie za-my-ka-ły

    3rd person: będą za-my-ka-ły

All plural forms are entered on the conjugated page in this manner:

    będziemy zamykali/ły/

    będziecie zamykali/ły/

    będą zamykali/ły/

The simple future tense /e.g., zamknę, zamkniesz, etc./ is entered on the right hand side in the perfective column.

In the conditional in the singular, the first entry for the first, second and third person is always in the masculine form, e.g.,

    1st person: za-sta-na-wi-a-ł-bym się

    2nd person: za-sta-na-wi-a-ł-byś się

    3rd person: za-sta-na-wi-a-ł-by się

The second entry for the first, second and third person is always in the feminine form, e.g.,

    1st person: za-sta-na-wi-a-ł-a-bym się

2nd person: za-sta-na-wi-a-ł-a-byś się

3rd person: za-sta-na-wi-a-ł-a-by się

The third entry for the third person only is in the neuter
form, e.g., 3rd person: za-sta-na-wi-a-ł-o-by się

All singular forms are entered on the conjugated page in this way:

Cond. zastanawiał/a/bym się

   zastanawiał/a/byś się

   zastanawiał/a/o/by się

In the plural, the first entry for the first, second and
third person is always in the masculine personal form, e.g.,

1st person: za-sta-na-wi-a-li-byśmy się

2nd person: za-sta-na-wi-a-li-byście się

3rd person: za-sta-na-wi-a-li-by się

The second entry for the first, second and third person is
always in the feminine, animal and inanimate form, e.g.,

1st person: za-sta-na-wi-a-ły-byśmy się

2nd person: za-sta-na-wi-a-ły-byście się

3rd person: za-sta-na-wi-a-ły-by się

All plural forms are entered on the conjugated page in the
following way:

   zastanawiali/ły/byśmy się

   zastanawiali/ły/byście się

   zastanawiali/ły/by się

In the imperative the second person singular is entered
first /e.g., kąp/, the third person singular is entered next
/e.g., niech kąpi-e/, then follows the first person plural
/e.g., kąp-my/, after which comes the second person plural

/e.g., kąp-cie/, and finally the third person plural /e.g.,

niech kąpi-ą/. On the conjugated page it is placed in a

vertical column:

Imp. kąp

      niech kąpie

      kąpmy

      kąpcie

      niech kąpią

ABBREVIATIONS USED IN THE TEXT

A	actual aspect
adv. part.	adverbial participle
cond.	conditional tense
D	determined aspect
F	frequentative aspect
fut.	future tense
I	imperfective aspect
ID	indetermined aspect
imp.	imperative
inf.	infinitive
p.	page
P	perfective aspect
past act.	past active participle
past pass.	past passive participle
pl.	plural
pres.	present tense
pres. act.	present active participle
pres. pass.	present passive participle
sing.	singular
vb. noun	verbal noun

201 POLISH VERBS

bać się - fear, be afraid of

	IMPERFECTIVE	PERFECTIVE

INF.   bać się

PRES.   boję się   boimy się
           boisz się   boicie się
           boi się   boją się

PAST   bałe/a/m się
          bałe/a/ś się
          bał/a/o/ się
          bali/ły/śmy się
          bali/ły/ście się
          bali/ły/ się

FUT.   będę się bał/a/
         będziesz się bał/a/
         będzie się bał/a/o/
         będziemy się bali/ły/
         będziecie się bali/ły/
         będą się bali/ły/

COND. bał/a/bym się
         bał/a/byś się
         bał/a/o/by się
         bali/ły/byśmy się
         bali/ły/byście się
         bali/ły/by się

IMP.   bój się
         niech się boi
         bójmy się
         bójcie się
         niech się boją

PARTICIPLES

PRES. ACT.   bojący się,-a,-e;-y,-e

PRES. PASS.

PAST ACT.

PAST PASS.

ADV. PART.   bojąc się

VB. NOUN   banie się

bawić się/zabawić się – play, enjoy oneself
bawić/zabawić – entertain

	IMPERFECTIVE	PERFECTIVE
INF.	bawić się	zabawić się

PRES.
bawię się   bawimy się
bawisz się   bawicie się
bawi się   bawią się

PAST
bawiłe/a/m się	zabawiłe/a/m się
bawiłe/a/ś się	zabawiłe/a/ś się
bawił/a/o/ się	zabawił/a/o/ się
bawili/ły/śmy się	zabawili/ły/śmy się
bawili/ły/ście się	zabawili/ły/ście się
bawili/ły/ się	zabawili/ły/ się

FUT.
będę się bawił/a/	zabawię się
będziesz się bawił/a/	zabawisz się
będzie się bawił/a/o/	zabawi się
będziemy się bawili/ły/	zabawimy się
będziecie się bawili/ły/	zabawicie się
będą się bawili/ły/	zabawią się

COND.
bawił/a/bym się	zabawił/a/bym się
bawił/a/byś się	zabawił/a/byś się
bawił/a/o/by się	zabawił/a/o/by się
bawili/ły/byśmy się	zabawili/ły/byśmy się
bawili/ły/byście się	zabawili/ły/byście się
bawili/ły/by się	zabawili/ły/by się

IMP.
baw się	zabaw się
niech się bawi	niech się zabawi
bawmy się	zabawmy się
bawcie się	zabawcie się
niech się bawią	niech się zabawią

PARTICIPLES

PRES. ACT.   bawiący się,-a,-e;-y,-e

PRES. PASS.

PAST ACT.

PAST PASS.

ADV. PART.   bawiąc się   zabawiwszy się

VB. NOUN   bawienie się   zabawienie się

2

bić/pobić - beat, hit
bić się/pobić się - fight

	IMPERFECTIVE		PERFECTIVE
INF.	bić		pobić
PRES.	biję	bijemy	
	bijesz	bijecie	
	bije	biją	
PAST	biłe/a/m		pobiłe/a/m
	biłe/a/ś		pobiłe/a/ś
	bił/a/o/		pobił/a/o/
	bili/ły/śmy		pobili/ły/śmy
	bili/ły/ście		pobili/ły/ście
	bili/ły/		pobili/ły/
FUT.	będę bił/a/		pobiję
	będziesz bił/a/		pobijesz
	będzie bił/a/o/		pobije
	będziemy bili/ły/		pobijemy
	będziecie bili/ły/		pobijecie
	będą bili/ły/		pobiją
COND.	bił/a/bym		pobił/a/bym
	bił/a/byś		pobił/a/byś
	bił/a/o/by		pobił/a/o/by
	bili/ły/byśmy		pobili/ły/byśmy
	bili/ły/byście		pobili/ły/byście
	bili/ły/by		pobili/ły/by
IMP.	bij		pobij
	niech bije		niech pobije
	bijmy		pobijmy
	bijcie		pobijcie
	niech biją		niech pobiją

PARTICIPLES

PRES. ACT.	bijący,-a,-e;-y,-e	
PRES. PASS.	bity,-a,-e;-ci,-te	
PAST ACT.		
PAST PASS.		pobity,-a,-e;-ci,-te
ADV. PART.	bijąc	pobiwszy
VB. NOUN	bicie	pobicie

3

biec OR biegnąć/pobiec OR pobiegnąć - run*

	IMPERFECTIVE	PERFECTIVE
INF.	biec OR biegnąć	pobiec OR pobiegnąć

PRES.
biegnę	biegniemy
biegniesz	biegniecie
biegnie	biegną

PAST		
biegłe/a/m		pobiegłe/a/m
biegłe/a/ś		pobiegłe/a/ś
biegł/a/o/		pobiegł/a/o/
biegli/ły/śmy		pobiegli/ły/śmy
biegli/ły/ście		pobiegli/ły/ście
biegli/ły/		pobiegli/ły/

FUT.		
będę biegł/a/		pobiegnę
będziesz biegł/a/		pobiegniesz
będzie biegł/a/o/		pobiegnie
będziemy biegli/ły/		pobiegniemy
będziecie biegli/ły/		pobiegniecie
będą biegli/ły/		pobiegną

COND.		
biegł/a/bym		pobiegł/a/bym
biegł/a/byś		pobiegł/a/byś
biegł/a/o/by		pobiegł/a/o/by
biegli/ły/byśmy		pobiegli/ły/byśmy
biegli/ły/byście		pobiegli/ły/byście
biegli/ły/by		pobiegli/ły/by

IMP.		
biegnij		pobiegnij
niech biegnie		niech pobiegnie
biegnijmy		pobiegnijmy
biegnijcie		pobiegnijcie
niech biegną		niech pobiegną

PARTICIPLES

PRES. ACT.   biegnący,-a,-e;-y,-e

PRES. PASS.

PAST ACT.

PAST PASS.

ADV. PART.   biegnąc   pobiegłszy

VB. NOUN   bieganie   pobieganie

*Also exists as biegać/pobiegać

4

boleć/zaboleć - hurt, ache

	IMPERFECTIVE	PERFECTIVE
INF.	boleć	zaboleć
PRES.		
	boli bolą	
PAST		
	bolał/a/o/	zabolał/a/o/
	bolały	zabolały
FUT.		
	będzie bolał/a/o/	zaboli
	będą bolały	zabolą
COND.		
	bolał/a/o/by	zabolał/a/o/by
	bolałyby	zabolałyby
IMP.	niech boli	niech zaboli
	niech bolą	niech zabolą

PARTICIPLES

PRES. ACT.	bolący,-a,-e;-y,-e	
PRES. PASS.		
PAST ACT.		
PAST PASS.		
ADV. PART.	boląc	zabolawszy
VB. NOUN		

brać/wziąć - take

brać się/wziąć się - undertake

	IMPERFECTIVE	PERFECTIVE
INF.	brać	wziąć
PRES.	biorę bierzemy bierzesz bierzecie bierze biorą	
PAST	brałe/a/m brałe/a/ś brał/a/o/ brali/ły/śmy brali/ły/ście brali/ły/	wziąłe/ęła/m wziąłe/ęła/ś wziął/ęła/ęło/ wzięli/ły/śmy wzięli/ły/ście wzięli/ły/
FUT.	będę brał/a/ będziesz brał/a/ będzie brał/a/o/ będziemy brali/ły/ będziecie brali/ły/ będą brali/ły/	wezmę weźmiesz weźmie weźmiemy weźmiecie wezmą
COND.	brał/a/bym brał/a/byś brał/a/o/by brali/ły/byśmy brali/ły/byście brali/ły/by	wziął/ęła/bym wziął/ęła/byś wziął/ęła/ęło/by wzięli/ły/byśmy wzięli/ły/byście wzięli/ły/by
IMP.	bierz niech bierze bierzmy bierzcie niech biorą	weź niech weźmie weźmy weźcie niech wezmą

PARTICIPLES

PRES. ACT.	biorący,-a,-e;-y,-e	
PRES. PASS.	brany,-a,-e;-ni,-ne	
PAST ACT.		
PAST PASS.		wzięty,-a,-e;-ci,-te
ADV. PART.	biorąc	wziąwszy
VB. NOUN	branie	wzięcie

6

brakować OR braknąć/zabraknąć - be lacking, be in short supply

	IMPERFECTIVE	PERFECTIVE
INF.	brakować OR braknąć	zabraknąć
PRES.	brakuje OR braknie	
PAST	brakowało	zabrakło
FUT.	będzie brakowało	zabraknie
COND.	brakowałoby	zabrakłoby
IMP.	niech brakuje OR braknie	niech zabraknie

PARTICIPLES

PRES. ACT.   brakujący,-a,-e;-y,-e

PRES. PASS.

PAST ACT.

PAST PASS.

ADV. PART.   brakując

VB. NOUN

7

bronić/obronić - defend, protect
bronić się/obronić się - defend oneself

	IMPERFECTIVE		PERFECTIVE
INF.	bronić		obronić
PRES.	bronię bronisz broni	bronimy bronicie bronią	
PAST	broniłe/a/m broniłe/a/ś bronił/a/o/ bronili/ły/śmy bronili/ły/ście bronili/ły/		obroniłe/a/m obroniłe/a/ś obronił/a/o/ obronili/ły/śmy obronili/ły/ście obronili/ły/
FUT.	będę bronił/a/ będziesz bronił/a/ będzie bronił/a/o/ będziemy bronili/ły/ będziecie bronili/ły/ będą bronili/ły/		obronię obronisz obroni obronimy obronicie obronią
COND.	bronił/a/bym bronił/a/byś bronił/a/o/by bronili/ły/byśmy bronili/ły/byście bronili/ły/by		obronił/a/bym obronił/a/byś obronił/a/o/by obronili/ły/byśmy obronili/ły/byście obronili/ły/by
IMP.	broń niech broni brońmy brońcie niech bronią		obroń niech obroni obrońmy obrońcie niech obronią

PARTICIPLES

PRES. ACT.	broniący,-a,-e;-y,-e	
PRES. PASS.	broniony,-a,-e;-eni,-one	
PAST ACT.		
PAST PASS.		obroniony,-a,-e;-eni,-one
ADV. PART.	broniąc	obroniwszy
VB. NOUN	bronienie	obronienie

8

brudzić/zabrudzić - dirty, soil
brudzić się/zabrudzić się - get dirty

	IMPERFECTIVE	PERFECTIVE
INF.	brudzić	zabrudzić

PRES.
brudzę   brudzimy
brudzisz   brudzicie
brudzi   brudzą

PAST

IMPERFECTIVE	PERFECTIVE
brudziłe/a/m	zabrudziłe/a/m
brudziłe/a/ś	zabrudziłe/a/ś
brudził/a/o/	zabrudził/a/o/
brudzili/ły/śmy	zabrudzili/ły/śmy
brudzili/ły/ście	zabrudzili/ły/ście
brudzili/ły/	zabrudzili/ły/

FUT.

IMPERFECTIVE	PERFECTIVE
będę brudził/a/	zabrudzę
będziesz brudził/a/	zabrudzisz
będzie brudził/a/o/	zabrudzi
będziemy brudzili/ły/	zabrudzimy
będziecie brudzili/ły/	zabrudzicie
będą brudzili/ły/	zabrudzą

COND.

IMPERFECTIVE	PERFECTIVE
brudził/a/bym	zabrudził/a/bym
brudził/a/byś	zabrudził/a/byś
brudził/a/o/by	zabrudził/a/o/by
brudzili/ły/byśmy	zabrudzili/ły/byśmy
brudzili/ły/byście	zabrudzili/ły/byście
brudzili/ły/by	zabrudzili/ły/by

IMP.

IMPERFECTIVE	PERFECTIVE
brudź	zabrudź
niech brudzi	niech zabrudzi
brudźmy	zabrudźmy
brudźcie	zabrudźcie
niech brudzą	niech zabrudzą

PARTICIPLES

	IMPERFECTIVE	PERFECTIVE
PRES. ACT.	brudzący,-a,-e;-y,-e	
PRES. PASS.	brudzony,-a,-e;-eni,-one	
PAST ACT.		
PAST PASS.		zabrudzony,-a,-e;-eni,-one
ADV. PART.	brudząc	zabrudziwszy
VB. NOUN	brudzenie	zabrudzenie

9

budować/zbudować - build, construct

	IMPERFECTIVE		PERFECTIVE
INF.	budować		zbudować

PRES.	buduję	budujemy
	budujesz	budujecie
	buduje	budują

	IMPERFECTIVE		PERFECTIVE
PAST	budowałe/a/m		zbudowałe/a/m
	budowałe/a/ś		zbudowałe/a/ś
	budował/a/o/		zbudował/a/o/
	budowali/ły/śmy		zbudowali/ły/śmy
	budowali/ły/ście		zbudowali/ły/ście
	budowali/ły/		zbudowali/ły/
FUT.	będę budował/a/		zbuduję
	będziesz budował/a/		zbudujesz
	będzie budował/a/o/		zbuduje
	będziemy budowali/ły/		zbudujemy
	będziecie budowali/ły/		zbudujecie
	będą budowali/ły/		zbudują
COND.	budował/a/bym		zbudował/a/bym
	budował/a/byś		zbudował/a/byś
	budował/a/o/by		zbudował/a/o/by
	budowali/ły/byśmy		zbudowali/ły/byśmy
	budowali/ły/byście		zbudowali/ły/byście
	budowali/ły/by		zbudowali/ły/by
IMP.	buduj		zbuduj
	niech buduje		niech zbuduje
	budujmy		zbudujmy
	budujcie		zbudujcie
	niech budują		niech zbudują

PARTICIPLES

PRES. ACT.	budujący,-a,-e;-y,-e	
PRES. PASS.	budowany,-a,-e;- ,-e	
PAST ACT.		
PAST PASS.		zbudowany,-a,-e;-i,-e
ADV. PART.	budując	zbudowawszy
VB. NOUN	budowanie	zbudowanie

10

budzić/obudzić – wake
budzić się/obudzić się – wake up

IMPERFECTIVE		PERFECTIVE
INF.	budzić	obudzić

PRES.
budzę   budzimy
budzisz   budzicie
budzi   budzą

PAST
budziłe/a/m   obudziłe/a/m
budziłe/a/ś   obudziłe/a/ś
budził/a/o/   obudził/a/o/
budzili/ły/śmy   obudzili/ły/śmy
budzili/ły/ście   obudzili/ły/ście
budzili/ły/   obudzili/ły/

FUT.
będę budził/a/   obudzę
będziesz budził/a/   obudzisz
będzie budził/a/o/   obudzi
będziemy budzili/ły/ obudzimy
będziecie budzili/ły/ obudzicie
będą budzili/ły/   obudzą

COND.
budził/a/bym   obudził/a/bym
budził/a/byś   obudził/a/byś
budził/a/o/by   obudził/a/o/by
budzili/ły/byśmy   obudzili/ły/byśmy
budzili/ły/byście   obudzili/ły/byście
budzili/ły/by   obudzili/ły/by

IMP.
budź   obudź
niech budzi   niech obudzi
budźmy   obudźmy
budźcie   obudźcie
niech budzą   niech obudzą

PARTICIPLES

PRES. ACT.   budzący,-a,-e;-y,-e

PRES. PASS. budzony,-a,-e;-eni,-one

PAST ACT.

PAST PASS.   obudzony,-a,-e;-eni,-one

ADV. PART.   budząc   obudziwszy

VB. NOUN   budzenie   obudzenie

11

być/bywać - be

ACTUAL		FREQUENTATIVE
INF.	być	bywać
PRES.	jestem jesteśmy jesteś jesteście jest są	bywam bywamy bywasz bywacie bywa bywają
PAST	byłe/a/m byłe/a/ś był/a/o/ byli/ły/śmy byli/ły/ście byli/ły/	bywałe/a/m bywałe/a/ś bywał/a/o/ bywali/ły/śmy bywali/ły/ście bywali/ły/
FUT.	będę będziesz będzie będziemy będziecie będą	będę bywał/a/ będziesz bywał/a/ będzie bywał/a/o/ będziemy bywali/ły/ będziecie bywali/ły/ będą bywali/ły/
COND.	był/a/bym był/a/byś był/a/o/by byli/ły/byśmy byli/ły/byście byli/ły/by	bywał/a/bym bywał/a/byś bywał/a/o/by bywali/ły/byśmy bywali/ły/byście bywali/ły/by
IMP.	bądź niech będzie bądźmy bądźcie niech będą	bywaj niech bywa bywajmy bywajcie niech bywają

PARTICIPLES

PRES. ACT.	będący,-a,-e;-y,-e	bywający,-a,-e;-y,-e
PRES. PASS.		
PAST ACT.		
PAST PASS.		
ADV. PART.	będąc	bywając
VB. NOUN	bycie	bywanie

12

całować/pocałować - kiss
całować się/pocałować się - kiss one another

	IMPERFECTIVE		PERFECTIVE
INF.	całować		pocałować

PRES.   całuję   całujemy
        całujesz   całujecie
        całuje   całują

PAST	całowałe/a/m	pocałowałe/a/m
	całowałe/a/ś	pocałowałe/a/ś
	całował/a/o/	pocałował/a/o/
	całowali/ły/śmy	pocałowali/ły/śmy
	całowali/ły/ście	pocałowali/ły/ście
	całowali/ły/	pocałowali/ły/

FUT.	będę całował/a/	pocałuję
	będziesz całował/a/	pocałujesz
	będzie całował/a/o/	pocałuje
	będziemy całowali/ły/	pocałujemy
	będziecie całowali/ły/	pocałujecie
	będą całowali/ły/	pocałują

COND.	całował/a/bym	pocałował/a/bym
	całował/a/byś	pocałował/a/byś
	całował/a/o/by	pocałował/a/o/by
	całowali/ły/byśmy	pocałowali/ły/byśmy
	całowali/ły/byście	pocałowali/ły/byście
	całowali/ły/by	pocałowali/ły/by

IMP.	całuj	pocałuj
	niech całuje	niech pocałuje
	całujmy	pocałujmy
	całujcie	pocałujcie
	niech całują	niech pocałują

PARTICIPLES

PRES. ACT.	całujący,-a,-e;-y,-e	
PRES. PASS.	całowany,-a,-e;-i,-e	
PAST ACT.		
PAST PASS.		pocałowany,-a,-e;-i,-e
ADV. PART.	całując	pocałowawszy
VB. NOUN	całowanie	pocałowanie

13

chcieć/zachcieć - want

chcieć się/zechcieć się - mean /to do/

	IMPERFECTIVE		PERFECTIVE
INF.	chcieć		zechcieć

PRES.	chcę	chcemy
	chcesz	chcecie
	chce	chcą

	IMPERFECTIVE	PERFECTIVE
PAST	chciałe/a/m	zechciałe/a/m
	chciałe/a/ś	zechciałe/a/ś
	chciał/a/o/	zechciał/a/o/
	chcieli/ały/śmy	zechcieli/ały/śmy
	chcieli/ały/ście	zechcieli/ały/ście
	chcieli/ały/	zechcieli/ały/
FUT.	będę chciał/a/	zechcę
	będziesz chciał/a/	zechcesz
	będzie chciał/a/o/	zechce
	będziemy chcieli/ały/	zechcemy
	będziecie chcieli/ały/	zechcecie
	będą chcieli/ały/	zechcą
COND.	chciał/a/bym	zechciał/a/bym
	chciał/a/byś	zechciał/a/byś
	chciał/a/o/by	zechciał/a/o/by
	chcieli/ały/byśmy	zechcieli/ały/byśmy
	chcieli/ały/byście	zechcieli/ały/byście
	chcieli/ały/by	zechcieli/ały/by
IMP.	chciej	zechciej
	niech chce	niech zechce
	chciejmy	zechciejmy
	chciejcie	zechciejcie
	niech chcą	niech zechcą

PARTICIPLES

PRES. ACT.	chcący,-a,-e;-y,-e	
PRES. PASS.		
PAST ACT.		
PAST PASS.		
ADV. PART.	chcąc	zechciawszy
VB. NOUN		

14

chodzić*iść/pójść – go

IMPERFECTIVE

	INDETERMINATE		DETERMINATE	
INF.	chodzić		iść	
PRES.	chodzę	chodzimy	idę	idziemy
	chodzisz	chodzicie	idziesz	idziecie
	chodzi	chodzą	idzie	idą
PAST	chodziłe/a/m		szedłem szłam	
	chodziłe/a/ś		szedłeś szłaś	
	chodził/a/o/		szedł szła/o/	
	chodzili/ły/śmy		szli/ły/śmy	
	chodzili/ły/ście		szli/ły/ście	
	chodzili/ły/		szli/ły/	
FUT.	będę chodził/a/		będę szedł szła	
	będziesz chodził/a/		będziesz szedł szła	
	będzie chodził/a/o/		będzie szedł szła/o/	
	będziemy chodzili/ły/		będziemy szli/ły/	
	będziecie chodzili/ły/		będziecie szli/ły/	
	będą chodzili/ły/		będą szli/ły/	
COND.	chodził/a/bym		szedłbym szłabym	
	chodził/a/byś		szedłbyś szłabyś	
	chodził/a/o/by		szedłby szła/o/by	
	chodzili/ły/byśmy		szli/ły/byśmy	
	chodzili/ły/byście		szli/ły/byście	
	chodzili/ły/by		szli/ły/by	
IMP.	chodź		idź	
	niech chodzi		niech idzie	
	chodźmy		idźmy	
	chodźcie		idźcie	
	niech chodzą		niech idą	

PARTICIPLES

PRES. ACT.	chodzący,-a,-e;-y,-e	idący,-a,-e;-y,-e
PRES. PASS.		
PAST ACT.		
PAST PASS.		
ADV. PART.	chodząc	idąc
VB. NOUN	chodzenie	

15

chorować/zachorować - be ill, be sick

	IMPERFECTIVE		PERFECTIVE
INF.	chorować		zachorować
PRES.	choruję	chorujemy	
	chorujesz	chorujecie	
	choruje	chorują	
PAST	chorowałe/a/m		zachorowałe/a/m
	chorowałe/a/ś		zachorowałe/a/ś
	chorował/a/o/		zachorował/a/o/
	chorowali/ły/śmy		zachorowali/ły/śmy
	chorowali/ły/ście		zachorowali/ły/ście
	chorowali/ły/		zachorowali/ły/
FUT.	będę chorował/a/		zachoruję
	będziesz chorował/a/		zachorujesz
	będzie chorował/a/o/		zachoruje
	będziemy chorowali/ły/		zachorujemy
	będziecie chorowali/ły/		zachorujecie
	będą chorowali/ły/		zachorują
COND.	chorował/a/bym		zachorował/a/bym
	chorował/a/byś		zachorował/a/byś
	chorował/a/o/by		zachorował/a/o/by
	chorowali/ły/byśmy		zachorowali/ły/byśmy
	chorowali/ły/byście		zachorowali/ły/byście
	chorowali/ły/by		zachorowali/ły/by
IMP.	choruj		zachoruj
	niech choruje		niech zachoruje
	chorujmy		zachorujmy
	chorujcie		zachorujcie
	niech chorują		niech zachorują

PARTICIPLES

PRES. ACT.	chorujący,-a,-e;-y,-e	
PRES. PASS.		
PAST ACT.		
PAST PASS.		
ADV. PART.	chorując	zachorowawszy
VB. NOUN	chorowanie	zachorowanie

16

chować/schować - hide, conceal
chować się/schować się - hide oneself

	IMPERFECTIVE	PERFECTIVE
INF.	chować	schować

PRES.	chowam	chowamy
	chowasz	chowacie
	chowa	chowają

PAST	
	chowałe/a/m	schowałe/a/m
	chowałe/a/ś	schowałe/a/ś
	chował/a/o/	schował/a/o/
	chowali/ły/śmy	schowali/ły/śmy
	chowali/ły/ście	schowali/ły/ście
	chowali/ły/	schowali/ły/

FUT.	
	będę chował/a/	schowam
	będziesz chował/a/	schowasz
	będzie chował/a/o/	schowa
	będziemy chowali/ły/	schowamy
	będziecie chowali/ły/	schowacie
	będą chowali/ły/	schowają

COND.	
	chował/a/bym	schował/a/bym
	chował/a/byś	schował/a/byś
	chował/a/o/by	schował/a/o/by
	chowali/ły/byśmy	schowali/ły/byśmy
	chowali/ły/byście	schowali/ły/byście
	chowali/ły/by	schowali/ły/by

IMP.	
	chowaj	schowaj
	niech chowa	niech schowa
	chowajmy	schowajmy
	chowajcie	schowajcie
	niech chowają	niech schowają

PARTICIPLES

PRES. ACT.	chowający,-a,-e;-y,-e
PRES. PASS.	chowany,-a,-e;-i,-e
PAST ACT.	
PAST PASS.		schowany,-a,-e;-i,-e
ADV. PART.	chowając	schowawszy
VB. NOUN	chowanie	schowanie

ciąć/pociąć - cut
ciąć się/pociąć się - cut oneself

	IMPERFECTIVE	PERFECTIVE
INF.	ciąć	pociąć

PRES.	tnę tniemy
	tniesz tniecie
	tnie tną

PAST	ciąłe/ęła/m	pociąłe/ęła/m
	ciąłe/ęła/ś	pociąłe/ęła/ś
	ciął/ęła/o/	pociął/ęła/o/
	cięli/ły/śmy	pocięli/ły/śmy
	cięli/ły/ście	pocięli/ły/ście
	cięli/ły/	pocięli/ły/

FUT.	będę ciął/ęła/	potnę
	będziesz ciął/ęła/	potniesz
	będzie ciął/ęła/o/	potnie
	będziemy cięli/ły/	potniemy
	będziecie cięli/ły/	potniecie
	będą cięli/ły/	potną

COND.	ciął/ęła/bym	pociął/ęła/bym
	ciął/ęła/byś	pociął/ęła/byś
	ciął/ęła/o/by	pociął/ęła/o/by
	cięli/ły/byśmy	pocięli/ły/byśmy
	cięli/ły/byście	pocięli/ły/byście
	cięli/ły/by	pocięli/ły/by

IMP.	tnij	potnij
	niech tnie	niech potnie
	tnijmy	potnijmy
	tnijcie	potnijcie
	niech tną	niech potną

PARTICIPLES

PRES. ACT.	tnący,-a,-e;-y,-e
PRES. PASS.	cięty,-a,-e;-ci,-te
PAST ACT.	
PAST PASS.	pocięty,-a,-e;-ci,-te
ADV. PART.	tnąc	pociąwszy
VB. NOUN	cięcie	pocięcie

18

ciągnąć/pociągnąć - pull, draw
ciągnąć się/pociągnąć się - last

IMPERFECTIVE		PERFECTIVE

INF. ciągnąć   pociągnąć

PRES. ciągnę   ciągniemy
ciągniesz   ciągniecie
ciągnie   ciągną

PAST ciągnąłe/ęła/m   pociągnąłe/ęła/m
ciągnąłe/ęła/ś   pociągnąłe/ęła/ś
ciągnął/ęła/o/   pociągnął/ęła/o/
ciągnęli/ły/śmy   pociągnęli/ły/śmy
ciągnęli/ły/ście   pociągnęli/ły/ście
ciągnęli/ły/   pociągnęli/ły/

FUT. będę ciągnął/ęła/   pociągnę
będziesz ciągnął/ęła/   pociągniesz
będzie ciągnął/ęła/o/   pociągnie
będziemy ciągnęli/ły/   pociągniemy
będziecie ciągnęli/ły/   pociągniecie
będą ciągnęli/ły/   pociągną

COND. ciągnął/ęła/bym   pociągnął/ęła/bym
ciągnął/ęła/byś   pociągnął/ęła/byś
ciągnął/ęła/o/by   pociągnął/ęła/o/by
ciągnęli/ły/byśmy   pociągnęli/ły/byśmy
ciągnęli/ły/byście   pociągnęli/ły/byście
ciągnęli/ły/by   pociągnęli/ły/by

IMP. ciągnij   pociągnij
niech ciągnie   niech pociągnie
ciągnijmy   pociągnijmy
ciągnijcie   pociągnijcie
niech ciągną   niech pociągną

PARTICIPLES

PRES. ACT.   ciągnący,-a,-e;-y,-e

PRES. PASS. ciągnięty,-a,-e;-ci,-te

PAST ACT.

PAST PASS.   pociągnięty,-a,-e;-ci,-te

ADV. PART. ciągnąc   pociągnąwszy

VB. NOUN ciągnięcie   pociągnięcie

19

cieszyć/ucieszyć - cheer, comfort*
cieszyć się/ucieszyć się - rejoice /at/ /in/, be glad

	IMPERFECTIVE		PERFECTIVE
INF.	cieszyć		ucieszyć
PRES.	cieszę	cieszymy	
	cieszysz	cieszycie	
	cieszy	cieszą	
PAST	cieszyłe/a/m		ucieszyłe/a/m
	cieszyłe/a/ś		ucieszyłe/a/ś
	cieszył/a/o/		ucieszył/a/o/
	cieszyli/ły/śmy		ucieszyli/ły/śmy
	cieszyli/ły/ście		ucieszyli/ły/ście
	cieszyli/ły/		ucieszyli/ły/
FUT.	będę cieszył/a/		ucieszę
	będziesz cieszył/a/		ucieszysz
	będzie cieszył/a/o/		ucieszy
	będziemy cieszyli/ły/		ucieszymy
	będziecie cieszyli/ły/		ucieszycie
	będą cieszyli/ły/		ucieszą
COND.	cieszył/a/bym		ucieszył/a/bym
	cieszył/a/byś		ucieszył/a/byś
	cieszył/a/o/by		ucieszył/a/o/by
	cieszyli/ły/byśmy		ucieszyli/ły/byśmy
	cieszyli/ły/byście		ucieszyli/ły/byście
	cieszyli/ły/by		ucieszyli/ły/by
IMP.	ciesz		uciesz
	niech cieszy		niech ucieszy
	cieszmy		ucieszmy
	cieszcie		ucieszcie
	niech cieszą		niech ucieszą

PARTICIPLES

PRES. ACT.	cieszący,-a,-e;-y,-e	
PRES. PASS.	cieszony,-a,-e;-eni,-one	
PAST ACT.		
PAST PASS.		ucieszony,-a,-e;-eni,-one
ADV. PART.	ciesząc	ucieszywszy
VB. NOUN	cieszenie	ucieszenie

*Also exists as pocieszać /się/pocieszyć /się/
20

czekać/zaczekać - expect, wait

	IMPERFECTIVE		PERFECTIVE
INF.	czekać		zaczekać

	IMPERFECTIVE		PERFECTIVE
PRES.	czekam	czekamy	
	czekasz	czekacie	
	czeka	czekają	

	IMPERFECTIVE	PERFECTIVE
PAST	czekałe/a/m	zaczekałe/a/m
	czekałe/a/ś	zaczekałe/a/ś
	czekał/a/o/	zaczekał/a/o/
	czekali/ły/śmy	zaczekali/ły/śmy
	czekali/ły/ście	zaczekali/ły/ście
	czekali/ły/	zaczekali/ły/
FUT.	będę czekał/a/	zaczekam
	będziesz czekał/a/	zaczekasz
	będzie czekał/a/o/	zaczeka
	będziemy czekali/ły/	zaczekamy
	będziecie czekali/ły/	zaczekacie
	będą czekali/ły/	zaczekają
COND.	czekał/a/bym	zaczekał/a/bym
	czekał/a/byś	zaczekał/a/byś
	czekał/a/o/by	zaczekał/a/o/by
	czekali/ły/byśmy	zaczekali/ły/byśmy
	czekali/ły/byście	zaczekali/ły/byście
	czekali/ły/by	zaczekali/ły/by
IMP.	czekaj	zaczekaj
	niech czeka	niech zaczeka
	czekajmy	zaczekajmy
	czekajcie	zaczekajcie
	niech czekają	niech zaczekają

PARTICIPLES

PRES. ACT.	czekający,-a,-e;-y,-e	
PRES. PASS.		
PAST ACT.		
PAST PASS.		
ADV. PART.	czekając	zaczekawszy
VB. NOUN	czekanie	

21

czesać/uczesać - comb, do hair

czesać się/uczesać się - comb one's hair

	IMPERFECTIVE		PERFECTIVE
INF.	czesać		uczesać
PRES.	czeszę	czeszemy	
	czeszesz	czeszecie	
	czesze	czeszą	
PAST	czesałe/a/m		uczesałe/a/m
	czesałe/a/ś		uczesałe/a/ś
	czesał/a/o/		uczesał/a/o/
	czesali/ły/śmy		uczesali/ły/śmy
	czesali/ły/ście		uczesali/ły/ście
	czesali/ły/		uczesali/ły/
FUT.	będę czesał/a/		uczeszę
	będziesz czesał/a/		uczeszesz
	będzie czesał/a/o/		uczesze
	będziemy czesali/ły/		uczeszemy
	będziecie czesali/ły/		uczeszecie
	będą czesali/ły/		uczeszą
COND.	czesał/a/bym		uczesał/a/bym
	czesał/a/byś		uczesał/a/byś
	czesał/a/o/by		uczesał/a/o/by
	czesali/ły/byśmy		uczesali/ły/byśmy
	czesali/ły/byście		uczesali/ły/byście
	czesali/ły/by		uczesali/ły/by
IMP.	czesz		uczesz
	niech czesze		niech uczesze
	czeszmy		uczeszmy
	czeszcie		uczeszcie
	niech czeszą		niech uczeszą

PARTICIPLES

PRES. ACT.	czeszący,-a,-e;-y,-e	
PRES. PASS.	czesany,-a,-e;-i,-e	
PAST ACT.		
PAST PASS.		uczesany,-a,-e;-i,-e
ADV. PART.	czesząc	uczesawszy
VB. NOUN	czesanie	uczesanie

22

czuć/poczuć - feel, smell

czuć się/poczuć się - be in a /certain/ mood

	IMPERFECTIVE		PERFECTIVE
INF.	czuć		poczuć

PRES. czuję   czujemy
czujesz czujecie
czuje   czują

PAST	czułe/a/m	poczułe/a/m
	czułe/a/ś	poczułe/a/ś
	czuł/a/o/	poczuł/a/o/
	czuli/ły/śmy	poczuli/ły/śmy
	czuli/ły/ście	poczuli/ły/ście
	czuli/ły/	poczuli/ły/

FUT.	będę czuł/a/	poczuję
	będziesz czuł/a/	poczujesz
	będzie czuł/a/o/	poczuje
	będziemy czuli/ły/	poczujemy
	będziecie czuli/ły/	poczujecie
	będą czuli/ły/	poczują

COND.	czuł/a/bym	poczuł/a/bym
	czuł/a/byś	poczuł/a/byś
	czuł/a/o/by	poczuł/a/o/by
	czuli/ły/byśmy	poczuli/ły/byśmy
	czuli/ły/byście	poczuli/ły/byście
	czuli/ły/by	poczuli/ły/by

IMP.	czuj	poczuj
	niech czuje	niech poczuje
	czujmy	poczujmy
	czujcie	poczujcie
	niech czują	niech poczują

PARTICIPLES

PRES. ACT. czujący,-a,-e;-y,-e

PRES. PASS.

PAST ACT.

PAST PASS. poczuty,-a,-e;-ci,-te

ADV. PART. czując   poczuwszy

VB. NOUN czucie   poczucie

23

czyścić/oczyścić - clean
czyścić się/oczyścić się - clean oneself

	IMPERFECTIVE		PERFECTIVE
INF.	czyścić		oczyścić

PRES. czyszczę   czyścimy
         czyścisz   czyścicie
         czyści   czyszczą

PAST czyściłe/a/m   oczyściłe/a/m
        czyściłe/a/ś   oczyściłe/a/ś
        czyścił/a/o/   oczyścił/a/o/
        czyścili/ły/śmy   oczyścili/ły/śmy
        czyścili/ły/ście   oczyścili/ły/ście
        czyścili/ły/   oczyścili/ły/

FUT. będę czyścił/a/   oczyszczę
        będziesz czyścił/a/   oczyścisz
        będzie czyścił/a/o/   oczyści
        będziemy czyścili/ły/   oczyścimy
        będziecie czyścili/ły/ oczyścicie
        będą czyścili/ły/   oczyszczą

COND. czyścił/a/bym   oczyścił/a/bym
         czyścił/a/byś   oczyścił/a/byś
         czyścił/a/o/by   oczyścił/a/o/by
         czyścili/ły/byśmy   oczyścili/ły/byśmy
         czyścili/ły/byście oczyścili/ły/byście
         czyścili/ły/by   oczyścili/ły/by

IMP. czyść   oczyść
        niech czyści   niech oczyści
        czyśćmy   oczyśćmy
        czyśćcie   oczyśćcie
        niech czyszczą niech oczyszczą

PARTICIPLES

PRES. ACT.   czyszczący,-a,-e;-y,-e

PRES. PASS. czyszczony,-a,-e;-eni,-one

PAST ACT.

PAST PASS.   oczyszczony,-a,-e;-eni,-one

ADV. PART. czyszcząc   oczyściwszy

VB. NOUN   czyszczenie   oczyszczenie

24

czytać/przeczytać - read

IMPERFECTIVE		PERFECTIVE
INF.	czytać	przeczytać

PRES.
czytam   czytamy
czytasz   czytacie
czyta   czytają

PAST
czytałe/a/m
czytałe/a/ś
czytał/a/o/
czytali/ły/śmy
czytali/ły/ście
czytali/ły/

przeczytałe/a/m
przeczytałe/a/ś
przeczytał/a/o/
przeczytali/ły/śmy
przeczytali/ły/ście
przeczytali/ły/

FUT.
będę czytał/a/
będziesz czytał/a/
będzie czytał/a/o/
będziemy czytali/ły/
będziecie czytali/ły/
będą czytali/ły/

przeczytam
przeczytasz
przeczyta
przeczytamy
przeczytacie
przeczytają

COND.
czytał/a/bym
czytał/a/byś
czytał/a/o/by
czytali/ły/byśmy
czytali/ły/byście
czytali/ły/by

przeczytał/a/bym
przeczytał/a/byś
przeczytał/a/o/by
przeczytali/ły/byśmy
przeczytali/ły/byście
przeczytali/ły/by

IMP.
czytaj
niech czyta
czytajmy
czytajcie
niech czytają

przeczytaj
niech przeczyta
przeczytajmy
przeczytajcie
niech przeczytają

PARTICIPLES

PRES. ACT.   czytający,-a,-e;-y,-e

PRES. PASS. czytany,-a,-e;-i,-e

PAST ACT.

PAST PASS.   przeczytany,-a,-e;-i,-e

ADV. PART.   czytając   przeczytawszy

VB. NOUN   czytanie   przeczytanie

dawać/dać - give, provide

	IMPERFECTIVE		PERFECTIVE
INF.	dawać		dać

PRES.
daję	dajemy
dajesz	dajecie
daje	dają

PAST
IMPERFECTIVE	PERFECTIVE
dawałe/a/m	dałe/a/m
dawałe/a/ś	dałe/a/ś
dawał/a/o/	dał/a/o/
dawali/ły/śmy	dali/ły/śmy
dawali/ły/ście	dali/ły/ście
dawali/ły/	dali/ły/

FUT.
IMPERFECTIVE	PERFECTIVE
będę dawał/a/	dam
będziesz dawał/a/	dasz
będzie dawał/a/o/	da
będziemy dawali/ły/	damy
będziecie dawali/ły/	dacie
będą dawali/ły/	dadzą

COND.
IMPERFECTIVE	PERFECTIVE
dawał/a/bym	dał/a/bym
dawał/a/byś	dał/a/byś
dawał/a/o/by	dał/a/o/by
dawali/ły/byśmy	dali/ły/byśmy
dawali/ły/byście	dali/ły/byście
dawali/ły/by	dali/ły/by

IMP.
IMPERFECTIVE	PERFECTIVE
dawaj	daj
niech daje	niech da
dawajmy	dajmy
dawajcie	dajcie
niech dają	niech dadzą

PARTICIPLES

PRES. ACT.	dający,-a,-e;-y,-e	
PRES. PASS.	dawany,-a,-e;-i,-e	
PAST ACT.		
PAST PASS.		dany,-a,-e;-i,-e
ADV. PART.	dając	dawszy
VB. NOUN	dawanie	danie

dotykać/dotknąć - touch
dotykać się/dotknąć się - touch

	IMPERFECTIVE		PERFECTIVE
INF.	dotykać		dotknąć

PRES. dotykam   dotykamy
        dotykasz   dotykacie
        dotyka   dotykają

PAST dotykałe/a/m   dotknąłe/ęła/m
        dotykałe/a/ś   dotknąłe/ęła/ś
        dotykał/a/o/   dotknął/ęła/ęło/
        dotykali/łty/śmy   dotknęli/łty/śmy
        dotykali/łty/ście   dotknęli/łty/ście
        dotykali/łty/   dotknęli/łty/

FUT. będę dotykał/a/   dotknę
        będziesz dotykał/a/   dotkniesz
        będzie dotykał/a/o/   dotknie
        będziemy dotykali/łty/   dotkniemy
        będziecie dotykali/łty/   dotkniecie
        będą dotykali/łty/   dotkną

COND. dotykał/a/bym   dotknął/ęła/bym
        dotykał/a/byś   dotknął/ęła/byś
        dotykał/a/o/by   dotknął/ęła/ęło/by
        dotykali/łty/byśmy   dotknęli/łty/byśmy
        dotykali/łty/byście   dotknęli/łty/byście
        dotykali/łty/by   dotknęli/łty/by

IMP. dotykaj   dotknij
        niech dotyka   niech dotknie
        dotykajmy   dotknijmy
        dotykajcie   dotknijcie
        niech dotykają   niech dotkną

PARTICIPLES

PRES. ACT. dotykający,-a,-e;-y,-e

PRES. PASS. dotykany,-a,-e;-i,-e

PAST ACT.

PAST PASS.   dotknięty,-a,-e;-ci,-te

ADV. PART. dotykając   dotknąwszy

VB. NOUN dotykanie   dotknięcie

dowiadywać się/dowiedzieć się - find out, learn

IMPERFECTIVE		PERFECTIVE

INF. dowiadywać się · · · · · · · · · · dowiedzieć się

PRES.
dowiaduję się   dowiadujemy się
dowiadujesz się   dowiadujecie się
dowiaduje się   dowiadują się

PAST
dowiadywałe/a/m się   dowiedziałe/a/m się
dowiadywałe/a/ś się   dowiedziałe/a/ś się
dowiadywał/a/o/ się   dowiedział/a/o/ się
dowiadywali/ły/śmy się   dowiedzieli/ały/śmy się
dowiadywali/ły/ście się   dowiedzieli/ały/ście się
dowiadywali/ły/ się   dowiedzieli/ały/ się

FUT.
będę się dowiadywał/a/   dowiem się
będziesz się dowiadywał/a/   dowiesz się
będzie się dowiadywał/a/o/   dowie się
będziemy się dowiadywali/ły/   dowiemy się
będziecie się dowiadywali/ły/   dowiecie się
będą się dowiadywali/ły/   dowiedzą się

COND.
dowiadywał/a/bym się   dowiedział/a/bym się
dowiadywał/a/byś się   dowiedział/a/byś się
dowiadywał/a/o/by się   dowiedział/a/o/by się
dowiadywali/ły/byśmy się   dowiedzieli/ały/byśmy się
dowiadywali/ły/byście się   dowiedzieli/ały/byście się
dowiadywali/ły/by się   dowiedzieli/ały/by się

IMP.
dowiaduj się   dowiedz się
niech się dowiaduje   niech się dowie
dowiadujmy się   dowiedzmy się
dowiadujcie się   dowiedzcie się
niech się dowiadują   niech się dowiedzą

PARTICIPLES

PRES. ACT.   dowiadujący się,-a,-e;-y,-e

PRES. PASS.

PAST ACT.

PAST PASS.

ADV. PART.   dowiadując się   dowiedziawszy się

VB. NOUN   dowiadywanie się   dowiedzenie się

drzeć/podrzeć - tear

	IMPERFECTIVE	PERFECTIVE
INF.	drzeć	podrzeć

PRES.
drę   drzemy
drzesz   drzecie
drze   drą

PAST
darłe/a/m
darłe/a/ś
darł/a/o/
darli/ły/śmy
darli/ły/ście
darli/ły/

podarłe/a/m
podarłe/a/ś
podarł/a/o/
podarli/ły/śmy
podarli/ły/ście
podarli/ły/

FUT.
będę darł/a/
będziesz darł/a/
będzie darł/a/o/
będziemy darli/ły/
będziecie darli/ły/
będą darli/ły/

podrę
podrzesz
podrze
podrzemy
podrzecie
podrą

COND.
darł/a/bym
darł/a/byś
darł/a/o/by
darli/ły/byśmy
darli/ły/byście
darli/ły/by

podarł/a/bym
podarł/a/byś
podarł/a/o/by
podarli/ły/byśmy
podarli/ły/byście
podarli/ły/by

IMP.
drzyj
niech drze
drzyjmy
drzyjcie
niech drą

podrzyj
niech podrze
podrzyjmy
podrzyjcie
niech podrą

PARTICIPLES

PRES. ACT.   drący,-a,-e;-y,-e

PRES. PASS.   darty,-a,-e;-ci,-te

PAST ACT.

PAST PASS.   podarty,-a,-e;-ci,-te

ADV. PART.   drąc   podarłszy

VB. NOUN   darcie   podarcie dziękować/podziękować - be grateful to, thank

	IMPERFECTIVE	PERFECTIVE
INF.	dziękować	podziękować

PRES. dziękuję dziękujemy
dziękujesz dziękujecie
dziękuje dziękują

PAST	dziękowałe/a/m	podziękowałe/a/m
	dziękowałe/a/ś	podziękowałe/a/ś
	dziękował/a/o/	podziękował/a/o/
	dziękowali/ły/śmy	podziękowali/ły/śmy
	dziękowali/ły/ście	podziękowali/ły/ście
	dziękowali/ły/	podziękowali/ły/

FUT.	będę dziękował/a/	podziękuję
	będziesz dziękował/a/	podziękujesz
	będzie dziękował/a/o/	podziękuje
	będziemy dziękowali/ły/	podziękujemy
	będziecie dziękowali/ły/	podziękujecie
	będą dziękowali/ły/	podziękują

COND.	dziękował/a/bym	podziękował/a/bym
	dziękował/a/byś	podziękował/a/byś
	dziękował/a/o/by	podziękował/a/o/by
	dziękowali/ły/byśmy	podziękowali/ły/byśmy
	dziękowali/ły/byście	podziękowali/ły/byście
	dziękowali/ły/by	podziękowali/ły/by

IMP.	dziękuj	podziękuj
	niech dziękuje	niech podziękuje
	dziękujmy	podziękujmy
	dziękujcie	podziękujcie
	niech dziękują	niech podziękują

PARTICIPLES

PRES. ACT. dziękujący,-a,-e;-y,-e

PRES. PASS.

PAST ACT.

PAST PASS.

ADV. PART. dziękując   podziękowawszy

VB. NOUN dziękowanie   podziękowanie

30

dzwonić/zadzwonić - ring, call up

	IMPERFECTIVE		PERFECTIVE
INF.	dzwonić		zadzwonić

PRES.   dzwonię   dzwonimy
         dzwonisz   dzwonicie
         dzwoni   dzwonią

PAST	dzwoniłe/a/m	zadzwoniłe/a/m
	dzwoniłe/a/ś	zadzwoniłe/a/ś
	dzwonił/a/o/	zadzwonił/a/o/
	dzwonili/ły/śmy	zadzwonili/ły/śmy
	dzwonili/ły/ście	zadzwonili/ły/ście
	dzwonili/ły/	zadzwonili/ły/

FUT.	będę dzwonił/a/	zadzwonię
	będziesz dzwonił/a/	zadzwonisz
	będzie dzwonił/a/o/	zadzwoni
	będziemy dzwonili/ły/	zadzwonimy
	będziecie dzwonili/ły/	zadzwonicie
	będą dzwonili/ły/	zadzwonią

COND.	dzwonił/a/bym	zadzwonił/a/bym
	dzwonił/a/byś	zadzwonił/a/byś
	dzwonił/a/o/by	zadzwonił/a/o/by
	dzwonili/ły/byśmy	zadzwonili/ły/byśmy
	dzwonili/ły/byście	zadzwonili/ły/byście
	dzwonili/ły/by	zadzwonili/ły/by

IMP.	dzwoń	zadzwoń
	niech dzwoni	niech zadzwoni
	dzwońmy	zadzwońmy
	dzwońcie	zadzwońcie
	niech dzwonią	niech zadzwonią

PARTICIPLES

PRES. ACT.   dzwoniący,-a,-e;-y,-e

PRES. PASS.

PAST ACT.

PAST PASS.

ADV. PART.   dzwoniąc   zadzwoniwszy

VB. NOUN   dzwonienie   zadzwonienie

31

gniewać się/rozgniewać się - be angry
gniewać/rozgniewać - irritate, provoke

	IMPERFECTIVE	PERFECTIVE
INF.	gniewać się	rozgniewać się

PRES.	gniewam się gniewamy się
	gniewasz się gniewacie się
	gniewa się gniewają się

PAST	gniewałe/a/m się	rozgniewałe/a/m się
	gniewałe/a/ś się	rozgniewałe/a/ś się
	gniewał/a/o/ się	rozgniewał/a/o/ się
	gniewali/ły/śmy się	rozgniewali/ły/śmy się
	gniewali/ły/ście się	rozgniewali/ły/ście się
	gniewali/ły/ się	rozgniewali/ły/ się

FUT.	będę się gniewał/a/	rozgniewam się
	będziesz się gniewał/a/	rozgniewasz się
	będzie się gniewał/a/o/	rozgniewa się
	będziemy się gniewali/ły/	rozgniewamy się
	będziecie się gniewali/ły/	rozgniewacie się
	będą się gniewali/ły/	rozgniewają się

COND.	gniewał/a/bym się	rozgniewał/a/bym się
	gniewał/a/byś się	rozgniewał/a/byś się
	gniewał/a/o/by się	rozgniewał/a/o/by się
	gniewali/ły/byśmy się	rozgniewali/ły/byśmy się
	gniewali/ły/byście się	rozgniewali/ły/byście się
	gniewali/ły/by się	rozgniewali/ły/by się

IMP.	gniewaj się	rozgniewaj się
	niech się gniewa	niech się rozgniewa
	gniewajmy się	rozgniewajmy się
	gniewajcie się	rozgniewajcie się
	niech się gniewają	niech się rozgniewają

PARTICIPLES

PRES. ACT.	gniewający się,-a,-e;-y,-e

PRES. PASS.

PAST ACT.

PAST PASS.

ADV. PART.	gniewając się	rozgniewawszy się

VB. NOUN	gniewanie się	rozgniewanie się

32

gotować/ugotować - cook, prepare
gotować się/ugotować się - boil

	IMPERFECTIVE		PERFECTIVE
INF.	gotować		ugotować
PRES.	gotuję	gotujemy	
	gotujesz	gotujecie	
	gotuje	gotują	
PAST	gotowałe/a/m		ugotowałe/a/m
	gotowałe/a/ś		ugotowałe/a/ś
	gotował/a/o/		ugotował/a/o/
	gotowali/ły/śmy		ugotowali/ły/śmy
	gotowali/ły/ście		ugotowali/ły/ście
	gotowali/ły/		ugotowali/ły/
FUT.	będę gotował/a/		ugotuję
	będziesz gotował/a/		ugotujesz
	będzie gotował/a/o/		ugotuje
	będziemy gotowali/ły/		ugotujemy
	będziecie gotowali/ły/		ugotujecie
	będą gotowali/ły/		ugotują
COND.	gotował/a/bym		ugotował/a/bym
	gotował/a/byś		ugotował/a/byś
	gotował/a/o/by		ugotował/a/o/by
	gotowali/ły/byśmy		ugotowali/ły/byśmy
	gotowali/ły/byście		ugotowali/ły/byście
	gotowali/ły/by		ugotowali/ły/by
IMP.	gotuj		ugotuj
	niech gotuje		niech ugotuje
	gotujmy		ugotujmy
	gotujcie		ugotujcie
	niech gotują		niech ugotują

PARTICIPLES

PRES. ACT.	gotujący,-a,-e;-y,-e	
PRES. PASS.	gotowany,-a,-e;-i,-e	
PAST ACT.		
PAST PASS.		ugotowany,-a,-e;-i,-e
ADV. PART.	gotując	ugotowawszy
VB. NOUN	gotowanie	ugotowanie

33

grać/zagrać - play, blow /a musical instrument/

	IMPERFECTIVE	PERFECTIVE
INF.	grać	zagrać

PRES.		
	gram	gramy
	grasz	gracie
	gra	grają

PAST	IMPERFECTIVE	PERFECTIVE
	grałe/a/m	zagrałe/a/m
	grałe/a/ś	zagrałe/a/ś
	grał/a/o/	zagrał/a/o/
	grali/ły/śmy	zagrali/ły/śmy
	grali/ły/ście	zagrali/ły/ście
	grali/ły/	zagrali/ły/

FUT.	IMPERFECTIVE	PERFECTIVE
	będę grał/a/	zagram
	będziesz grał/a/	zagrasz
	będzie grał/a/o/	zagra
	będziemy grali/ły/	zagramy
	będziecie grali/ły/	zagracie
	będą grali/ły/	zagrają

COND.	IMPERFECTIVE	PERFECTIVE
	grał/a/bym	zagrał/a/bym
	grał/a/byś	zagrał/a/byś
	grał/a/o/by	zagrał/a/o/by
	grali/ły/byśmy	zagrali/ły/byśmy
	grali/ły/byście	zagrali/ły/byście
	grali/ły/by	zagrali/ły/by

IMP.	IMPERFECTIVE	PERFECTIVE
	graj	zagraj
	niech gra	niech zagra
	grajmy	zagrajmy
	grajcie	zagrajcie
	niech grają	niech zagrają

PARTICIPLES

PRES. ACT.	grający,-a,-e;-y,-e	
PRES. PASS.	grany,-a,-e;- ,-e	
PAST ACT.		
PAST PASS.		zagrany,-a,-e;- ,-e
ADV. PART.	grając	zagrawszy
VB. NOUN	granie	zagranie

34

gubić/zgubić - lose
gubić się/zgubić się - be lost

	IMPERFECTIVE		PERFECTIVE
INF.	gubić		zgubić

PRES.
gubię   gubimy
gubisz   gubicie
gubi   gubią

PAST
gubiłe/a/m
gubiłe/a/ś
gubił/a/o/
gubili/ły/śmy
gubili/ły/ście
gubili/ły/

zgubiłe/a/m
zgubiłe/a/ś
zgubił/a/o/
zgubili/ły/śmy
zgubili/ły/ście
zgubili/ły/

FUT.
będę gubił/a/
będziesz gubił/a/
będzie gubił/a/o/
będziemy gubili/ły/
będziecie gubili/ły/
będą gubili/ły/

zgubię
zgubisz
zgubi
zgubimy
zgubicie
zgubią

COND.
gubił/a/bym
gubił/a/byś
gubił/a/o/by
gubili/ły/byśmy
gubili/ły/byście
gubili/ły/by

zgubił/a/bym
zgubił/a/byś
zgubił/a/o/by
zgubili/ły/byśmy
zgubili/ły/byście
zgubili/ły/by

IMP.
gub
niech gubi
gubmy
gubcie
niech gubią

zgub
niech zgubi
zgubmy
zgubcie
niech zgubią

PARTICIPLES

PRES. ACT.   gubiący,-a,-e;-y,-e

PRES. PASS. gubiony,-a,-e;-eni,-one

PAST ACT.

PAST PASS.   zgubiony,-a,-e;-eni,-one

ADV. PART.   gubiąc   zgubiwszy

VB. NOUN   gubienie   zgubienie

35

hamować/zahamować - brake, slow down

	IMPERFECTIVE		PERFECTIVE
INF.	hamować		zahamować

PRES.

hamuję   hamujemy
hamujesz   hamujecie
hamuje   hamują

PAST

hamowałe/a/m
hamowałe/a/ś
hamował/a/o/
hamowali/ły/śmy
hamowali/ły/ście
hamowali/ły/

zahamowałe/a/m
zahamowałe/a/ś
zahamował/a/o/
zahamowali/ły/śmy
zahamowali/ły/ście
zahamowali/ły/

FUT.

będę hamował/a/
będziesz hamował/a/
będzie hamował/a/o/
będziemy hamowali/ły/
będziecie hamowali/ły/
będą hamowali/ły/

zahamuję
zahamujesz
zahamuje
zahamujemy
zahamujecie
zahamują

COND.

hamował/a/bym
hamował/a/byś
hamował/a/o/by
hamowali/ły/byśmy
hamowali/ły/byście
hamowali/ły/by

zahamował/a/bym
zahamował/a/byś
zahamował/a/o/by
zahamowali/ły/byśmy
zahamowali/ły/byście
zahamowali/ły/by

IMP.

hamuj
niech hamuje
hamujmy
hamujcie
niech hamują

zahamuj
niech zahamuje
zahamujmy
zahamujcie
niech zahamują

PARTICIPLES

PRES. ACT.   hamujący,-a,-e;-y,-e

PRES. PASS.   hamowany,-a,-e;-i,-e

PAST ACT.

PAST PASS.   zahamowany,-a,-e;-i,-e

ADV. PART.   hamując   zahamowawszy

VB. NOUN   hamowanie   zahamowanie

interesować/zainteresować - interest
interesować się/zainteresować się - be interested

	IMPERFECTIVE	PERFECTIVE
INF.	interesować	zainteresować

PRES.

PRES.   interesuję   interesujemy
        interesujesz   interesujecie
        interesuje   interesują

PAST   interesowałe/a/m   zainteresowałe/a/m
        interesowałe/a/ś   zainteresowałe/a/ś
        interesował/a/o/   zainteresował/a/o/
        interesowali/ły/śmy   zainteresowali/ły/śmy
        interesowali/ły/ście   zainteresowali/ły/ście
        interesowali/ły/   zainteresowali/ły/

FUT.   będę interesował/a/   zainteresuję
        będziesz interesował/a/   zainteresujesz
        będzie interesował/a/o/   zainteresuje
        będziemy interesowali/ły/   zainteresujemy
        będziecie interesowali/ły/   zainteresujecie
        będą interesowali/ły/   zainteresują

COND.   interesował/a/bym   zainteresował/a/bym
         interesował/a/byś   zainteresował/a/byś
         interesował/a/o/by   zainteresował/a/o/by
         interesowali/ły/byśmy   zainteresowali/ły/byśmy
         interesowali/ły/byście   zainteresowali/ły/byście
         interesowali/ły/by   zainteresowali/ły/by

IMP.   interesuj   zainteresuj
       niech interesuje   niech zainteresuje
       interesujmy   zainteresujmy
       interesujcie   zainteresujcie
       niech interesują   niech zainteresują

PARTICIPLES

PRES. ACT.   interesujący,-a,-e;-y,-e

PRES. PASS.   interesowany,-a,-e;-i,-e

PAST ACT.

PAST PASS.   zainteresowany,-a,-e;-i,-e

ADV. PART.   interesując   zainteresowawszy

VB. NOUN   interesowanie   zainteresowanie

jeździć*jechać/pojechać OR przyjechać - ride, travel

IMPERFECTIVE

	INDETERMINATE		DETERMINATE	
INF.	jeździć		jechać	
PRES.	jeżdżę	jeździmy	jadę	jedziemy
	jeździsz	jeździcie	jedziesz	jedziecie
	jeździ	jeżdżą	jedzie	jadą
PAST	jeździłe/a/m		jechałe/a/m	
	jeździłe/a/ś		jechałe/a/ś	
	jeździł/a/o/		jechał/a/o/	
	jeździli/ły/śmy		jechali/ły/śmy	
	jeździli/ły/ście		jechali/ły/ście	
	jeździli/ły/		jechali/ły/	
FUT.	będę jeździł/a/		będę jechał/a/	
	będziesz jeździł/a/		będziesz jechał/a/	
	będzie jeździł/a/o/		będzie jechał/a/o/	
	będziemy jeździli/ły/		będziemy jechali/ły/	
	będziecie jeździli/ły/		będziecie jechali/ły/	
	będą jeździli/ły/		będą jechali/ły/	
COND.	jeździł/a/bym		jechał/a/bym	
	jeździł/a/byś		jechał/a/byś	
	jeździł/a/o/by		jechał/a/o/by	
	jeździli/ły/byśmy		jechali/ły/byśmy	
	jeździli/ły/byście		jechali/ły/byście	
	jeździli/ły/by		jechali/ły/by	
IMP.			jedź	
	niech jeździ		niech jedzie	
			jedźmy	
			jedźcie	
	niech jeżdżą		niech jadą	

PARTICIPLES

PRES. ACT.	jeżdżący,-a,-e;-y,-e	jadący,-a,-e;-y,-e
PRES. PASS.		
PAST ACT.		
PAST PASS.		
ADV. PART.	jeżdżąc	jadąc
VB. NOUN	jeżdżenie	jechanie

38

jeść/zjeść - eat, dine

	IMPERFECTIVE		PERFECTIVE
INF.	jeść		zjeść
PRES.	jem	jemy	
	jesz	jecie	
	je	jedzą	
PAST	jadłe/a/m		zjadłe/a/m
	jadłe/a/ś		zjadłe/a/ś
	jadł/a/o/		zjadł/a/o/
	jedli/adły/śmy		zjedli/adły/śmy
	jedli/adły/ście		zjedli/adły/ście
	jedli/adły/		zjedli/adły/
FUT.	będę jadł/a/		zjem
	będziesz jadł/a/		zjesz
	będzie jadł/a/o/		zje
	będziemy jedli, jadły		zjemy
	będziecie jedli, jadły		zjecie
	będą jedli, jadły		zjedzą
COND.	jadł/a/bym		zjadł/a/bym
	jadł/a/byś		zjadł/a/byś
	jadł/a/o/by		zjadł/a/o/by
	jedli/adły/byśmy		zjedli/adły/byśmy
	jedli/adły/byście		zjedli/adły/byście
	jedli/adły/by		zjedli/adły/by
IMP.	jedz		zjedz
	niech je		niech zje
	jedzmy		zjedzmy
	jedzcie		zjedzcie
	niech jedzą		niech zjedzą

PARTICIPLES

PRES. ACT.	jedzący,-a,-e;-y,-e	
PRES. PASS.	jedzony,-a,-e;- ,-one	
PAST ACT.		
PAST PASS.		zjedzony,-a,-e;- ,-one
ADV. PART.	jedząc	zjadłszy
VB. NOUN	jedzenie	

karać/ukarać – punish

<table>
<tr><td></td><td>IMPERFECTIVE</td><td>PERFECTIVE</td></tr>
</table>

INF. karać

ukarać

PRES. karzę   karzemy
karzesz   karzecie
karze   karzą

PAST karałe/a/m
karałe/a/ś
karał/a/o/
karali/ły/śmy
karali/ły/ście
karali/ły/

ukarałe/a/m
ukarałe/a/ś
ukarał/a/o/
ukarali/ły/śmy
ukarali/ły/ście
ukarali/ły/

FUT. będę karał/a/
będziesz karał/a/
będzie karał/a/o/
będziemy karali/ły/
będziecie karali/ły/
będą karali/ły/

ukarzę
ukarzesz
ukarze
ukarzemy
ukarzecie
ukarzą

COND. karał/a/bym
karał/a/byś
karał/a/o/by
karali/ły/byśmy
karali/ły/byście
karali/ły/by

ukarał/a/bym
ukarał/a/byś
ukarał/a/o/by
ukarali/ły/byśmy
ukarali/ły/byście
ukarali/ły/by

IMP. karz
niech karze
karzmy
karzcie
niech karzą

ukarz
niech ukarze
ukarzmy
ukarzcie
niech ukarzą

PARTICIPLES

PRES. ACT.   karzący,-a,-e;-y,-e

PRES. PASS.   karany,-a,-e;-i,-e

PAST ACT.

PAST PASS.   ukarany,-a,-e;-i,-e

ADV. PART.   karząc   ukarawszy

VB. NOUN   karanie   ukaranie

kąpać/wykąpać - bathe
kąpać się/wykąpać się - take a bath

	IMPERFECTIVE		PERFECTIVE
INF.	kąpać		wykąpać
PRES.	kąpię	kąpiemy	
	kąpiesz	kąpiecie	
	kąpie	kąpią	
PAST	kąpałe/a/m		wykąpałe/a/m
	kąpałe/a/ś		wykąpałe/a/ś
	kąpał/a/o/		wykąpał/a/o/
	kąpali/ły/śmy		wykąpali/ły/śmy
	kąpali/ły/ście		wykąpali/ły/ście
	kąpali/ły/		wykąpali/ły/
FUT.	będę kąpał/a/		wykąpię
	będziesz kąpał/a/		wykąpiesz
	będzie kąpał/a/o/		wykąpie
	będziemy kąpali/ły/		wykąpiemy
	będziecie kąpali/ły/		wykąpiecie
	będą kąpali/ły/		wykąpią
COND.	kąpał/a/bym		wykąpał/a/bym
	kąpał/a/byś		wykąpał/a/byś
	kąpał/a/o/by		wykąpał/a/o/by
	kąpali/ły/byśmy		wykąpali/ły/byśmy
	kąpali/ły/byście		wykąpali/ły/byście
	kąpali/ły/by		wykąpali/ły/by
IMP.	kąp		wykąp
	niech kąpie		niech wykąpie
	kąpmy		wykąpmy
	kąpcie		wykąpcie
	niech kąpią		niech wykąpią

PARTICIPLES

PRES. ACT.	kąpiący,-a,-e;-y,-e	
PRES. PASS.	kąpany,-a,-e;-i,-e	
PAST ACT.		
PAST PASS.		wykąpany,-a,-e;-i,-e
ADV. PART.	kąpiąc	wykąpawszy
VB. NOUN	kąpanie	wykąpanie

41

kierować/skierować - direct, drive
kierować się/skierować się - be guided /by/

	IMPERFECTIVE		PERFECTIVE
INF.	kierować		skierować

PRES. kieruję   kierujemy
       kierujesz   kierujecie
       kieruje   kierują

PAST   kierowałe/a/m   skierowałe/a/m
       kierowałe/a/ś   skierowałe/a/ś
       kierował/a/o/   skierował/a/o/
       kierowali/ły/śmy   skierowali/ły/śmy
       kierowali/ły/ście   skierowali/ły/ście
       kierowali/ły/   skierowali/ły/

FUT.   będę kierował/a/   skieruję
       będziesz kierował/a/   skierujesz
       będzie kierował/a/o/   skieruje
       będziemy kierowali/ły/   skierujemy
       będziecie kierowali/ły/   skierujecie
       będą kierowali/ły/   skierują

COND. kierował/a/bym   skierował/a/bym
       kierował/a/byś   skierował/a/byś
       kierował/a/o/by   skierował/a/o/by
       kierowali/ły/byśmy   skierowali/ły/byśmy
       kierowali/ły/byście   skierowali/ły/byście
       kierowali/ły/by   skierowali/ły/by

IMP.   kieruj   skieruj
       niech kieruje   niech skieruje
       kierujmy   skierujmy
       kierujcie   skierujcie
       niech kierują   niech skierują

PARTICIPLES

PRES. ACT.   kierujący,-a,-e;-y,-e

PRES. PASS. kierowany,-a,-e;-i,-e

PAST ACT.

PAST PASS.   skierowany,-a,-e;-i,-e

ADV. PART.   kierując   skierowawszy

VB. NOUN   kierowanie   skierowanie

42

kłamać/skłamać - lie, tell a lie

	IMPERFECTIVE		PERFECTIVE
INF.	kłamać		skłamać

PRES.	kłamię	kłamiemy	
	kłamiesz	kłamiecie	
	kłamie	kłamią	

PAST	kłamałe/a/m	skłamałe/a/m
	kłamałe/a/ś	skłamałe/a/ś
	kłamał/a/o/	skłamał/a/o/
	kłamali/ły/śmy	skłamali/ły/śmy
	kłamali/ły/ście	skłamali/ły/ście
	kłamali/ły/	skłamali/ły/

FUT.	będę kłamał/a/	skłamię
	będziesz kłamał/a/	skłamiesz
	będzie kłamał/a/o/	skłamie
	będziemy kłamali/ły/	skłamiemy
	będziecie kłamali/ły/	skłamiecie
	będą kłamali/ły/	skłamią

COND.	kłamał/a/bym	skłamał/a/bym
	kłamał/a/byś	skłamał/a/byś
	kłamał/a/o/by	skłamał/a/o/by
	kłamali/ły/byśmy	skłamali/ły/byśmy
	kłamali/ły/byście	skłamali/ły/byście
	kłamali/ły/by	skłamali/ły/by

IMP.	kłam	skłam
	niech kłamie	niech skłamie
	kłammy	skłammy
	kłamcie	skłamcie
	niech kłamią	niech skłamią

PARTICIPLES

PRES. ACT.	kłamiący,-a,-e;-y,-e	
PRES. PASS.	kłamany,-a,-e;- ,-e	
PAST ACT.		
PAST PASS.		skłamany,-a,-e;- ,-e
ADV. PART.	kłamiąc	skłamawszy
VB. NOUN	kłamanie	skłamanie

43

kłaść/położyć - lay down, place
kłaść się/położyć się - lie down

	IMPERFECTIVE		PERFECTIVE
INF.	kłaść		położyć

PRES.

kładę   kładziemy
kładziesz   kładziecie
kładzie   kładą

PAST

kładłe/a/m
kładłe/a/ś
kładł/a/o/
kładli/ły/śmy
kładli/ły/ście
kładli/ły/

położyłe/a/m
położyłe/a/ś
położył/a/o/
położyli/ły/śmy
położyli/ły/ście
położyli/ły/

FUT.

będę kładł/a/
będziesz kładł/a/
będzie kładł/a/o/
będziemy kładli/ły/
będziecie kładli/ły/
będą kładli/ły/

położę
położysz
położy
położymy
położycie
położą

COND.

kładł/a/bym
kładł/a/byś
kładł/a/o/by
kładli/ły/byśmy
kładli/ły/byście
kładli/ły/by

położył/a/bym
położył/a/byś
położył/a/o/by
położyli/ły/byśmy
położyli/ły/byście
położyli/ły/by

IMP.

kładź
niech kładzie
kładźmy
kładźcie
niech kładą

połóż
niech położy
połóżmy
połóżcie
niech położą

PARTICIPLES

PRES. ACT.   kładący,-a,-e;-y,-e

PRES. PASS.   kładziony,-a,-e;-dzeni,-dzione

PAST ACT.

PAST PASS.   położony,-a,-e;-eni,-one

ADV. PART.   kładąc   położywszy

VB. NOUN   kładzenie   położenie

kłócić/pokłócić - set at variance
kłócić się/pokłócić się - quarrel

	IMPERFECTIVE	*PERFECTIVE*
INF.	kłócić	pokłócić

PRES.	kłócę	kłócimy
	kłócisz	kłócicie
	kłóci	kłócą

PAST	kłóciłe/a/m	pokłóciłe/a/m
	kłóciłe/a/ś	pokłóciłe/a/ś
	kłócił/a/o/	pokłócił/a/o/
	kłócili/ły/śmy	pokłócili/ły/śmy
	kłócili/ły/ście	pokłócili/ły/ście
	kłócili/ły/	pokłócili/ły/

FUT.	będę kłócił/a/	pokłócę
	będziesz kłócił/a/	pokłócisz
	będzie kłócił/a/o/	pokłóci
	będziemy kłócili/ły/	pokłócimy
	będziecie kłócili/ły/	pokłócicie
	będą kłócili/ły/	pokłócą

COND.	kłócił/a/bym	pokłócił/a/bym
	kłócił/a/byś	pokłócił/a/byś
	kłócił/a/o/by	pokłócił/a/o/by
	kłócili/ły/byśmy	pokłócili/ły/byśmy
	kłócili/ły/byście	pokłócili/ły/byście
	kłócili/ły/by	pokłócili/ły/by

IMP.	kłóć	pokłóć
	niech kłóci	niech pokłóci
	kłóćmy	pokłóćmy
	kłóćcie	pokłóćcie
	niech kłócą	niech pokłócą

PARTICIPLES

PRES. ACT.	kłócący,-a,-e;-y,-e	
PRES. PASS.	kłócony,-a,-e;-eni,-one	
PAST ACT.		
PAST PASS.		pokłócony,-a,-e;-eni,-one
ADV. PART.	kłócąc	pokłóciwszy
VB. NOUN	kłócenie	pokłócenie

kochać/pokochać – love
kochać się/pokochać się – be in love

	IMPERFECTIVE		PERFECTIVE
INF.	kochać		pokochać

PRES.
kocham   kochamy
kochasz   kochacie
kocha   kochają

PAST		
kochałe/a/m		pokochałe/a/m
kochałe/a/ś		pokochałe/a/ś
kochał/a/o/		pokochał/a/o/
kochali/ły/śmy		pokochali/ły/śmy
kochali/ły/ście		pokochali/ły/ście
kochali/ły/		pokochali/ły/

FUT.		
będę kochał/a/		pokocham
będziesz kochał/a/		pokochasz
będzie kochał/a/o/		pokocha
będziemy kochali/ły/		pokochamy
będziecie kochali/ły/		pokochacie
będą kochali/ły/		pokochają

COND.		
kochał/a/bym		pokochał/a/bym
kochał/a/byś		pokochał/a/byś
kochał/a/o/by		pokochał/a/o/by
kochali/ły/byśmy		pokochali/ły/byśmy
kochali/ły/byście		pokochali/ły/byście
kochali/ły/by		pokochali/ły/by

IMP.		
kochaj		pokochaj
niech kocha		niech pokocha
kochajmy		pokochajmy
kochajcie		pokochajcie
niech kochają		niech pokochają

PARTICIPLES

PRES. ACT.   kochający,-a,-e;-y,-e

PRES. PASS.   kochany,-a,-e;-i,-e

PAST ACT.

PAST PASS.   pokochany,-a,-e;-i,-e

ADV. PART.   kochając   pokochawszy

VB. NOUN   kochanie   pokochanie

kończyć/skończyć - complete, finish
kończyć się/skończyć się - end, run out

IMPERFECTIVE	PERFECTIVE

INF.   kończyć   skończyć

PRES. kończę   kończymy
           kończysz   kończycie
           kończy   kończą

PAST   kończyłe/a/m   skończyłe/a/m
           kończyłe/a/ś   skończyłe/a/ś
           kończył/a/o/   skończył/a/o/
           kończyli/ły/śmy   skończyli/ły/śmy
           kończyli/ły/ście   skończyli/ły/ście
           kończyli/ły/   skończyli/ły/

FUT.   będę kończył/a/   skończę
           będziesz kończył/a/   skończysz
           będzie kończył/a/o/   skończy
           będziemy kończyli/ły/   skończymy
           będziecie kończyli/ły/   skończycie
           będą kończyli/ły/   skończą

COND. kończył/a/bym   skończył/a/bym
           kończył/a/byś   skończył/a/byś
           kończył/a/o/by   skończył/a/o/by
           kończyli/ły/byśmy   skończyli/ły/byśmy
           kończyli/ły/byście   skończyli/ły/byście
           kończyli/ły/by   skończyli/ły/by

IMP.   kończ   skończ
           niech kończy   niech skończy
           kończmy   skończmy
           kończcie   skończcie
           niech kończą   niech skończą

PARTICIPLES

PRES. ACT.   kończący,-a,-e;-y,-e

PRES. PASS. kończony,-a,-e;- ,-e

PAST ACT.

PAST PASS.   skończony,-a,-e;-eni,-one

ADV. PART. kończąc   skończywszy

VB. NOUN kończenie   skończenie

korzystać/skorzystać - use, profit by

	IMPERFECTIVE		PERFECTIVE
INF.	korzystać		skorzystać
PRES.	korzystam	korzystamy	
	korzystasz	korzystacie	
	korzysta	korzystają	
PAST	korzystałe/a/m		skorzystałe/a/m
	korzystałe/a/ś		skorzystałe/a/ś
	korzystał/a/o/		skorzystał/a/o/
	korzystali/ły/śmy		skorzystali/ły/śmy
	korzystali/ły/ście		skorzystali/ły/ście
	korzystali/ły/		skorzystali/ły/
FUT.	będę korzystał/a/		skorzystam
	będziesz korzystał/a/		skorzystasz
	będzie korzystał/a/o/		skorzysta
	będziemy korzystali/ły/		skorzystamy
	będziecie korzystali/ły/		skorzystacie
	będą korzystali/ły/		skorzystają
COND.	korzystał/a/bym		skorzystał/a/bym
	korzystał/a/byś		skorzystał/a/byś
	korzystał/a/o/by		skorzystał/a/o/by
	korzystali/ły/byśmy		skorzystali/ły/byśmy
	korzystali/ły/byście		skorzystali/ły/byście
	korzystali/ły/by		skorzystali/ły/by
IMP.	korzystaj		skorzystaj
	niech korzysta		niech skorzysta
	korzystajmy		skorzystajmy
	korzystajcie		skorzystajcie
	niech korzystają		niech skorzystają

PARTICIPLES

PRES. ACT.	korzystający,-a,-e;-y,-e	
PRES. PASS.		
PAST ACT.		
PAST PASS.		
ADV. PART.	korzystając	skorzystawszy
VB. NOUN	korzystanie	skorzystanie

48

kosztować/skosztować - cost; taste, try /P only/

	IMPERFECTIVE	PERFECTIVE
INF.	kosztować	skosztować

PRES.   kosztuję   kosztujemy
        kosztujesz   kosztujecie
        kosztuje   kosztują

PAST   kosztowałe/a/m   skosztowałe/a/m
        kosztowałe/a/ś   skosztowałe/a/ś
        kosztował/a/o/   skosztował/a/o/
        kosztowali/ły/śmy   skosztowali/ły/śmy
        kosztowali/ły/ście   skosztowali/ły/ście
        kosztowali/ły/   skosztowali/ły/

FUT.   będę kosztował/a/   skosztuję
        będziesz kosztował/a/   skosztujesz
        będzie kosztował/a/o/   skosztuje
        będziemy kosztowali/ły/ skosztujemy
        będziecie kosztowali/ły/ skosztujecie
        będą kosztowali/ły/   skosztują

COND.   kosztował/a/bym   skosztował/a/bym
        kosztował/a/byś   skosztował/a/byś
        kosztował/a/o/by   skosztował/a/o/by
        kosztowali/ły/byśmy   skosztowali/ły/byśmy
        kosztowali/ły/byście   skosztowali/ły/byście
        kosztowali/ły/by   skosztowali/ły/by

IMP.   skosztuj
        niech kosztuje   niech skosztuje
                                 skosztujmy
                                 skosztujcie
        niech kosztują   niech skosztują

PARTICIPLES

PRES. ACT.   kosztujący,-a,-e;-y,-e

PRES. PASS.

PAST ACT.

PAST PASS.

ADV. PART.   kosztując   skosztowawszy

VB. NOUN

kraść/ukraść - steal

	IMPERFECTIVE		PERFECTIVE
INF.	kraść		ukraść

PRES.   kradnę   kradniemy
        kradniesz   kradniecie
        kradnie   kradną

PAST   kradłe/a/m   ukradłe/a/m
        kradłe/a/ś   ukradłe/a/ś
        kradł/a/o/   ukradł/a/o/
        kradli/ły/śmy   ukradli/ły/śmy
        kradli/ły/ście   ukradli/ły/ście
        kradli/ły/   ukradli/ły/

FUT.   będę kradł/a/   ukradnę
        będziesz kradł/a/   ukradniesz
        będzie kradł/a/o/   ukradnie
        będziemy kradli/ły/   ukradniemy
        będziecie kradli/ły/   ukradniecie
        będą kradli/ły/   ukradną

COND.   kradł/a/bym   ukradł/a/bym
        kradł/a/byś   ukradł/a/byś
        kradł/a/o/by   ukradł/a/o/by
        kradli/ły/byśmy   ukradli/ły/byśmy
        kradli/ły/byście   ukradli/ły/byście
        kradli/ły/by   ukradli/ły/by

IMP.   kradnij   ukradnij
        niech kradnie   niech ukradnie
        kradnijmy   ukradnijmy
        kradnijcie   ukradnijcie
        niech kradną   niech ukradną

PARTICIPLES

PRES. ACT.   kradnący,-a,-e;-y,-e

PRES. PASS. kradziony,-a,-e;-dzeni,-dzione

PAST ACT.

PAST PASS.   ukradziony,-a,-e;-dzeni,-dzione

ADV. PART.   kradnąc   ukradłszy

VB. NOUN

50

krzycze\u0107/krzykn\u0105\u0107 - shout

IMPERFECTIVE		PERFECTIVE

INF. krzycze\u0107 krzykn\u0105\u0107

PRES. krzycz\u0119   krzyczymy
krzyczysz   krzyczycie
krzyczy   krzycz\u0105

PAST krzycza\u0142e/a/m   krzykn\u0105\u0142e/\u0119\u0142a/m
krzycza\u0142e/a/\u015b   krzykn\u0105\u0142e/\u0119\u0142a/\u015b
krzycza\u0142/a/o/   krzykn\u0105\u0142/\u0119\u0142a/\u0119\u0142o/
krzyczeli/a\u0142y/\u015bmy   krzykn\u0119li/\u0142y/\u015bmy
krzyczeli/a\u0142y/\u015bcie   krzykn\u0119li/\u0142y/\u015bcie
krzyczeli/a\u0142y/   krzykn\u0119li/\u0142y/

FUT. b\u0119d\u0119 krzycza\u0142/a/   krzykn\u0119
b\u0119dziesz krzycza\u0142/a/   krzykniesz
b\u0119dzie krzycza\u0142/a/o/   krzyknie
b\u0119dziemy krzyczeli/a\u0142y/   krzykniemy
b\u0119dziecie krzyczeli/a\u0142y/   krzykniecie
b\u0119d\u0105 krzyczeli/a\u0142y/   krzykn\u0105

COND. krzycza\u0142/a/bym   krzykn\u0105\u0142/\u0119\u0142a/bym
krzycza\u0142/a/by\u015b   krzykn\u0105\u0142/\u0119\u0142a/by\u015b
krzycza\u0142/a/o/by   krzykn\u0105\u0142/\u0119\u0142a/\u0119\u0142o/by
krzyczeli/a\u0142y/by\u015bmy   krzykn\u0119li/\u0142y/by\u015bmy
krzyczeli/a\u0142y/by\u015bcie   krzykn\u0119li/\u0142y/by\u015bcie
krzyczeli/a\u0142y/by   krzykn\u0119li/\u0142y/by

IMP. krzycz   krzyknij
niech krzyczy   niech krzyknie
krzyczmy   krzyknijmy
krzyczcie   krzyknijcie
niech krzycz\u0105   niech krzykn\u0105

PARTICIPLES

PRES. ACT. krzycz\u0105cy,-a,-e;-y,-e

PRES. PASS. krzyczany,-a,-e;- ,-e

PAST ACT.

PAST PASS.   krzykni\u0119ty,-a,-e;- ,-e

ADV. PART. krzycz\u0105c   krzykn\u0105wszy

VB. NOUN krzyczenie   krzykni\u0119cie

51

kupować/kupić - buy, purchase

	IMPERFECTIVE		PERFECTIVE
INF.	kupować		kupić

PRES.	kupuję	kupujemy
	kupujesz	kupujecie
	kupuje	kupują

PAST		
	kupowałe/a/m	kupiłe/a/m
	kupowałe/a/ś	kupiłe/a/ś
	kupował/a/o/	kupił/a/o/
	kupowali/ły/śmy	kupili/ły/śmy
	kupowali/ły/ście	kupili/ły/ście
	kupowali/ły/	kupili/ły/

FUT.		
	będę kupował/a/	kupię
	będziesz kupował/a/	kupisz
	będzie kupował/a/o/	kupi
	będziemy kupowali/ły/	kupimy
	będziecie kupowali/ły/	kupicie
	będą kupowali/ły/	kupią

COND.		
	kupował/a/bym	kupił/a/bym
	kupował/a/byś	kupił/a/byś
	kupował/a/o/by	kupił/a/o/by
	kupowali/ły/byśmy	kupili/ły/byśmy
	kupowali/ły/byście	kupili/ły/byście
	kupowali/ły/by	kupili/ły/by

IMP.		
	kupuj	kup
	niech kupuje	niech kupi
	kupujmy	kupmy
	kupujcie	kupcie
	niech kupują	niech kupią

PARTICIPLES

PRES. ACT.   kupujący,-a,-e;-y,-e

PRES. PASS.   kupowany,-a,-e;-i,-e

PAST ACT.

PAST PASS.   kupiony,-a,-e;-eni,-one

ADV. PART.   kupując   kupiwszy

VB. NOUN   kupowanie   kupienie

52

latać*lecieć/polecieć - fly

IMPERFECTIVE

	INDETERMINATE	DETERMINATE
INF.	latać	lecieć

PRES.

latam	latamy	lecę	lecimy
latasz	latacie	lecisz	lecicie
lata	latają	leci	lecą

PAST

latałe/a/m	leciałe/a/m
latałe/a/ś	leciałe/a/ś
latał/a/o/	leciał/a/o/
latali/ły/śmy	lecieli/ały/śmy
latali/ły/ście	lecieli/ały/ście
latali/ły/	lecieli/ały/

FUT.

będę latał/a/	będę leciał/a/
będziesz latał/a/	będziesz leciał/a/
będzie latał/a/o/	będzie leciał/a/o/
będziemy latali/ły/	będziemy lecieli/ały/
będziecie latali/ły/	będziecie lecieli/ały/
będą latali/ły/	będą lecieli/ały/

COND.

latał/a/bym	leciał/a/bym
latał/a/byś	leciał/a/byś
latał/a/o/by	leciał/a/o/by
latali/ły/byśmy	lecieli/ały/byśmy
latali/ły/byście	lecieli/ały/byście
latali/ły/by	lecieli/ały/by

IMP.

lataj	leć
niech lata	niech leci
latajmy	lećmy
latajcie	lećcie
niech latają	niech lecą

PARTICIPLES

PRES. ACT.	latający,-a,-e;-y,-e	lecący,-a,-e;-y,-e
PRES. PASS.		
PAST ACT.		
PAST PASS.		
ADV. PART.	latając	lecąc
VB. NOUN	latanie	

leczyć/wyleczyć - cure

leczyć się/wyleczyć się - be cured

	IMPERFECTIVE		PERFECTIVE
INF.	leczyć		wyleczyć
PRES.	leczę	leczymy	
	leczysz	leczycie	
	leczy	leczą	
PAST	leczyłe/a/m		wyleczyłe/a/m
	leczyłe/a/ś		wyleczyłe/a/ś
	leczył/a/o/		wyleczył/a/o/
	leczyli/ły/śmy		wyleczyli/ły/śmy
	leczyli/ły/ście		wyleczyli/ły/ście
	leczyli/ły/		wyleczyli/ły/
FUT.	będę leczył/a/		wyleczę
	będziesz leczył/a/		wyleczysz
	będzie leczył/a/o/		wyleczy
	będziemy leczyli/ły/		wyleczymy
	będziecie leczyli/ły/		wyleczycie
	będą leczyli/ły/		wyleczą
COND.	leczył/a/bym		wyleczył/a/bym
	leczył/a/byś		wyleczył/a/byś
	leczył/a/o/by		wyleczył/a/o/by
	leczyli/ły/byśmy		wyleczyli/ły/byśmy
	leczyli/ły/byście		wyleczyli/ły/byście
	leczyli/ły/by		wyleczyli/ły/by
IMP.	lecz		wylecz
	niech leczy		niech wyleczy
	leczmy		wyleczmy
	leczcie		wyleczcie
	niech leczą		niech wyleczą

PARTICIPLES

PRES. ACT.	leczący,-a,-e;-y,-e	
PRES. PASS.	leczony,-a,-e;-eni,-one	
PAST ACT.		
PAST PASS.		wyleczony,-a,-e;-eni,-one
ADV. PART.	lecząc	wyleczywszy
VB. NOUN	leczenie	wyleczenie

54

lekceważyć/zlekceważyć - disregard, slight

	IMPERFECTIVE		PERFECTIVE
INF.	lekceważyć		zlekceważyć
PRES.	lekceważę lekceważysz lekceważy	lekceważymy lekceważycie lekceważą	
PAST	lekceważyłe/a/m lekceważyłe/a/ś lekceważył/a/o/ lekceważyli/ły/śmy lekceważyli/ły/ście lekceważyli/ły/		zlekceważyłe/a/m zlekceważyłe/a/ś zlekceważył/a/o/ zlekceważyli/ły/śmy zlekceważyli/ły/ście zlekceważyli/ły/
FUT.	będę lekceważył/a/ będziesz lekceważył/a/ będzie lekceważył/a/o/ będziemy lekceważyli/ły/ będziecie lekceważyli/ły/ będą lekceważyli/ły/		zlekceważę zlekceważysz zlekceważy zlekceważymy zlekceważycie zlekceważą
COND.	lekceważył/a/bym lekceważył/a/byś lekceważył/a/o/by lekceważyli/ły/byśmy lekceważyli/ły/byście lekceważyli/ły/by		zlekceważył/a/bym zlekceważył/a/byś zlekceważył/a/o/by zlekceważyli/ły/byśmy zlekceważyli/ły/byście zlekceważyli/ły/by
IMP.	lekceważ niech lekceważy lekceważmy lekceważcie niech lekceważą		zlekceważ niech zlekceważy zlekceważmy zlekceważcie niech zlekceważą

PARTICIPLES

PRES. ACT.	lekceważący,-a,-e;-y,-e	
PRES. PASS.	lekceważony,-a,-e;-eni,-one	
PAST ACT.		
PAST PASS.		zlekceważony,-a,-e;-eni,-one
ADV. PART.	lekceważąc	zlekceważywszy
VB. NOUN	lekceważenie	zlekceważenie

55

	IMPERFECTIVE	PERFECTIVE
INF.	leżeć	poleżeć
PRES.	leżę leżymy leżysz leżycie leży leżą	
PAST	leżałe/a/m leżałe/a/ś leżał/a/o/ leżeli/ały/śmy leżeli/ały/ście leżeli/ały/	poleżałe/a/m poleżałe/a/ś poleżał/a/o/ poleżeli/ały/śmy poleżeli/ały/ście poleżeli/ały/
FUT.	będę leżał/a/ będziesz leżał/a/ będzie leżał/a/o/ będziemy leżeli/ały/ będziecie leżeli/ały/ będą leżeli/ały/	poleżę poleżysz poleży poleżymy poleżycie poleżą
COND.	leżał/a/bym leżał/a/byś leżał/a/o/by leżeli/ały/byśmy leżeli/ały/byście leżeli/ały/by	poleżał/a/bym poleżał/a/byś poleżał/a/o/by poleżeli/ały/byśmy poleżeli/ały/byście poleżeli/ały/by
IMP.	leż niech leży leżmy leżcie niech leżą	poleż niech poleży poleżmy poleżcie niech poleżą

PARTICIPLES

PRES. ACT.	leżący,-a,-e;-y,-e	
PRES. PASS.		
PAST ACT.		
PAST PASS.		
ADV. PART.	leżąc	poleżawszy
VB. NOUN	leżenie	poleżenie

56

liczyć/policzyć - count, rely on
liczyć się/policzyć się - enter into account

	IMPERFECTIVE	PERFECTIVE
INF.	liczyć	policzyć
PRES.	liczę liczymy liczysz liczycie liczy liczą	
PAST	liczyłe/a/m liczyłe/a/ś liczył/a/o/ liczyli/ły/śmy liczyli/ły/ście liczyli/ły/	policzyłe/a/m policzyłe/a/ś policzył/a/o/ policzyli/ły/śmy policzyli/ły/ście policzyli/ły/
FUT.	będę liczył/a/ będziesz liczył/a/ będzie liczył/a/o/ będziemy liczyli/ły/ będziecie liczyli/ły/ będą liczyli/ły/	policzę policzysz policzy policzymy policzycie policzą
COND.	liczył/a/bym liczył/a/byś liczył/a/o/by liczyli/ły/byśmy liczyli/ły/byście liczyli/ły/by	policzył/a/bym policzył/a/byś policzył/a/o/by policzyli/ły/byśmy policzyli/ły/byście policzyli/ły/by
IMP.	licz niech liczy liczmy liczcie niech liczą	policz niech policzy policzmy policzcie niech policzą

PARTICIPLES

PRES. ACT.	liczący,-a,-e;-y,-e	
PRES. PASS.	liczony,-a,-e;-eni,-one	
PAST ACT.		
PAST PASS.		policzony,-a,-e;-eni,-one
ADV. PART.	licząc	policzywszy
VB. NOUN	liczenie	policzenie

lubić/polubić - be fond of, like
lubić się/polubić się - consider, settle accounts

	IMPERFECTIVE		PERFECTIVE
INF.	lubić		polubić

PRES.
lubię   lubimy
lubisz   lubicie
lubi   lubią

PAST		
lubiłe/a/m		polubiłe/a/m
lubiłe/a/ś		polubiłe/a/ś
lubił/a/o/		polubił/a/o/
lubili/ły/śmy		polubili/ły/śmy
lubili/ły/ście		polubili/ły/ście
lubili/ły/		polubili/ły/

FUT.
będę lubił/a/   polubię
będziesz lubił/a/   polubisz
będzie lubił/a/o/   polubi
będziemy lubili/ły/   polubimy
będziecie lubili/ły/   polubicie
będą lubili/ły/   polubią

COND.
lubił/a/bym   polubił/a/bym
lubił/a/byś   polubił/a/byś
lubił/a/o/by   polubił/a/o/by
lubili/ły/byśmy   polubili/ły/byśmy
lubili/ły/byście   polubili/ły/byście
lubili/ły/by   polubili/ły/by

IMP.
                                         polub
niech lubi   niech polubi
                                         polubmy
                                         polubcie
niech lubią   niech polubią

PARTICIPLES

PRES. ACT.   lubiący,-a,-e;-y,-e

PRES. PASS.   lubiany,-a,-e;-i,-e

PAST ACT.

PAST PASS.   polubiony,-a,-e;-eni,-one

ADV. PART.   lubiąc   polubiwszy

VB. NOUN   lubienie   polubienie

łapać/złapać - catch, grasp

łapać się/złapać się - grasp oneself

	IMPERFECTIVE	PERFECTIVE
INF.	łapać	złapać

PRES. łapię   łapiemy
         łapiesz łapiecie
         łapie   łapią

PAST   łapałe/a/m
         łapałe/a/ś
         łapał/a/o/
         łapali/ły/śmy
         łapali/ły/ście
         łapali/ły/

złapałe/a/m
złapałe/a/ś
złapał/a/o/
złapali/ły/śmy
złapali/ły/ście
złapali/ły/

FUT.   będę łapał/a/
         będziesz łapał/a/
         będzie łapał/a/o/
         będziemy łapali/ły/
         będziecie łapali/ły/
         będą łapali/ły/

złapię
złapiesz
złapie
złapiemy
złapiecie
złapią

COND. łapał/a/bym
         łapał/a/byś
         łapał/a/o/by
         łapali/ły/byśmy
         łapali/ły/byście
         łapali/ły/by

złapał/a/bym
złapał/a/byś
złapał/a/o/by
złapali/ły/byśmy
złapali/ły/byście
złapali/ły/by

IMP.   łap
         niech łapie
         łapmy
         łapcie
         niech łapią

złap
niech złapie
złapmy
złapcie
niech złapią

PARTICIPLES

PRES. ACT.   łapiący,-a,-e;-y,-e

PRES. PASS. łapany,-a,-e;-i,-e

PAST ACT.

PAST PASS.   złapany,-a,-e;-i,-e

ADV. PART.   łapiąc   złapawszy

VB. NOUN   łapanie   złapanie

malować/namalować - paint
malować się/namalować się - rouge oneself

	IMPERFECTIVE		PERFECTIVE
INF.	malować		namalować

PRES.

maluję   malujemy
malujesz   malujecie
maluje   malują

PAST

malowałe/a/m
malowałe/a/ś
malował/a/o/
malowali/ły/śmy
malowali/ły/ście
malowali/ły/

namalowałe/a/m
namalowałe/a/ś
namalował/a/o/
namalowali/ły/śmy
namalowali/ły/ście
namalowali/ły/

FUT.

będę malował/a/
będziesz malował/a/
będzie malował/a/o/
będziemy malowali/ły/
będziecie malowali/ły/
będą malowali/ły/

namaluję
namalujesz
namaluje
namalujemy
namalujecie
namalują

COND.

malował/a/bym
malował/a/byś
malował/a/o/by
malowali/ły/byśmy
malowali/ły/byście
malowali/ły/by

namalował/a/bym
namalował/a/byś
namalował/a/o/by
namalowali/ły/byśmy
namalowali/ły/byście
namalowali/ły/by

IMP.

maluj
niech maluje
malujmy
malujcie
niech malują

namaluj
niech namaluje
namalujmy
namalujcie
niech namalują

PARTICIPLES

PRES. ACT.   malujący,-a,-e;-y,-e

PRES. PASS.   malowany,-a,-e;-i,-e

PAST ACT.

PAST PASS.   namalowany,-a,-e;-i,-e

ADV. PART.   malując   namalowawszy

VB. NOUN   malowanie   namalowanie

60

martwić się/zmartwić się - worry
martwić/zmartwić - worry, upset, vex

	IMPERFECTIVE		PERFECTIVE
INF.	martwić się		zmartwić się
PRES.	martwię się	martwimy się	
	martwisz się	martwicie się	
	martwi się	martwią się	
PAST	martwiłe/a/m się		zmartwiłe/a/m się
	martwiłe/a/ś się		zmartwiłe/a/ś się
	martwił/a/o/ się		zmartwił/a/o/ się
	martwili/ły/śmy się		zmartwili/ły/śmy się
	martwili/ły/ście się		zmartwili/ły/ście się
	martwili/ły/ się		zmartwili/ły/ się
FUT.	będę się martwił/a/		zmartwię się
	będziesz się martwił/a/		zmartwisz się
	będzie się martwił/a/o/		zmartwi się
	będziemy się martwili/ły/		zmartwimy się
	będziecie się martwili/ły/		zmartwicie się
	będą się martwili/ły/		zmartwią się
COND.	martwił/a/bym się		zmartwił/a/bym się
	martwił/a/byś się		zmartwił/a/byś się
	martwił/a/o/by się		zmartwił/a/o/by się
	martwili/ły/byśmy się		zmartwili/ły/byśmy się
	martwili/ły/byście się		zmartwili/ły/byście się
	martwili/ły/by się		zmartwili/ły/by się
IMP.	martw się		zmartw się
	niech się martwi		niech się zmartwi
	martwmy się		zmartwmy się
	martwcie się		zmartwcie się
	niech się martwią		niech się zmartwią

PARTICIPLES

PRES. ACT.	martwiący się,-a,-e;-y,-e	
PRES. PASS.		
PAST ACT.		
PAST PASS.		
ADV. PART.	martwiąc się	zmartwiwszy się
VB. NOUN	martwienie się	zmartwienie się

61

marznąć/zmarznąć - get cold, freeze

	IMPERFECTIVE		PERFECTIVE
INF.	marznąć		zmarznąć
PRES.	marznę	marzniemy	
	marzniesz	marzniecie	
	marznie	marzną	
PAST	marzłe/a/m		zmarzłe/a/m
	marzłe/a/ś		zmarzłe/a/ś
	marzł/a/o/		zmarzł/a/o/
	marzli/ły/śmy		zmarzli/ły/śmy
	marzli/ły/ście		zmarzli/ły/ście
	marzli/ły/		zmarzli/ły/
FUT.	będę marzł/a/		zmarznę
	będziesz marzł/a/		zmarzniesz
	będzie marzł/a/o/		zmarznie
	będziemy marzli/ły/		zmarzniemy
	będziecie marzli/ły/		zmarzniecie
	będą marzli/ły/		zmarzną
COND.	marzł/a/bym		zmarzł/a/bym
	marzł/a/byś		zmarzł/a/byś
	marzł/a/o/by		zmarzł/a/o/by
	marzli/ły/byśmy		zmarzli/ły/byśmy
	marzli/ły/byście		zmarzli/ły/byście
	marzli/ły/by		zmarzli/ły/by
IMP.	marznij		zmarznij
	niech marznie		niech zmarznie
	marznijmy		zmarznijmy
	marznijcie		zmarznijcie
	niech marzną		niech zmarzną

PARTICIPLES

PRES. ACT.	marznący,-a,-e;-y,-e	
PRES. PASS.		
PAST ACT.		
PAST PASS.		zmarznięty,-a,-e;-ci,-te
ADV. PART.	marznąc	zmarznąwszy
VB. NOUN	marznięcie	zmarznięcie

62

mieć*miewać – have, own

ACTUAL   FREQUENTATIVE

INF.   mieć   miewać

PRES.   mam   mamy   miewam   miewamy
          masz   macie   miewasz   miewacie
          ma   mają   miewa   miewają

PAST   miałe/a/m   miewałe/a/m
          miałe/a/ś   miewałe/a/ś
          miał/a/o/   miewał/a/o/
          mieli/ały/śmy   miewali/ły/śmy
          mieli/ały/ście   miewali/ły/ście
          mieli/ały/   miewali/ły/

FUT.   będę miał/a/   będę miewał/a/
          będziesz miał/a/   będziesz miewał/a/
          będzie miał/a/o/   będzie miewał/a/o/
          będziemy mieli/ały/   będziemy miewali/ły/
          będziecie mieli/ały/   będziecie miewali/ły/
          będą mieli/ały/   będą miewali/ły/

COND.   miał/a/bym   miewał/a/bym
           miał/a/byś   miewał/a/byś
           miał/a/o/by   miewał/a/o/by
           mieli/ały/byśmy   miewali/ły/byśmy
           mieli/ały/byście   miewali/ły/byście
           mieli/ały/by   miewali/ły/by

IMP.   miej   miewaj
          niech ma   niech miewa
          miejmy   miewajmy
          miejcie   miewajcie
          niech mają   niech miewają

PARTICIPLES

PRES. ACT.   mający,-a,-e;-y,-e   miewający,-a,-e;-y,-e

PRES. PASS.

PAST ACT.

PAST PASS.

ADV. PART.   mając   miewając

VB. NOUN   miewanie

mieszkać/zamieszkać - live /in/, reside

	IMPERFECTIVE		PERFECTIVE
INF.	mieszkać		zamieszkać

PRES. mieszkam   mieszkamy
       mieszkasz   mieszkacie
       mieszka   mieszkają

PAST   mieszkałe/a/m   zamieszkałe/a/m
       mieszkałe/a/ś   zamieszkałe/a/ś
       mieszkał/a/o/   zamieszkał/a/o/
       mieszkali/ły/śmy   zamieszkali/ły/śmy
       mieszkali/ły/ście   zamieszkali/ły/ście
       mieszkali/ły/   zamieszkali/ły/

FUT.   będę mieszkał/a/   zamieszkam
       będziesz mieszkał/a/   zamieszkasz
       będzie mieszkał/a/o/   zamieszka
       będziemy mieszkali/ły/   zamieszkamy
       będziecie mieszkali/ły/   zamieszkacie
       będą mieszkali/ły/   zamieszkają

COND. mieszkał/a/bym   zamieszkał/a/bym
       mieszkał/a/byś   zamieszkał/a/byś
       mieszkał/a/o/by   zamieszkał/a/o/by
       mieszkali/ły/byśmy   zamieszkali/ły/byśmy
       mieszkali/ły/byście   zamieszkali/ły/byście
       mieszkali/ły/by   zamieszkali/ły/by

IMP.   mieszkaj   zamieszkaj
       niech mieszka   niech zamieszka
       mieszkajmy   zamieszkajmy
       mieszkajcie   zamieszkajcie
       niech mieszkają   niech zamieszkają

PARTICIPLES

PRES. ACT.   mieszkający,-a,-e;-y,-e

PRES. PASS.

PAST ACT.

PAST PASS.   zamieszkany,-a,-e;- ,-e

ADV. PART.   mieszkając   zamieszkawszy

VB. NOUN   mieszkanie   zamieszkanie

mieścić się/zmieścić się - fit /into/
mieścić/zmieścić - contain

	IMPERFECTIVE		PERFECTIVE
INF.	mieścić się		zmieścić się
PRES.	mieszczę się	mieścimy się	
	mieścisz się	mieścicie się	
	mieści się	mieszczą się	
PAST	mieściłe/a/m się		zmieściłe/a/m się
	mieściłe/a/ś się		zmieściłe/a/ś się
	mieścił/a/o/ się		zmieścił/a/o/ się
	mieścili/ły/śmy się		zmieścili/ły/śmy się
	mieścili/ły/ście się		zmieścili/ły/ście się
	mieścili/ły/ się		zmieścili/ły/ się
FUT.	będę się mieścił/a/		zmieszczę się
	będziesz się mieścił/a/		zmieścisz się
	będzie się mieścił/a/o/		zmieści się
	będziemy się mieścili/ły/		zmieścimy się
	będziecie się mieścili/ły/		zmieścicie się
	będą się mieścili/ły/		zmieszczą się
COND.	mieścił/a/bym się		zmieścił/a/bym się
	mieścił/a/byś się		zmieścił/a/byś się
	mieścił/a/o/by się		zmieścił/a/o/by się
	mieścili/ły/byśmy się		zmieścili/ły/byśmy się
	mieścili/ły/byście się		zmieścili/ły/byście się
	mieścili/ły/by się		zmieścili/ły/by się
IMP.	mieść się		zmieść się
	niech się mieści		niech się zmieści
	mieśćmy się		zmieśćmy się
	mieśćcie się		zmieśćcie się
	niech się mieszczą		niech się zmieszczą

PARTICIPLES

PRES. ACT.	mieszczący się,-a,-e;-y,-e	
PRES. PASS.		
PAST ACT.		
PAST PASS.		
ADV. PART.	mieszcząc się	zmieściwszy się
VB. NOUN	mieszczenie się	zmieszczenie się

milczeć/przemilczeć - be silent

	IMPERFECTIVE		PERFECTIVE
INF.	milczeć		przemilczeć

PRES.	milczę	milczymy
	milczysz	milczycie
	milczy	milczą

PAST		*PERFECTIVE*
	milczałe/a/m	przemilczałe/a/m
	milczałe/a/ś	przemilczałe/a/ś
	milczał/a/o/	przemilczał/a/o/
	milczeli/ały/śmy	przemilczeli/ały/śmy
	milczeli/ały/ście	przemilczeli/ały/ście
	milczeli/ały/	przemilczeli/ały/

FUT.		
	będę milczał/a/	przemilczę
	będziesz milczał/a/	przemilczysz
	będzie milczał/a/o/	przemilczy
	będziemy milczeli/ały/	przemilczymy
	będziecie milczeli/ały/	przemilczycie
	będą milczeli/ały/	przemilczą

COND.		
	milczał/a/bym	przemilczał/a/bym
	milczał/a/byś	przemilczał/a/byś
	milczał/a/o/by	przemilczał/a/o/by
	milczeli/ały/byśmy	przemilczeli/ały/byśmy
	milczeli/ały/byście	przemilczeli/ały/byście
	milczeli/ały/by	przemilczeli/ały/by

IMP.		
	milcz	przemilcz
	niech milczy	niech przemilczy
	milczmy	przemilczmy
	milczcie	przemilczcie
	niech milczą	niech przemilczą

PARTICIPLES

PRES. ACT. milczący,-a,-e;-y,-e

PRES. PASS.

PAST ACT.

PAST PASS.   przemilczany,-a,-e;- ,-e

ADV. PART. milcząc   przemilczawszy

VB. NOUN milczenie   przemilczenie

66

móc/potrafić - be able, can

	IMPERFECTIVE		*PERFECTIVE*
INF.	móc		potrafić*
PRES.	mogę	możemy	
	możesz	możecie	
	może	mogą	
PAST	mogłe/a/m		potrafiłe/a/m
	mogłe/a/ś		potrafiłe/a/ś
	mógł/ogła/ogło/		potrafił/a/o/
	mogli/łły/śmy		potrafili/łły/śmy
	mogli/łły/ście		potrafili/łły/ście
	mogli/łły/		potrafili/łły/
FUT.	będę mógł/ogła/		potrafię**
	będziesz mógł/ogła/		potrafisz
	będzie mógł/ogła/ogło/		potrafi
	będziemy mogli/łły/		potrafimy
	będziecie mogli/łły/		potraficie
	będą mogli/łły/		potrafią
COND.	mógł/ogła/bym		potrafił/a/bym
	mógł/ogła/byś		potrafił/a/byś
	mógł/ogła/ogło/by		potrafił/a/o/by
	mogli/łły/byśmy		potrafili/łły/byśmy
	mogli/łły/byście		potrafili/łły/byście
	mogli/łły/by		potrafili/łły/by
IMP.			potraf
			niech potrafi
			potrafmy
			potrafcie
			niech potrafią

PARTICIPLES

PRES. ACT.	mogący,-a,-e;-y,-e	
PRES. PASS.		
PAST ACT.		
PAST PASS.		
ADV. PART.	mogąc	potrafiwszy***
VB. NOUN		

* Potrafić is used in both the imperfective and perfective aspects
** Also as the present tense in the imperfective aspect
*** Also as potrafiąc in the imperfective aspect

67

mówić/powiedzieć - say, talk

	IMPERFECTIVE		PERFECTIVE
INF.	mówić		powiedzieć
PRES.	mówię	mówimy	
	mówisz	mówicie	
	mówi	mówią	
PAST	mówiłe/a/m		powiedziałe/a/m
	mówiłe/a/ś		powiedziałe/a/ś
	mówił/a/o/		powiedział/a/o/
	mówili/ły/śmy		powiedzieli/ały/śmy
	mówili/ły/ście		powiedzieli/ały/ście
	mówili/ły/		powiedzieli/ały/
FUT.	będę mówił/a/		powiem
	będziesz mówił/a/		powiesz
	będzie mówił/a/o/		powie
	będziemy mówili/ły/		powiemy
	będziecie mówili/ły/		powiecie
	będą mówili/ły/		powiedzą
COND.	mówił/a/bym		powiedział/a/bym
	mówił/a/byś		powiedział/a/byś
	mówił/a/o/by		powiedział/a/o/by
	mówili/ły/byśmy		powiedzieli/ały/byśmy
	mówili/ły/byście		powiedzieli/ały/byście
	mówili/ły/by		powiedzieli/ały/by
IMP.	mów		powiedz
	niech mówi		niech powie
	mówmy		powiedzmy
	mówcie		powiedzcie
	niech mówią		niech powiedzą

PARTICIPLES

PRES. ACT.	mówiący,-a,-e;-y,-e	
PRES. PASS.	mówiony,-a,-e;- ,-e	
PAST ACT.		
PAST PASS.		powiedziany,-a,-e;- ,-e
ADV. PART.	mówiąc	powiedziawszy
VB. NOUN	mówienie	powiedzenie

68

musieć - have to, must

	IMPERFECTIVE		PERFECTIVE

INF. musieć

PRES. muszę musimy
musisz musicie
musi muszą

PAST musiałe/a/m
musiałe/a/ś
musiał/a/o/
musieli/ały/śmy
musieli/ały/ście
musieli/ały/

FUT. będę musiał/a/
będziesz musiał/a/
będzie musiał/a/o/
będziemy musieli/ały/
będziecie musieli/ały/
będą musieli/ały/

COND. musiał/a/bym
musiał/a/byś
musiał/a/o/by
musieli/ały/byśmy
musieli/ały/byście
musieli/ały/by

IMP.

PARTICIPLES

PRES. ACT. muszący,-a,-e;-y,-e

PRES. PASS.

PAST ACT.

PAST PASS.

ADV. PART. musząc

VB. NOUN

69

myć/umyć - wash
myć się/umyć się - wash oneself

	IMPERFECTIVE		PERFECTIVE
INF.	myć		umyć

PRES. myję   myjemy
         myjesz myjecie
         myje   myją

PAST   myłe/a/m   umyłe/a/m
         myłe/a/ś   umyłe/a/ś
         mył/a/o/   umył/a/o/
         myli/ły/śmy   umyli/ły/śmy
         myli/ły/ście   umyli/ły/ście
         myli/ły/   umyli/ły/

FUT.   będę mył/a/   umyję
         będziesz mył/a/   umyjesz
         będzie mył/a/o/   umyje
         będziemy myli/ły/   umyjemy
         będziecie myli/ły/   umyjecie
         będą myli/ły/   umyją

COND. mył/a/bym   umył/a/bym
         mył/a/byś   umył/a/byś
         mył/a/o/by   umył/a/o/by
         myli/ły/byśmy   umyli/ły/byśmy
         myli/ły/byście   umyli/ły/byście
         myli/ły/by   umyli/ły/by

IMP.   myj   umyj
         niech myje   niech umyje
         myjmy   umyjmy
         myjcie   umyjcie
         niech myją   niech umyją

PARTICIPLES

PRES. ACT.   myjący,-a,-e;-y,-e

PRES. PASS. myty,-a,-e;-ci,-te

PAST ACT.

PAST PASS.   umyty,-a,-e;-ci,-te

ADV. PART.   myjąc   umywszy

VB. NOUN   mycie   umycie

mylić się/pomylić się - be wrong, make a mistake
mylić/pomylić - mislead, confuse

	IMPERFECTIVE		PERFECTIVE
INF.	mylić się		pomylić się
PRES.	mylę się	mylimy się	
	mylisz się	mylicie się	
	myli się	mylą się	
PAST	myliłe/a/m się		pomyliłe/a/m się
	myliłe/a/ś się		pomyliłe/a/ś się
	mylił/a/o/ się		pomylił/a/o/ się
	mylili/ły/śmy się		pomylili/ły/śmy się
	mylili/ły/ście się		pomylili/ły/ście się
	mylili/ły/ się		pomylili/ły/ się
FUT.	będę się mylił/a/		pomylę się
	będziesz się mylił/a/		pomylisz się
	będzie się mylił/a/o/		pomyli się
	będziemy się mylili/ły/		pomylimy się
	będziecie się mylili/ły/		pomylicie się
	będą się mylili/ły/		pomylą się
COND.	mylił/a/bym się		pomylił/a/bym się
	mylił/a/byś się		pomylił/a/byś się
	mylił/a/o/by się		pomylił/a/o/by się
	mylili/ły/byśmy się		pomylili/ły/byśmy się
	mylili/ły/byście się		pomylili/ły/byście się
	mylili/ły/by się		pomylili/ły/by się
IMP.	myl się		pomyl się
	niech się myli		niech się pomyli
	mylmy się		pomylmy się
	mylcie się		pomylcie się
	niech się mylą		niech się pomylą

PARTICIPLES

PRES. ACT.	mylący się,-a,-e;-y,-e	
PRES. PASS.		
PAST ACT.		
PAST PASS.		
ADV. PART.	myląc się	pomyliwszy się
VB. NOUN	mylenie się	pomylenie się

71

myśleć/pomyśleć - think

	IMPERFECTIVE		PERFECTIVE
INF.	myśleć		pomyśleć
PRES.	myślę	myślimy	
	myślisz	myślicie	
	myśli	myślą	
PAST	myślałe/a/m		pomyślałe/a/m
	myślałe/a/ś		pomyślałe/a/ś
	myślał/a/o/		pomyślał/a/o/
	myśleli/ały/śmy		pomyśleli/ały/śmy
	myśleli/ały/ście		pomyśleli/ały/ście
	myśleli/ały/		pomyśleli/ały/
FUT.	będę myślał/a/		pomyślę
	będziesz myślał/a/		pomyślisz
	będzie myślał/a/o/		pomyśli
	będziemy myśleli/ały/		pomyślimy
	będziecie myśleli/ały/		pomyślicie
	będą myśleli/ały/		pomyślą
COND.	myślał/a/bym		pomyślał/a/bym
	myślał/a/byś		pomyślał/a/byś
	myślał/a/o/by		pomyślał/a/o/by
	myśleli/ały/byśmy		pomyśleli/ały/byśmy
	myśleli/ały/byście		pomyśleli/ały/byście
	myśleli/ały/by		pomyśleli/ały/by
IMP.	myśl		pomyśl
	niech myśli		niech pomyśli
	myślmy		pomyślmy
	myślcie		pomyślcie
	niech myślą		niech pomyślą

PARTICIPLES

PRES. ACT. myślący,-a,-e;-y,-e

PRES. PASS.

PAST ACT.

PAST PASS.   pomyślany,-a,-e;- ,-e

ADV. PART. myśląc   pomyślawszy

VB. NOUN myślenie   pomyślenie

nalewać/nalać - fill, pour into

	IMPERFECTIVE		PERFECTIVE
INF.	nalewać		nalać
PRES.	nalewam	nalewamy	
	nalewasz	nalewacie	
	nalewa	nalewają	
PAST	nalewałe/a/m		nalałe/a/m
	nalewałe/a/ś		nalałe/a/ś
	nalewał/a/o/		nalał/a/o/
	nalewali/ły/śmy		naleli/ały/śmy
	nalewali/ły/ście		naleli/ały/ście
	nalewali/ły/		naleli/ały/
FUT.	będę nalewał/a/		naleję
	będziesz nalewał/a/		nalejesz
	będzie nalewał/a/o/		naleje
	będziemy nalewali/ły/		nalejemy
	będziecie nalewali/ły/		nalejecie
	będą nalewali/ły/		naleją
COND.	nalewał/a/bym		nalał/a/bym
	nalewał/a/byś		nalał/a/byś
	nalewał/a/o/by		nalał/a/o/by
	nalewali/ły/byśmy		naleli/ały/byśmy
	nalewali/ły/byście		naleli/ały/byście
	nalewali/ły/by		naleli/ały/by
IMP.	nalewaj		nalej
	niech nalewa		niech naleje
	nalewajmy		nalejmy
	nalewajcie		nalejcie
	niech nalewają		niech naleją

PARTICIPLES

PRES. ACT.	nalewający,-a,-e;-y,-e
PRES. PASS.	nalewany,-a,-e;-i,-e
PAST ACT.	
PAST PASS.	nalany,-a,-e;-i,-e
ADV. PART.	nalewając	nalawszy
VB. NOUN	nalewanie	nalanie

73

narzekać/ponarzekać - complain, grumble

	IMPERFECTIVE		PERFECTIVE
INF.	narzekać		ponarzekać
PRES.	narzekam narzekasz narzeka	narzekamy narzekacie narzekają	
PAST	narzekałe/a/m narzekałe/a/ś narzekał/a/o/ narzekali/ły/śmy narzekali/ły/ście narzekali/ły/		ponarzekałe/a/m ponarzekałe/a/ś ponarzekał/a/o/ ponarzekali/ły/śmy ponarzekali/ły/ście ponarzekali/ły/
FUT.	będę narzekał/a/ będziesz narzekał/a/ będzie narzekał/a/o/ będziemy narzekali/ły/ będziecie narzekali/ły/ będą narzekali/ły/		ponarzekam ponarzekasz ponarzeka ponarzekamy ponarzekacie ponarzekają
COND.	narzekał/a/bym narzekał/a/byś narzekał/a/o/by narzekali/ły/byśmy narzekali/ły/byście narzekali/ły/by		ponarzekał/a/bym ponarzekał/a/byś ponarzekał/a/o/by ponarzekali/ły/byśmy ponarzekali/ły/byście ponarzekali/ły/by
IMP.	narzekaj niech narzeka narzekajmy narzekajcie niech narzekają		ponarzekaj niech ponarzeka ponarzekajmy ponarzekajcie niech ponarzekają

PARTICIPLES

PRES. ACT.   narzekający,-a,-e;-y,-e

PRES. PASS.

PAST ACT.

PAST PASS.

ADV. PART.   ponarzekawszy

VB. NOUN   narzekanie

74

nazywać/nazwać – name, call
nazywać się/nazwać się – be called, have a name

	IMPERFECTIVE		PERFECTIVE
INF.	nazywać		nazwać
PRES.	nazywam	nazywamy	
	nazywasz	nazywacie	
	nazywa	nazywają	
PAST	nazywałe/a/m		nazwałe/a/m
	nazywałe/a/ś		nazwałe/a/ś
	nazywał/a/o/		nazwał/a/o/
	nazywali/ły/śmy		nazwali/ły/śmy
	nazywali/ły/ście		nazwali/ły/ście
	nazywali/ły/		nazwali/ły/
FUT.	będę nazywał/a/		nazwę
	będziesz nazywał/a/		nazwiesz
	będzie nazywał/a/o/		nazwie
	będziemy nazywali/ły/		nazwiemy
	będziecie nazywali/ły/		nazwiecie
	będą nazywali/ły/		nazwą
COND.	nazywał/a/bym		nazwał/a/bym
	nazywał/a/byś		nazwał/a/byś
	nazywał/a/o/by		nazwał/a/o/by
	nazywali/ły/byśmy		nazwali/ły/byśmy
	nazywali/ły/byście		nazwali/ły/byście
	nazywali/ły/by		nazwali/ły/by
IMP.	nazywaj		nazwij
	niech nazywa		niech nazwie
	nazywajmy		nazwijmy
	nazywajcie		nazwijcie
	niech nazywają		niech nazwą

PARTICIPLES

PRES. ACT. nazywający,-a,-e;-y,-e

PRES. PASS. nazywany,-a,-e;-i,-e

PAST ACT.

PAST PASS. nazwany,-a,-e;-i,-e

ADV. PART. nazywając nazwawszy

VB. NOUN nazywanie nazwanie

nienawidzić/znienawidzić - hate

nienawidzić się/znienawidzić się - hate oneself

	IMPERFECTIVE		PERFECTIVE
INF.	nienawidzić		znienawidzić
PRES.	nienawidzę nienawidzisz nienawidzi	nienawidzimy nienawidzicie nienawidzą	
PAST	nienawidziłe/a/m nienawidziłe/a/ś nienawidził/a/o/ nienawidzili/ły/śmy nienawidzili/ły/ście nienawidzili/ły/		znienawidziłe/a/m znienawidziłe/a/ś znienawidził/a/o/ znienawidzili/ły/śmy znienawidzili/ły/ście znienawidzili/ły/
FUT.	będę nienawidził/a/ będziesz nienawidził/a/ będzie nienawidził/a/o/ będziemy nienawidzili/ły/ będziecie nienawidzili/ły/ będą nienawidzili/ły/		znienawidzę znienawidzisz znienawidzi znienawidzimy znienawidzicie znienawidzą
COND.	nienawidził/a/bym nienawidził/a/byś nienawidził/a/o/by nienawidzili/ły/byśmy nienawidzili/ły/byście nienawidzili/ły/by		znienawidził/a/bym znienawidził/a/byś znienawidził/a/o/by znienawidzili/ły/byśmy znienawidzili/ły/byście znienawidzili/ły/by
IMP.	nienawidź niech nienawidzi nienawidźmy nienawidźcie niech nienawidzą		znienawidź niech znienawidzi znienawidźmy znienawidźcie niech znienawidzą

PARTICIPLES

PRES. ACT.	nienawidzący,-a,-e;-y,-e	
PRES. PASS.	nienawidzony,-a,-e;-eni,-one	
PAST ACT.		
PAST PASS.		znienawidzony,-a,-e;-eni,-one
ADV. PART.	nienawidząc	znienawidziwszy
VB. NOUN	nienawidzenie	znienawidzenie

76

nosić*nieść/zanieść - carry, wear

IMPERFECTIVE

	INDETERMINATE		DETERMINATE	
INF.	nosić		nieść	
PRES.	noszę	nosimy	niosę	niesiemy
	nosisz	nosicie	niesiesz	niesiecie
	nosi	noszą	niesie	niosą
PAST	nosiłe/a/m		niosłe/a/m	
	nosiłe/a/ś		niosłe/a/ś	
	nosił/a/o/		niósł/osła/osło/	
	nosili/ły/śmy		nieśli/osły/śmy	
	nosili/ły/ście		nieśli/osły/ście	
	nosili/ły/		nieśli/osły/	
FUT.	będę nosił/a/		będę niósł/osła/	
	będziesz nosił/a/		będziesz niósł/osła/	
	będzie nosił/a/o/		będzie niósł/osła/osło/	
	będziemy nosili/ły/		będziemy nieśli/osły/	
	będziecie nosili/ły/		będziecie nieśli/osły/	
	będą nosili/ły/		będą nieśli/osły/	
COND.	nosił/a/bym		niósł/osła/bym	
	nosił/a/byś		niósł/osła/byś	
	nosił/a/o/by		niósł/osła/osło/by	
	nosili/ły/byśmy		nieśli/osły/byśmy	
	nosili/ły/byście		nieśli/osły/byście	
	nosili/ły/by		nieśli/osły/by	
IMP.	noś		nieś	
	niech nosi		niech niesie	
	nośmy		nieśmy	
	nońcie		nieście	
	niech noszą		niech niosą	

PARTICIPLES

PRES. ACT.	noszący,-a,-e;-y,-e	niosący,-a,-e;-y,-e
PRES. PASS.	noszony,-a,-e;-eni,-one	niesiony,-a,-e;-eni,-one
PAST ACT.		
PAST PASS.		
ADV. PART.	nosząc	niosąc
VB. NOUN	noszenie	niesienie

77

nudzić/znudzić - bore
nudzić się/znudzić się - be bored

	IMPERFECTIVE		PERFECTIVE
INF.	nudzić		znudzić
PRES.	nudzę	nudzimy	
	nudzisz	nudzicie	
	nudzi	nudzą	
PAST	nudziłe/a/m		znudziłe/a/m
	nudziłe/a/ś		znudziłe/a/ś
	nudził/a/o/		znudził/a/o/
	nudzili/ły/śmy		znudzili/ły/śmy
	nudzili/ły/ście		znudzili/ły/ście
	nudzili/ły/		znudzili/ły/
FUT.	będę nudził/a/		znudzę
	będziesz nudził/a/		znudzisz
	będzie nudził/a/o/		znudzi
	będziemy nudzili/ły/		znudzimy
	będziecie nudzili/ły/		znudzicie
	będą nudzili/ły/		znudzą
COND.	nudził/a/bym		znudził/a/bym
	nudził/a/byś		znudził/a/byś
	nudził/a/o/by		znudził/a/o/by
	nudzili/ły/byśmy		znudzili/ły/byśmy
	nudzili/ły/byście		znudzili/ły/byście
	nudzili/ły/by		znudzili/ły/by
IMP.	nudź		znudź
	niech nudzi		niech znudzi
	nudźmy		znudźmy
	nudźcie		znudźcie
	niech nudzą		niech znudzą

PARTICIPLES

PRES. ACT.	nudzący,-a,-e;-y,-e	
PRES. PASS.	nudzony,-a,-e;-eni,-one	
PAST ACT.		
PAST PASS.		znudzony,-a,-e;-eni,-one
ADV. PART.	nudząc	znudziwszy
VB. NOUN	nudzenie	znudzenie

78

obiecywać/obiecać - promise

	IMPERFECTIVE		PERFECTIVE

INF.   obiecywać   obiecać

PRES. obiecuję   obiecujemy
         obiecujesz   obiecujecie
         obiecuje   obiecują

PAST   obiecywałe/a/m   obiecałe/a/m
         obiecywałe/a/ś   obiecałe/a/ś
         obiecywał/a/o/   obiecał/a/o/
         obiecywali/ły/śmy   obiecali/ły/śmy
         obiecywali/ły/ście   obiecali/ły/ście
         obiecywali/ły/   obiecali/ły/

FUT.   będę obiecywał/a/   obiecam
         będziesz obiecywał/a/   obiecasz
         będzie obiecywał/a/o/   obieca
         będziemy obiecywali/ły/   obiecamy
         będziecie obiecywali/ły/   obiecacie
         będą obiecywali/ły/   obiecają

COND. obiecywał/a/bym   obiecał/a/bym
         obiecywał/a/byś   obiecał/a/byś
         obiecywał/a/o/by   obiecał/a/o/by
         obiecywali/ły/byśmy   obiecali/ły/byśmy
         obiecywali/ły/byście   obiecali/ły/byście
         obiecywali/ły/by   obiecali/ły/by

IMP.   obiecuj   obiecaj
         niech obiecuje   niech obieca
         obiecujmy   obiecajmy
         obiecujcie   obiecajcie
         niech obiecują   niech obiecają

PARTICIPLES

PRES. ACT.   obiecujący,-a,-e;-y,-e

PRES. PASS. obiecywany,-a,-e;-i,-e

PAST ACT.

PAST PASS.   obiecany,-a,-e;-i,-e

ADV. PART.   obiecując   obiecawszy

VB. NOUN   obiecywanie   obiecanie

	IMPERFECTIVE	*PERFECTIVE*
INF.	odpoczywać	odpocząć

PRES.	odpoczywam	odpoczywamy
	odpoczywasz	odpoczywacie
	odpoczywa	odpoczywają

PAST	odpoczywałe/a/m	odpocząłe/ęła/m
	odpoczywałe/a/ś	odpocząłe/ęła/ś
	odpoczywał/a/o/	odpoczął/ęła/ęło/
	odpoczywali/ły/śmy	odpoczęli/ły/śmy
	odpoczywali/ły/ście	odpoczęli/ły/ście
	odpoczywali/ły/	odpoczęli/ły/

FUT.	będę odpoczywał/a/	odpocznę
	będziesz odpoczywał/a/	odpoczniesz
	będzie odpoczywał/a/o/	odpocznie
	będziemy odpoczywali/ły/	odpoczniemy
	będziecie odpoczywali/ły/	odpoczniecie
	będą odpoczywali/ły/	odpoczną

COND.	odpoczywał/a/bym	odpoczął/ęła/bym
	odpoczywał/a/byś	odpoczął/ęła/byś
	odpoczywał/a/o/by	odpoczął/ęła/ęło/by
	odpoczywali/ły/byśmy	odpoczęli/ły/byśmy
	odpoczywali/ły/byście	odpoczęli/ły/byście
	odpoczywali/ły/by	odpoczęli/ły/by

IMP.	odpoczywaj	odpocznij
	niech odpoczywa	niech odpocznie
	odpoczywajmy	odpocznijmy
	odpoczywajcie	odpocznijcie
	niech odpoczywają	niech odpoczną

PARTICIPLES

PRES. ACT.	odpoczywający,-a,-e;-y,-e	
PRES. PASS.		
PAST ACT.		
PAST PASS.		odpoczęty,-a,-e;-ci,-te
ADV. PART.	odpoczywając	odpocząwszy
VB. NOUN	odpoczywanie	odpoczęcie

odpowiadać/odpowiedzieć - answer, be suitable /I only/

	IMPERFECTIVE	*PERFECTIVE*
INF.	odpowiadać	odpowiedzieć

PRES.

odpowiadam odpowiadamy
odpowiadasz odpowiadacie
odpowiada odpowiadają

PAST

odpowiadałe/a/m
odpowiadałe/a/ś
odpowiadał/a/o/
odpowiadali/ły/śmy
odpowiadali/ły/ście
odpowiadali/ły/

odpowiedziałe/a/m
odpowiedziałe/a/ś
odpowiedział/a/o/
odpowiedzieli/ały/śmy
odpowiedzieli/ały/ście
odpowiedzieli/ały/

FUT.

będę odpowiadał/a/
będziesz odpowiadał/a/
będzie odpowiadał/a/o/
będziemy odpowiadali/ły/
będziecie odpowiadali/ły/
będą odpowiadali/ły/

odpowiem
odpowiesz
odpowie
odpowiemy
odpowiecie
odpowiedzą

COND.

odpowiadał/a/bym
odpowiadał/a/byś
odpowiadał/a/o/by
odpowiadali/ły/byśmy
odpowiadali/ły/byście
odpowiadali/ły/by

odpowiedział/a/bym
odpowiedział/a/byś
odpowiedział/a/o/by
odpowiedzieli/ały/byśmy
odpowiedzieli/ały/byście
odpowiedzieli/ały/by

IMP.

odpowiadaj
niech odpowiada
odpowiadajmy
odpowiadajcie
niech odpowiadają

odpowiedz
niech odpowie
odpowiedzmy
odpowiedzcie
niech odpowiedzą

PARTICIPLES

PRES. ACT. odpowiadający,-a,-e;-y,-e

PRES. PASS. odpowiadany,-a,-e;- ,-e

PAST ACT.

PAST PASS. odpowiedziany,-a,-e;- ,-e

ADV. PART. odpowiadając odpowiedziawszy

VB. NOUN odpowiadanie odpowiedzenie

81

odróżniać/odróżnić - differentiate, distinguish
odróżniać się/odróżnić się - differ

	IMPERFECTIVE		PERFECTIVE
INF.	odróżniać		odróżnić
PRES.	odróżniam	odróżniamy	
	odróżniasz	odróżniacie	
	odróżnia	odróżniają	
PAST	odróżniałe/a/m		odróżniłe/a/m
	odróżniałe/a/ś		odróżniłe/a/ś
	odróżniał/a/o/		odróżnił/a/o/
	odróżniali/ły/śmy		odróżnili/ły/śmy
	odróżniali/ły/ście		odróżnili/ły/ście
	odróżniali/ły/		odróżnili/ły/
FUT.	będę odróżniał/a/		odróżnię
	będziesz odróżniał/a/		odróżnisz
	będzie odróżniał/a/o/		odróżni
	będziemy odróżniali/ły/		odróżnimy
	będziecie odróżniali/ły/		odróżnicie
	będą odróżniali/ły/		odróżnią
COND.	odróżniał/a/bym		odróżnił/a/bym
	odróżniał/a/byś		odróżnił/a/byś
	odróżniał/a/o/by		odróżnił/a/o/by
	odróżniali/ły/byśmy		odróżnili/ły/byśmy
	odróżniali/ły/byście		odróżnili/ły/byście
	odróżniali/ły/by		odróżnili/ły/by
IMP.	odróżniaj		odróżnij
	niech odróżnia		niech odróżni
	odróżniajmy		odróżnijmy
	odróżniajcie		odróżnijcie
	niech odróżniają		niech odróżnią

PARTICIPLES

PRES. ACT.	odróżniający,-a,-e;-y,-e	
PRES. PASS.	odróżniany,-a,-e;-i,-e	
PAST ACT.		
PAST PASS.		odróżniony,-a,-e;-eni,-one
ADV. PART.	odróżniając	odróżniwszy
VB. NOUN	odróżnianie	odróżnienie

82

oglądać/obejrzeć - examine, have a look at

oglądać się/obejrzeć się - look around

	IMPERFECTIVE		PERFECTIVE
INF.	oglądać		obejrzeć

PRES.

oglądam   oglądamy
oglądasz   oglądacie
ogląda   oglądają

PAST

oglądałe/a/m   obejrzałe/a/m
oglądałe/a/ś   obejrzałe/a/ś
oglądał/a/o/   obejrzał/a/o/
oglądali/ły/śmy   obejrzeli/ały/śmy
oglądali/ły/ście   obejrzeli/ały/ście
oglądali/ły/   obejrzeli/ały/

FUT.

będę oglądał/a/   obejrzę
będziesz oglądał/a/   obejrzysz
będzie oglądał/a/o/   obejrzy
będziemy oglądali/ły/   obejrzymy
będziecie oglądali/ły/ obejrzycie
będą oglądali/ły/   obejrzą

COND.

oglądał/a/bym   obejrzał/a/bym
oglądał/a/byś   obejrzał/a/byś
oglądał/a/o/by   obejrzał/a/o/by
oglądali/ły/byśmy   obejrzeli/ały/byśmy
oglądali/ły/byście obejrzeli/ały/byście
oglądali/ły/by   obejrzeli/ały/by

IMP.

oglądaj   obejrzyj
niech ogląda   niech obejrzy
oglądajmy   obejrzyjmy
oglądajcie   obejrzyjcie
niech oglądają   niech obejrzą

PARTICIPLES

PRES. ACT.	oglądający,-a,-e;-y,-e	
PRES. PASS.	oglądany,-a,-e;-i,-e	
PAST ACT.		
PAST PASS.		obejrzany,-a,-e;-i,-e
ADV. PART.	oglądając	obejrzawszy
VB. NOUN	oglądanie	obejrzenie

opuszczać/opuścić - abandon, leave
opuszczać się/opuścić się - neglect oneself

	IMPERFECTIVE		PERFECTIVE
INF.	opuszczać		opuścić
PRES.	opuszczam	opuszczamy	
	opuszczasz	opuszczacie	
	opuszcza	opuszczają	
PAST	opuszczałe/a/m		opuściłe/a/m
	opuszczałe/a/ś		opuściłe/a/ś
	opuszczał/a/o/		opuścił/a/o/
	opuszczali/ły/śmy		opuścili/ły/śmy
	opuszczali/ły/ście		opuścili/ły/ście
	opuszczali/ły/		opuścili/ły/
FUT.	będę opuszczał/a/		opuszczę
	będziesz opuszczał/a/		opuścisz
	będzie opuszczał/a/o/		opuści
	będziemy opuszczali/ły/		opuścimy
	będziecie opuszczali/ły/		opuścicie
	będą opuszczali/ły/		opuszczą
COND.	opuszczał/a/bym		opuścił/a/bym
	opuszczał/a/byś		opuścił/a/byś
	opuszczał/a/o/by		opuścił/a/o/by
	opuszczali/ły/byśmy		opuścili/ły/byśmy
	opuszczali/ły/byście		opuścili/ły/byście
	opuszczali/ły/by		opuścili/ły/by
IMP.	opuszczaj		opuść
	niech opuszcza		niech opuści
	opuszczajmy		opuśćmy
	opuszczajcie		opuśćcie
	niech opuszczają		niech opuszczą

PARTICIPLES

PRES. ACT.	opuszczający,-a,-e;-y,-e
PRES. PASS.	opuszczany,-a,-e;-i,-e
PAST ACT.	
PAST PASS.	opuszczony,-a,-e;-eni,-one
ADV. PART.	opuszczając	opuściwszy
VB. NOUN	opuszczanie	opuszczenie

84

ośmielać/ośmielić - encourage, embolden
ośmielać się/ośmielić się - dare

	IMPERFECTIVE		PERFECTIVE
INF.	ośmielać		ośmielić

PRES.

ośmielam   ośmielamy
ośmielasz   ośmielacie
ośmiela   ośmielają

PAST

ośmielałe/a/m	ośmieliłe/a/m
ośmielałe/a/ś	ośmieliłe/a/ś
ośmielał/a/o/	ośmielił/a/o/
ośmielali/ły/śmy	ośmielili/ły/śmy
ośmielali/ły/ście	ośmielili/ły/ście
ośmielali/ły/	ośmielili/ły/

FUT.

będę ośmielał/a/	ośmielę
będziesz ośmielał/a/	ośmielisz
będzie ośmielał/a/o/	ośmieli
będziemy ośmielali/ły/	ośmielimy
będziecie ośmielali/ły/	ośmielicie
będą ośmielali/ły/	ośmielą

COND.

ośmielał/a/bym	ośmielił/a/bym
ośmielał/a/byś	ośmielił/a/byś
ośmielał/a/o/by	ośmielił/a/o/by
ośmielali/ły/byśmy	ośmielili/ły/byśmy
ośmielali/ły/byście	ośmielili/ły/byście
ośmielali/ły/by	ośmielili/ły/by

IMP.

ośmielaj	ośmiel
niech ośmiela	niech ośmieli
ośmielajmy	ośmielmy
ośmielajcie	ośmielcie
niech ośmielają	niech ośmielą

PARTICIPLES

PRES. ACT.	ośmielający,-a,-e;-y,-e	
PRES. PASS.	ośmielany,-a,-e;-i,-e	
PAST ACT.		
PAST PASS.		ośmielony,-a,-e;-eni,-one
ADV. PART.	ośmielając	ośmieliwszy
VB. NOUN	ośmielanie	ośmielenie

otwierać/otworzyć - open
otwierać się/otworzyć się - be opened

	IMPERFECTIVE	PERFECTIVE
INF.	otwierać	otworzyć

PRES.
otwieram   otwieramy
otwierasz   otwieracie
otwiera   otwierają

PAST

IMPERFECTIVE	PERFECTIVE
otwierałe/a/m	otworzyłe/a/m
otwierałe/a/ś	otworzyłe/a/ś
otwierał/a/o/	otworzył/a/o/
otwierali/ły/śmy	otworzyli/ły/śmy
otwierali/ły/ście	otworzyli/ły/ście
otwierali/ły/	otworzyli/ły/

FUT.

IMPERFECTIVE	PERFECTIVE
będę otwierał/a/	otworzę
będziesz otwierał/a/	otworzysz
będzie otwierał/a/o/	otworzy
będziemy otwierali/ły/	otworzymy
będziecie otwierali/ły/	otworzycie
będą otwierali/ły/	otworzą

COND.

IMPERFECTIVE	PERFECTIVE
otwierał/a/bym	otworzył/a/bym
otwierał/a/byś	otworzył/a/byś
otwierał/a/o/by	otworzył/a/o/by
otwierali/ły/byśmy	otworzyli/ły/byśmy
otwierali/ły/byście	otworzyli/ły/byście
otwierali/ły/by	otworzyli/ły/by

IMP.

IMPERFECTIVE	PERFECTIVE
otwieraj	otwórz
niech otwiera	niech otworzy
otwierajmy	otwórzmy
otwierajcie	otwórzcie
niech otwierają	niech otworzą

PARTICIPLES

PRES. ACT.   otwierający,-a,-e;-y,-e

PRES. PASS.   otwierany,-a,-e;- ,-e

PAST ACT.

PAST PASS.   otwarty,-a,-e;- ,-te

ADV. PART.   otwierając   otworzywszy

VB. NOUN   otwieranie   otworzenie

padać OR upadać/upaść - fall /down/, rain /3 pers. sing. imperf./

	IMPERFECTIVE		*PERFECTIVE*
INF.	padać		upaść
PRES.	padam	padamy	
	padasz	padacie	
	pada	padają	
PAST	padałe/a/m		upadłe/a/m
	padałe/a/ś		upadłe/a/ś
	padał/a/o/		upadł/a/o/
	padali/ły/śmy		upadli/ły/śmy
	padali/ły/ście		upadli/ły/ście
	padali/ły/		upadli/ły/
FUT.	będę padał/a/		upadnę
	będziesz padał/a/		upadniesz
	będzie padał/a/o/		upadnie
	będziemy padali/ły/		upadniemy
	będziecie padali/ły/		upadniecie
	będą padali/ły/		upadną
COND.	padał/a/bym		upadł/a/bym
	padał/a/byś		upadł/a/byś
	padał/a/o/by		upadł/a/o/by
	padali/ły/byśmy		upadli/ły/byśmy
	padali/ły/byście		upadli/ły/byście
	padali/ły/by		upadli/ły/by
IMP.	padaj		upadnij
	niech pada		niech upadnie
	padajmy		upadnijmy
	padajcie		upadnijcie
	niech padają		niech upadną

PARTICIPLES

PRES. ACT. padający,-a,-e;-y,-e

PRES. PASS.

PAST ACT.

PAST PASS.

ADV. PART. padając   upadłszy

VB. NOUN padanie   upadnięcie

87

pakować/spakować - pack
pakować się/spakować się - pack up

	IMPERFECTIVE		PERFECTIVE
INF.	pakować		spakować

PRES.   pakuję   pakujemy
          pakujesz   pakujecie
          pakuje   pakują

PAST   pakowałe/a/m   spakowałe/a/m
          pakowałe/a/ś   spakowałe/a/ś
          pakował/a/o/   spakował/a/o/
          pakowali/ły/śmy   spakowali/ły/śmy
          pakowali/ły/ście   spakowali/ły/ście
          pakowali/ły/   spakowali/ły/

FUT.   będę pakował/a/   spakuję
          będziesz pakował/a/   spakujesz
          będzie pakował/a/o/   spakuje
          będziemy pakowali/ły/   spakujemy
          będziecie pakowali/ły/   spakujecie
          będą pakowali/ły/   spakują

COND.   pakował/a/bym   spakował/a/bym
          pakował/a/byś   spakował/a/byś
          pakował/a/o/by   spakował/a/o/by
          pakowali/ły/byśmy   spakowali/ły/byśmy
          pakowali/ły/byście   spakowali/ły/byście
          pakowali/ły/by   spakowali/ły/by

IMP.   pakuj   spakuj
          niech pakuje   niech spakuje
          pakujmy   spakujmy
          pakujcie   spakujcie
          niech pakują   niech spakują

PARTICIPLES

PRES. ACT.   pakujący,-a,-e;-y,-e

PRES. PASS. pakowany,-a,-e;-i,-e

PAST ACT.

PAST PASS.   spakowany,-a,-e;-i,-e

ADV. PART.   pakując   spakowawszy

VB. NOUN   pakowanie   spakowanie

88

palić/zapalić - burn, smoke; light up /P only/
palić się/zapalić się - be burning

	IMPERFECTIVE		PERFECTIVE
INF.	palić		zapalić
PRES.	palę	palimy	
	palisz	palicie	
	pali	palą	
PAST	paliłe/a/m		zapaliłe/a/m
	paliłe/a/ś		zapaliłe/a/ś
	palił/a/o/		zapalił/a/o/
	palili/ły/śmy		zapalili/ły/śmy
	palili/ły/ście		zapalili/ły/ście
	palili/ły/		zapalili/ły/
FUT.	będę palił/a/		zapalę
	będziesz palił/a/		zapalisz
	będzie palił/a/o/		zapali
	będziemy palili/ły/		zapalimy
	będziecie palili/ły/		zapalicie
	będą palili/ły/		zapalą
COND.	palił/a/bym		zapalił/a/bym
	palił/a/byś		zapalił/a/byś
	palił/a/o/by		zapalił/a/o/by
	palili/ły/byśmy		zapalili/ły/byśmy
	palili/ły/byście		zapalili/ły/byście
	palili/ły/by		zapalili/ły/by
IMP.	pal		zapal
	niech pali		niech zapali
	palmy		zapalmy
	palcie		zapalcie
	niech palą		niech zapalą

PARTICIPLES

PRES. ACT.	palący,-a,-e;-y,-e	
PRES. PASS.	palony,-a,-e;-eni,-one	
PAST ACT.		
PAST PASS.		zapalony,-a,-e;-eni,-one
ADV. PART.	paląc	zapaliwszy
VB. NOUN	palenie	zapalenie

89

pamiętać/zapamiętać - bear in mind, remember

	IMPERFECTIVE		PERFECTIVE
INF.	pamiętać		zapamiętać
PRES.	pamiętam	pamiętamy	
	pamiętasz	pamiętacie	
	pamięta	pamiętają	
PAST	pamiętałe/a/m		zapamiętałe/a/m
	pamiętałe/a/ś		zapamiętałe/a/ś
	pamiętał/a/o/		zapamiętał/a/o/
	pamiętali/ły/śmy		zapamiętali/ły/śmy
	pamiętali/ły/ście		zapamiętali/ły/ście
	pamiętali/ły/		zapamiętali/ły/
FUT.	będę pamiętał/a/		zapamiętam
	będziesz pamiętał/a/		zapamiętasz
	będzie pamiętał/a/o/		zapamięta
	będziemy pamiętali/ły/		zapamiętamy
	będziecie pamiętali/ły/		zapamiętacie
	będą pamiętali/ły/		zapamiętają
COND.	pamiętał/a/bym		zapamiętał/a/bym
	pamiętał/a/byś		zapamiętał/a/byś
	pamiętał/a/o/by		zapamiętał/a/o/by
	pamiętali/ły/byśmy		zapamiętali/ły/byśmy
	pamiętali/ły/byście		zapamiętali/ły/byście
	pamiętali/ły/by		zapamiętali/ły/by
IMP.	pamiętaj		zapamiętaj
	niech pamięta		niech zapamięta
	pamiętajmy		zapamiętajmy
	pamiętajcie		zapamiętajcie
	niech pamiętają		niech zapamiętają

PARTICIPLES

PRES. ACT.	pamiętający,-a,-e;-y,-e	
PRES. PASS.	pamiętany,-a,-e;-i,-e	
PAST ACT.		
PAST PASS.		zapamiętany,-a,-e;-i,-e
ADV. PART.	pamiętając	zapamiętawszy
VB. NOUN	pamiętanie	zapamiętanie

90

panować/opanować – master, prevail /over/

	IMPERFECTIVE		PERFECTIVE
INF.	panować		opanować

panować/opanować – master, prevail /over/

	IMPERFECTIVE		PERFECTIVE
INF.	panować		opanować

PRES.
panuję   panujemy
panujesz   panujecie
panuje   panują

PAST

IMPERFECTIVE:
panowałe/a/m
panowałe/a/ś
panował/a/o/
panowali/ły/śmy
panowali/ły/ście
panowali/ły/

PERFECTIVE:
opanowałe/a/m
opanowałe/a/ś
opanował/a/o/
opanowali/ły/śmy
opanowali/ły/ście
opanowali/ły/

FUT.

IMPERFECTIVE:
będę panował/a/
będziesz panował/a/
będzie panował/a/o/
będziemy panowali/ły/
będziecie panowali/ły/
będą panowali/ły/

PERFECTIVE:
opanuję
opanujesz
opanuje
opanujemy
opanujecie
opanują

COND.

IMPERFECTIVE:
panował/a/bym
panował/a/byś
panował/a/o/by
panowali/ły/byśmy
panowali/ły/byście
panowali/ły/by

PERFECTIVE:
opanował/a/bym
opanował/a/byś
opanował/a/o/by
opanowali/ły/byśmy
opanowali/ły/byście
opanowali/ły/by

IMP.

IMPERFECTIVE:
panuj
niech panuje
panujmy
panujcie
niech panują

PERFECTIVE:
opanuj
niech opanuje
opanujmy
opanujcie
niech opanują

PARTICIPLES

PRES. ACT.   panujący,-a,-e;-y,-e

PRES. PASS.

PAST ACT.

PAST PASS.   opanowany,-a,-e;-i,-e

ADV. PART.   panując   opanowawszy

VB. NOUN   panowanie   opanowanie

patrzeć/popatrzeć - look at*
patrzeć się/popatrzeć się - look

	IMPERFECTIVE		PERFECTIVE
INF.	patrzeć		popatrzeć

<table>
<tr><td>PRES.</td><td>patrzę</td><td>patrzymy</td><td></td></tr>
<tr><td></td><td>patrzysz</td><td>patrzycie</td><td></td></tr>
<tr><td></td><td>patrzy</td><td>patrzą</td><td></td></tr>
</table>

	IMPERFECTIVE	PERFECTIVE
PAST	patrzyłe/a/m	popatrzyłe/a/m
	patrzyłe/a/ś	popatrzyłe/a/ś
	patrzył/a/o/	popatrzył/a/o/
	patrzyli/ły/śmy	popatrzyli/ły/śmy
	patrzyli/ły/ście	popatrzyli/ły/ście
	patrzyli/ły/	popatrzyli/ły/
FUT.	będę patrzył/a/	popatrzę
	będziesz patrzył/a/	popatrzysz
	będzie patrzył/a/o/	popatrzy
	będziemy patrzyli/ły/	popatrzymy
	będziecie patrzyli/ły/	popatrzycie
	będą patrzyli/ły/	popatrzą
COND.	patrzył/a/bym	popatrzył/a/bym
	patrzył/a/byś	popatrzył/a/byś
	patrzył/a/o/by	popatrzył/a/o/by
	patrzyli/ły/byśmy	popatrzyli/ły/byśmy
	patrzyli/ły/byście	popatrzyli/ły/byście
	patrzyli/ły/by	popatrzyli/ły/by
IMP.	patrz	popatrz
	niech patrzy	niech popatrzy
	patrzmy	popatrzmy
	patrzcie	popatrzcie
	niech patrzą	niech popatrzą

PARTICIPLES

PRES. ACT.	patrzący,-a,-e;-y,-e	
PRES. PASS.		
PAST ACT.		
PAST PASS.		
ADV. PART.	patrząc	popatrzywszy
VB. NOUN	patrzenie	popatrzenie

92   *OR patrzyć/popatrzyć

pić/wypić - drink

	IMPERFECTIVE		PERFECTIVE
INF.	pić		wypić

PRES.
piję   pijemy
pijesz   pijecie
pije   piją

PAST
piłe/a/m
piłe/a/ś
pił/a/o/
pili/ły/śmy
pili/ły/ście
pili/ły/

wypiłe/a/m
wypiłe/a/ś
wypił/a/o/
wypili/ły/śmy
wypili/ły/ście
wypili/ły/

FUT.
będę pił/a/
będziesz pił/a/
będzie pił/a/o/
będziemy pili/ły/
będziecie pili/ły/
będą pili/ły/

wypiję
wypijesz
wypije
wypijemy
wypijecie
wypiją

COND.
pił/a/bym
pił/a/byś
pił/a/o/by
pili/ły/byśmy
pili/ły/byście
pili/ły/by

wypił/a/bym
wypił/a/byś
wypił/a/o/by
wypili/ły/byśmy
wypili/ły/byście
wypili/ły/by

IMP.
pij
niech pije
pijmy
pijcie
niech piją

wypij
niech wypije
wypijmy
wypijcie
niech wypiją

PARTICIPLES

PRES. ACT.   pijący,-a,-e;-y,-e

PRES. PASS.   pity,-a,-e;- ,-e

PAST ACT.

PAST PASS.   wypity,-a,-e;- ,-e

ADV. PART.   pijąc   wypiwszy

VB. NOUN   picie   wypicie

pić/wypić - drink

	IMPERFECTIVE		PERFECTIVE
INF.	pić		wypić
PRES.	piję	pijemy	
	pijesz	pijecie	
	pije	pija	
PAST	piłe/a/m		wypiłe/a/m
	piłe/a/ś		wypiłe/a/ś
	pił/a/o/		wypił/a/o/
	pili/ły/śmy		wypili/ły/śmy
	pili/ły/ście		wypili/ły/ście
	pili/ły/		wypili/ły/
FUT.	będę pił/a/		wypiję
	będziesz pił/a/		wypijesz
	będzie pił/a/o/		wypije
	będziemy pili/ły/		wypijemy
	będziecie pili/ły/		wypijecie
	będą pili/ły/		wypiją
COND.	pił/a/bym		wypił/a/bym
	pił/a/byś		wypił/a/byś
	pił/a/o/by		wypił/a/o/by
	pili/ły/byśmy		wypili/ły/byśmy
	pili/ły/byście		wypili/ły/byście
	pili/ły/by		wypili/ły/by
IMP.	pij		wypij
	niech pije		niech wypije
	pijmy		wypijmy
	pijcie		wypijcie
	niech pija		niech wypiją

PARTICIPLES

PRES. ACT.	pijący,-a,-e;-y,-e	
PRES. PASS.	pity,-a,-e;- ,-e	
PAST ACT.		
PAST PASS.		wypity,-a,-e;- ,-e
ADV. PART.	pijąc	wypiwszy
VB. NOUN	picie	wypicie

pilnować/dopilnować-look after, watch

	IMPERFECTIVE		PERFECTIVE
INF.	pilnować		dopilnować

PRES. pilnuję   pilnujemy
        pilnujesz   pilnujecie
        pilnuje   pilnują

PAST   pilnowałe/a/m   dopilnowałe/a/m
        pilnowałe/a/ś   dopilnowałe/a/ś
        pilnował/a/o/   dopilnował/a/o/
        pilnowali/ły/śmy   dopilnowali/ły/śmy
        pilnowali/ły/ście   dopilnowali/ły/ście
        pilnowali/ły/   dopilnowali/ły/

FUT.   będę pilnował/a/   dopilnuję
        będziesz pilnował/a/   dopilnujesz
        będzie pilnował/a/o/   dopilnuje
        będziemy pilnowali/ły/   dopilnujemy
        będziecie pilnowali/ły/   dopilnujecie
        będą pilnowali/ły/   dopilnują

COND. pilnował/a/bym   dopilnował/a/bym
        pilnował/a/byś   dopilnował/a/byś
        pilnował/a/o/by   dopilnował/a/o/by
        pilnowali/ły/byśmy   dopilnowali/ły/byśmy
        pilnowali/ły/byście   dopilnowali/ły/byście
        pilnowali/ły/by   dopilnowali/ły/by

IMP.   pilnuj   dopilnuj
        niech pilnuje   niech dopilnuje
        pilnujmy   dopilnujmy
        pilnujcie   dopilnujcie
        niech pilnują   niech dopilnują

PARTICIPLES

PRES. ACT.   pilnujący,-a,-e;-y,-e

PRES. PASS. pilnowany,-a,-e;-i,-e

PAST ACT.

PAST PASS.   dopilnowany,-a,-e;-i,-e

ADV. PART.   pilnując   dopilnowawszy

VB. NOUN   pilnowanie   dopilnowanie

94

pisać/napisać - write

	IMPERFECTIVE		PERFECTIVE
INF.	pisać		napisać
PRES.	piszę	piszemy	
	piszesz	piszecie	
	pisze	piszą	
PAST	pisałe/a/m		napisałe/a/m
	pisałe/a/ś		napisałe/a/ś
	pisał/a/o/		napisał/a/o/
	pisali/ły/śmy		napisali/ły/śmy
	pisali/ły/ście		napisali/ły/ście
	pisali/ły/		napisali/ły/
FUT.	będę pisał/a/		napiszę
	będziesz pisał/a/		napiszesz
	będzie pisał/a/o/		napisze
	będziemy pisali/ły/		napiszemy
	będziecie pisali/ły/		napiszecie
	będą pisali/ły/		napiszą
COND.	pisał/a/bym		napisał/a/bym
	pisał/a/byś		napisał/a/byś
	pisał/a/o/by		napisał/a/o/by
	pisali/ły/byśmy		napisali/ły/byśmy
	pisali/ły/byście		napisali/ły/byście
	pisali/ły/by		napisali/ły/by
IMP.	pisz		napisz
	niech pisze		niech napisze
	piszmy		napiszmy
	piszcie		napiszcie
	niech piszą		niech napiszą

PARTICIPLES

PRES. ACT.	piszący,-a,-e;-y,-e	
PRES. PASS.	pisany,-a,-e;- ,-e	
PAST ACT.		
PAST PASS.		napisany,-a,-e;- ,-e
ADV. PART.	pisząc	napisawszy
VB. NOUN	pisanie	napisanie

płacić/zapłacić - pay

	IMPERFECTIVE		PERFECTIVE
INF.	płacić		zapłacić
PRES.	płacę	płacimy	
	płacisz	płacicie	
	płaci	płacą	
PAST	płaciłe/a/m		zapłaciłe/a/m
	płaciłe/a/ś		zapłaciłe/a/ś
	płacił/a/o/		zapłacił/a/o/
	płacili/ły/śmy		zapłacili/ły/śmy
	płacili/ły/ście		zapłacili/ły/ście
	płacili/ły/		zapłacili/ły/
FUT.	będę płacił/a/		zapłacę
	będziesz płacił/a/		zapłacisz
	będzie płacił/a/o/		zapłaci
	będziemy płacili/ły/		zapłacimy
	będziecie płacili/ły/		zapłacicie
	będą płacili/ły/		zapłacą
COND.	płacił/a/bym		zapłacił/a/bym
	płacił/a/byś		zapłacił/a/byś
	płacił/a/o/by		zapłacił/a/o/by
	płacili/ły/byśmy		zapłacili/ły/byśmy
	płacili/ły/byście		zapłacili/ły/byście
	płacili/ły/by		zapłacili/ły/by
IMP.	płać		zapłać
	niech płaci		niech zapłaci
	płaćmy		zapłaćmy
	płaćcie		zapłaćcie
	niech płacą		niech zapłacą

PARTICIPLES

PRES. ACT.	płacący,-a,-e;-y,-e	
PRES. PASS.	płacony,-a,-e;-eni,-one	
PAST ACT.		
PAST PASS.		zapłacony,-a,-e;-eni,-one
ADV. PART.	płacąc	zapłaciwszy
VB. NOUN	płacenie	zapłacenie

96

płakać/zapłakać – cry, weep

	IMPERFECTIVE		PERFECTIVE
INF.	płakać		zapłakać
PRES.	płaczę	płaczemy	
	płaczesz	płaczecie	
	płacze	płaczą	
PAST	płakałe/a/m		zapłakałe/a/m
	płakałe/a/ś		zapłakałe/a/ś
	płakał/a/o/		zapłakał/a/o/
	płakali/ły/śmy		zapłakali/ły/śmy
	płakali/ły/ście		zapłakali/ły/ście
	płakali/ły/		zapłakali/ły/
FUT.	będę płakał/a/		zapłaczę
	będziesz płakał/a/		zapłaczesz
	będzie płakał/a/o/		zapłacze
	będziemy płakali/ły/		zapłaczemy
	będziecie płakali/ły/		zapłaczecie
	będą płakali/ły/		zapłaczą
COND.	płakał/a/bym		zapłakał/a/bym
	płakał/a/byś		zapłakał/a/byś
	płakał/a/o/by		zapłakał/a/o/by
	płakali/ły/byśmy		zapłakali/ły/byśmy
	płakali/ły/byście		zapłakali/ły/byście
	płakali/ły/by		zapłakali/ły/by
IMP.	płacz		zapłacz
	niech płacze		niech zapłacze
	płaczmy		zapłaczmy
	płaczcie		zapłaczcie
	niech płaczą		niech zapłaczą

PARTICIPLES

PRES. ACT.	płaczący,-a,-e;-y,-e	
PRES. PASS.		
PAST ACT.		
PAST PASS.		
ADV. PART.	płacząc	zapłakawszy
VB. NOUN	płakanie	

pływać*płynąć/popłynąć - sail, swim

IMPERFECTIVE

	INDETERMINATE		DETERMINATE	
INF.	pływać		płyn	
PRES.	pływam	pływamy	płynę	płyniemy
	pływasz	pływacie	płyniesz	płyniecie
	pływa	pływają	płynie	płyn
PAST	pływałe/a/m		płynąłe/ęła/m	
	pływałe/a/ś		płynąłe/ęła/ś	
	pływał/a/o/		płynął/ęła/ęło/	
	pływali/ły/śmy		płynęli/ły/śmy	
	pływali/ły/ście		płynęli/ły/ście	
	pływali/ły/		płynęli/ły/	
FUT.	będę pływał/a/		będę płynął/ęła/	
	będziesz pływał/a/		będziesz płynął/ęła/	
	będzie pływał/a/o/		będzie płynął/ęła/ęło/	
	będziemy pływali/ły/		będziemy płynęli/ły/	
	będziecie pływali/ły/		będziecie płynęli/ły/	
	będą pływali/ły/		będą płynęli/ły/	
COND.	pływał/a/bym		płynął/ęła/bym	
	pływał/a/byś		płynął/ęła/byś	
	pływał/a/o/by		płynął/ęła/ęło/by	
	pływali/ły/byśmy		płynęli/ły/byśmy	
	pływali/ły/byście		płynęli/ły/byście	
	pływali/ły/by		płynęli/ły/by	
IMP.	pływaj		płyń	
	niech pływa		niech płynie	
	pływajmy		płyńmy	
	pływajcie		płyńcie	
	niech pływają		niech płyną	

PARTICIPLES

PRES. ACT.	pływający,-a,-e;-y,-e	płynący,-a,-e;-y,-e
PRES. PASS.		
PAST ACT.		
PAST PASS.		
ADV. PART.	pływając	płynąc
VB. NOUN	pływanie	płynięcie

98

podkreślać/podkreślić - underline, stress

IMPERFECTIVE		PERFECTIVE
INF.	podkreślać	podkreślić

PRES.   podkreślam   podkreślamy
          podkreślasz   podkreślacie
          podkreśla   podkreślają

PAST   podkreślałe/a/m   podkreśliłe/a/m
         podkreślałe/a/ś   podkreśliłe/a/ś
         podkreślał/a/o/   podkreślił/a/o/
         podkreślali/ły/śmy   podkreślili/ły/śmy
         podkreślali/ły/ście   podkreślili/ły/ście
         podkreślali/ły/   podkreślili/ły/

FUT.   będę podkreślał/a/   podkreślę
        będziesz podkreślał/a/   podkreślisz
        będzie podkreślał/a/o/   podkreśli
        będziemy podkreślali/ły/   podkreślimy
        będziecie podkreślali/ły/ podkreślicie
        będą podkreślali/ły/   podkreślą

COND.   podkreślał/a/bym   podkreślił/a/bym
         podkreślał/a/byś   podkreślił/a/byś
         podkreślał/a/o/by   podkreślił/a/o/by
         podkreślali/ły/byśmy   podkreślili/ły/byśmy
         podkreślali/ły/byście   podkreślili/ły/byście
         podkreślali/ły/by   podkreślili/ły/by

IMP.   podkreślaj   podkreśl
        niech podkreśla   niech podkreśli
        podkreślajmy   podkreślmy
        podkreślajcie   podkreślcie
        niech podkreślają   niech podkreślą

PARTICIPLES

PRES. ACT.   podkreślający,-a,-e;-y,-e

PRES. PASS.   podkreślany,-a,-e;-i,-e

PAST ACT.

PAST PASS.   podkreślony,-a,-e;-eni,-one

ADV. PART.   podkreślając   podkreśliwszy

VB. NOUN   podkreślanie   podkreślenie

podobać się/spodobać się - be likable, please

	IMPERFECTIVE		PERFECTIVE
INF.	podobać się		spodobać się
PRES.	podobam się	podobamy się	
	podobasz się	podobacie się	
	podoba się	podobają się	
PAST	podobałe/a/m się		spodobałe/a/m się
	podobałe/a/ś się		spodobałe/a/ś się
	podobał/a/o/ się		spodobał/a/o/ się
	podobali/ły/śmy się		spodobali/ły/śmy się
	podobali/ły/ście się		spodobali/ły/ście się
	podobali/ły/ się		spodobali/ły/ się
FUT.	będę się podobał/a/		spodobam się
	będziesz się podobał/a/		spodobasz się
	będzie się podobał/a/o/		spodoba się
	będziemy się podobali/ły/		spodobamy się
	będziecie się podobali/ły/		spodobacie się
	będą się podobali/ły/		spodobają się
COND.	podobał/a/bym się		spodobał/a/bym się
	podobał/a/byś się		spodobał/a/byś się
	podobał/a/o/by się		spodobał/a/o/by się
	podobali/ły/byśmy się		spodobali/ły/byśmy się
	podobali/ły/byście się		spodobali/ły/byście się
	podobali/ły/by się		spodobali/ły/by się
IMP.	podobaj się		spodobaj się
	niech się podoba		niech się spodoba
	podobajmy się		spodobajmy się
	podobajcie się		spodobajcie się
	niech się podobają		niech się spodobają

PARTICIPLES

PRES. ACT.	podobający się,-a,-e;-y,-e	
PRES. PASS.		
PAST ACT.		
PAST PASS.		
ADV. PART.	podobając się	spodobawszy się
VB. NOUN	podobanie się	spodobanie się

100

pokazywać/pokazać – show
pokazywać się/pokazać się – appear

	IMPERFECTIVE	*PERFECTIVE*
INF.	pokazywać	pokazać

PRES.
pokazuję   pokazujemy
pokazujesz   pokazujecie
pokazuje   pokazują

PAST
pokazywałe/a/m   pokazałe/a/m
pokazywałe/a/ś   pokazałe/a/ś
pokazywał/a/o/   pokazał/a/o/
pokazywali/ły/śmy   pokazali/ły/śmy
pokazywali/ły/ście   pokazali/ły/ście
pokazywali/ły/   pokazali/ły/

FUT.
będę pokazywał/a/   pokażę
będziesz pokazywał/a/   pokażesz
będzie pokazywał/a/o/   pokaże
będziemy pokazywali/ły/   pokażemy
będziecie pokazywali/ły/   pokażecie
będą pokazywali/ły/   pokażą

COND.
pokazywał/a/bym   pokazał/a/bym
pokazywał/a/byś   pokazał/a/byś
pokazywał/a/o/by   pokazał/a/o/by
pokazywali/ły/byśmy   pokazali/ły/byśmy
pokazywali/ły/byście   pokazali/ły/byście
pokazywali/ły/by   pokazali/ły/by

IMP.
pokazuj   pokaż
niech pokazuje   niech pokaże
pokazujmy   pokażmy
pokazujcie   pokażcie
niech pokazują   niech pokażą

PARTICIPLES

PRES. ACT.   pokazujący,-a,-e;-y,-e

PRES. PASS.   pokazywany,-a,-e;-i,-e

PAST ACT.

PAST PASS.   pokazany,-a,-e;-i,-e

ADV. PART.   pokazując   pokazawszy

VB. NOUN   pokazywanie   pokazanie

polewać/polać - water, pour on

	IMPERFECTIVE		PERFECTIVE
INF.	polewać		polać

PRES.

polewam	polewamy
polewasz	polewacie
polewa	polewają

PAST

polewałe/a/m	polałe/a/m
polewałe/a/ś	polałe/a/ś
polewał/a/o/	polał/a/o/
polewali/ły/śmy	poleli/ały/śmy
polewali/ły/ście	poleli/ały/ście
polewali/ły/	poleli/ały/

FUT.

będę polewał/a/	poleję
będziesz polewał/a/	polejesz
będzie polewał/a/o/	poleje
będziemy polewali/ły/	polejemy
będziecie polewali/ły/	polejecie
będą polewali/ły/	poleją

COND.

polewał/a/bym	polał/a/bym
polewał/a/byś	polał/a/byś
polewał/a/o/by	polał/a/o/by
polewali/ły/byśmy	poleli/ały/byśmy
polewali/ły/byście	poleli/ały/byście
polewali/ły/by	poleli/ały/by

IMP.

polewaj	polej
niech polewa	niech poleje
polewajmy	polejmy
polewajcie	polejcie
niech polewają	niech poleją

PARTICIPLES

PRES. ACT.	polewający,-a,-e;-y,-e	
PRES. PASS.	polewany,-a,-e;-i,-e	
PAST ACT.		
PAST PASS.		polany,-a,-e;-i,-e
ADV. PART.	polewając	polawszy
VB. NOUN	polewanie	polanie

102

pomagać/pomóc - aid, help

	IMPERFECTIVE		PERFECTIVE
INF.	pomagać		pomóc

PRES. pomagam pomagamy
         pomagasz pomagacie
         pomaga   pomagają

PAST
pomagałe/a/m
pomagałe/a/ś
pomagał/a/o/
pomagali/ły/śmy
pomagali/ły/ście
pomagali/ły/

pomogłe/a/m
pomogłe/a/ś
pomógł/ogła/ogło/
pomogli/ły/śmy
pomogli/ły/ście
pomogli/ły/

FUT.
będę pomagał/a/
będziesz pomagał/a/
będzie pomagał/a/o/
będziemy pomagali/ły/
będziecie pomagali/ły/
będą pomagali/ły/

pomogę
pomożesz
pomoże
pomożemy
pomożecie
pomogą

COND.
pomagał/a/bym
pomagał/a/byś
pomagał/a/o/by
pomagali/ły/byśmy
pomagali/ły/byście
pomagali/ły/by

pomógł/ogła/bym
pomógł/ogła/byś
pomógł/ogła/ogło/by
pomogli/ły/byśmy
pomogli/ły/byście
pomogli/ły/by

IMP.
pomagaj
niech pomaga
pomagajmy
pomagajcie
niech pomagają

pomóż
niech pomoże
pomóżmy
pomóżcie
niech pomogą

PARTICIPLES

PRES. ACT. pomagający,-a,-e;-y,-e

PRES. PASS.

PAST ACT.

PAST PASS.

ADV. PART. pomagając   pomógłszy

VB. NOUN pomaganie

103

poprawiać/poprawić – correct
poprawiać się/poprawić się – amend

	IMPERFECTIVE		PERFECTIVE
INF.	poprawiać		poprawić

PRES. poprawiam   poprawiamy
         poprawiasz   poprawiacie
         poprawia   poprawiają

PAST   poprawiałe/a/m   poprawiłe/a/m
         poprawiałe/a/ś   poprawiłe/a/ś
         poprawiał/a/o/   poprawił/a/o/
         poprawiali/ły/śmy   poprawili/ły/śmy
         poprawiali/ły/ście   poprawili/ły/ście
         poprawiali/ły/   poprawili/ły/

FUT.   będę poprawiał/a/   poprawię
         będziesz poprawiał/a/   poprawisz
         będzie poprawiał/a/o/   poprawi
         będziemy poprawiali/ły/   poprawimy
         będziecie poprawiali/ły/   poprawicie
         będą poprawiali/ły/   poprawią

COND. poprawiał/a/bym   poprawił/a/bym
         poprawiał/a/byś   poprawił/a/byś
         poprawiał/a/o/by   poprawił/a/o/by
         poprawiali/ły/byśmy   poprawili/ły/byśmy
         poprawiali/ły/byście   poprawili/ły/byście
         poprawiali/ły/by   poprawili/ły/by

IMP.   poprawiaj   popraw
         niech poprawia   niech poprawi
         poprawiajmy   poprawmy
         poprawiajcie   poprawcie
         niech poprawiają   niech poprawią

PARTICIPLES

PRES. ACT.   poprawiający,-a,-e;-y,-e

PRES. PASS. poprawiany,-a,-e;-i,-e

PAST ACT.

PAST PASS.   poprawiony,-a,-e;-eni,-one

ADV. PART.   poprawiając   poprawiwszy

VB. NOUN   poprawianie   poprawienie

postanawiać/postanowić - decide

	IMPERFECTIVE		PERFECTIVE
INF.	postanawiać		postanowić

PRES. postanawiam   postanawiamy
         postanawiasz postanawiacie
         postanawia   postanawiają

PAST	postanawiałe/a/m	postanowiłe/a/m
	postanawiałe/a/ś	postanowiłe/a/ś
	postanawiał/a/o/	postanowił/a/o/
	postanawiali/ły/śmy	postanowili/ły/śmy
	postanawiali/ły/ście	postanowili/ły/ście
	postanawiali/ły/	postanowili/ły/

FUT.	będę postanawiał/a/	postanowię
	będziesz postanawiał/a/	postanowisz
	będzie postanawiał/a/o/	postanowi
	będziemy postanawiali/ły/	postanowimy
	będziecie postanawiali/ły/	postanowicie
	będą postanawiali/ły/	postanowią

COND.	postanawiał/a/bym	postanowił/a/bym
	postanawiał/a/byś	postanowił/a/byś
	postanawiał/a/o/by	postanowił/a/o/by
	postanawiali/ły/byśmy	postanowili/ły/byśmy
	postanawiali/ły/byście	postanowili/ły/byście
	postanawiali/ły/by	postanowili/ły/by

IMP.	postanawiaj	postanów
	niech postanawia	niech postanowi
	postanawiajmy	postanówmy
	postanawiajcie	postanówcie
	niech postanawiają	niech postanowią

PARTICIPLES

PRES. ACT.   postanawiający,-a,-e;-y,-e

PRES. PASS. postanawiany,-a,-e;-i,-e

PAST ACT.

PAST PASS.   postanowiony,-a,-e;-eni,-one

ADV. PART.   postanawiając   postanowiwszy

VB. NOUN   postanawianie   postanowienie

105

potrzebować/zapotrzebować - need; order, require /P only/

	IMPERFECTIVE		PERFECTIVE
INF.	potrzebować		zapotrzebować
PRES.	potrzebuję	potrzebujemy	
	potrzebujesz	potrzebujecie	
	potrzebuje	potrzebują	
PAST	potrzebowałe/a/m		zapotrzebowałe/a/m
	potrzebowałe/a/ś		zapotrzebowałe/a/ś
	potrzebował/a/o/		zapotrzebował/a/o/
	potrzebowali/ły/śmy		zapotrzebowali/ły/śmy
	potrzebowali/ły/ście		zapotrzebowali/ły/ście
	potrzebowali/ły/		zapotrzebowali/ły/
FUT.	będę potrzebował/a/		zapotrzebuję
	będziesz potrzebował/a/		zapotrzebujesz
	będzie potrzebował/a/o/		zapotrzebuje
	będziemy potrzebowali/ły/		zapotrzebujemy
	będziecie potrzebowali/ły/		zapotrzebujecie
	będą potrzebowali/ły/		zapotrzebują
COND.	potrzebował/a/bym		zapotrzebował/a/bym
	potrzebował/a/byś		zapotrzebował/a/byś
	potrzebował/a/o/by		zapotrzebował/a/o/by
	potrzebowali/ły/byśmy		zapotrzebowali/ły/byśmy
	potrzebowali/ły/byście		zapotrzebowali/ły/byście
	potrzebowali/ły/by		zapotrzebowali/ły/by
IMP.			

PARTICIPLES

PRES. ACT.	potrzebujący,-a,-e;-y,-e	
PRES. PASS.		
PAST ACT.		
PAST PASS.		
ADV. PART.	potrzebując	zapotrzebowawszy
VB. NOUN	potrzebowanie	zapotrzebowanie

106

powodować/spowodować – cause

	IMPERFECTIVE	PERFECTIVE

INF.   powodować   spowodować

PRES.   powoduję   powodujemy
          powodujesz   powodujecie
          powoduje   powodują

PAST   powodowałe/a/m   spowodowałe/a/m
          powodowałe/a/ś   spowodowałe/a/ś
          powodował/a/o/   spowodował/a/o/
          powodowali/ły/śmy   spowodowali/ły/śmy
          powodowali/ły/ście   spowodowali/ły/ście
          powodowali/ły/   spowodowali/ły/

FUT.   będę powodował/a/   spowoduję
          będziesz powodował/a/   spowodujesz
          będzie powodował/a/o/   spowoduje
          będziemy powodowali/ły/   spowodujemy
          będziecie powodowali/ły/   spowodujecie
          będą powodowali/ły/   spowodują

COND.   powodował/a/bym   spowodował/a/bym
          powodował/a/byś   spowodował/a/byś
          powodował/a/o/by   spowodował/a/o/by
          powodowali/ły/byśmy   spowodowali/ły/byśmy
          powodowali/ły/byście   spowodowali/ły/byście
          powodowali/ły/by   spowodowali/ły/by

IMP.   powoduj   spowoduj
          niech powoduje   niech spowoduje
          powodujmy   spowodujmy
          powodujcie   spowodujcie
          niech powodują   niech spowodują

PARTICIPLES

PRES. ACT.   powodujący,-a,-e;-y,-e

PRES. PASS. powodowany,-a,-e;-i,-e

PAST ACT.

PAST PASS.   spowodowany,-a,-e;-i,-e

ADV. PART.   powodując   spowodowawszy

VB. NOUN   powodowanie   spowodowanie

107

powtarzać/powtórzyć - repeat
powtarzać się/powtórzyć się - be repeated

	IMPERFECTIVE	PERFECTIVE
INF.	powtarzać	powtórzyć

PRES.   powtarzam   powtarzamy
powtarzasz   powtarzacie
powtarza   powtarzają

PAST   powtarzałe/a/m   powtórzyłe/a/m
powtarzałe/a/ś   powtórzyłe/a/ś
powtarzał/a/o/   powtórzył/a/o/
powtarzali/ły/śmy   powtórzyli/ły/śmy
powtarzali/ły/ście   powtórzyli/ły/ście
powtarzali/ły/   powtórzyli/ły/

FUT.   będę powtarzał/a/   powtórzę
będziesz powtarzał/a/   powtórzysz
będzie powtarzał/a/o/   powtórzy
będziemy powtarzali/ły/   powtórzymy
będziecie powtarzali/ły/   powtórzycie
będą powtarzali/ły/   powtórzą

COND.   powtarzał/a/bym   powtórzył/a/bym
powtarzał/a/byś   powtórzył/a/byś
powtarzał/a/o/by   powtórzył/a/o/by
powtarzali/ły/byśmy   powtórzyli/ły/byśmy
powtarzali/ły/byście   powtórzyli/ły/byście
powtarzali/ły/by   powtórzyli/ły/by

IMP.   powtarzaj   powtórz
niech powtarza   niech powtórzy
powtarzajmy   powtórzmy
powtarzajcie   powtórzcie
niech powtarzają   niech powtórzą

PARTICIPLES

PRES. ACT.   powtarzający,-a,-e;-y,-e

PRES. PASS.   powtarzany,-a,-e;-i,-e

PAST ACT.

PAST PASS.   powtórzony,-a,-e;-eni,-one

ADV. PART.   powtarzając   powtórzywszy

VB. NOUN   powtarzanie   powtórzenie

poznawać/poznać - acquaint, recognize
poznawać się/poznać się - get acquainted

	IMPERFECTIVE		PERFECTIVE
INF.	poznawać		poznać
PRES.	poznaję	poznajemy	
	poznajesz	poznajecie	
	poznaje	poznają	
PAST	poznawałe/a/m		poznałe/a/m
	poznawałe/a/ś		poznałe/a/ś
	poznawał/a/o/		poznał/a/o/
	poznawali/ły/śmy		poznali/ły/śmy
	poznawali/ły/ście		poznali/ły/ście
	poznawali/ły/		poznali/ły/
FUT.	będę poznawał/a/		poznam
	będziesz poznawał/a/		poznasz
	będzie poznawał/a/o/		pozna
	będziemy poznawali/ły/		poznamy
	będziecie poznawali/ły/		poznacie
	będą poznawali/ły/		poznają
COND.	poznawał/a/bym		poznał/a/bym
	poznawał/a/byś		poznał/a/byś
	poznawał/a/o/by		poznał/a/o/by
	poznawali/ły/byśmy		poznali/ły/byśmy
	poznawali/ły/byście		poznali/ły/byście
	poznawali/ły/by		poznali/ły/by
IMP.	poznawaj		poznaj
	niech poznaje		niech pozna
	poznawajmy		poznajmy
	poznawajcie		poznajcie
	niech poznają		niech poznają

PARTICIPLES

PRES. ACT.	poznający,-a,-e;-y,-e	
PRES. PASS.	poznawany,-a,-e;-i,-e	
PAST ACT.		
PAST PASS.		poznany,-a,-e;-i,-e
ADV. PART.	poznając	poznawszy
VB. NOUN	poznawanie	poznanie

pozwalać/pozwolić - allow, permit

	IMPERFECTIVE		PERFECTIVE
INF.	pozwalać		pozwolić

PRES.	pozwalam	pozwalamy
	pozwalasz	pozwalacie
	pozwala	pozwalają

PAST	pozwalałe/a/m		pozwoliłe/a/m
	pozwalałe/a/ś		pozwoliłe/a/ś
	pozwalał/a/o/		pozwolił/a/o/
	pozwalali/ły/śmy		pozwolili/ły/śmy
	pozwalali/ły/ście		pozwolili/ły/ście
	pozwalali/ły/		pozwolili/ły/

FUT.	będę pozwalał/a/	pozwolę
	będziesz pozwalał/a/	pozwolisz
	będzie pozwalał/a/o/	pozwoli
	będziemy pozwalali/ły/	pozwolimy
	będziecie pozwalali/ły/	pozwolicie
	będą pozwalali/ły/	pozwolą

COND.	pozwalał/a/bym	pozwolił/a/bym
	pozwalał/a/byś	pozwolił/a/byś
	pozwalał/a/o/by	pozwolił/a/o/by
	pozwalali/ły/byśmy	pozwolili/ły/byśmy
	pozwalali/ły/byście	pozwolili/ły/byście
	pozwalali/ły/by	pozwolili/ły/by

IMP.	pozwalaj	pozwól
	niech pozwala	niech pozwoli
	pozwalajmy	pozwólmy
	pozwalajcie	pozwólcie
	niech pozwalają	niech pozwolą

PARTICIPLES

PRES. ACT.	pozwalający,-a,-e;-y,-e	
PRES. PASS.	pozwalany,-a,-e;- ,-e	
PAST ACT.		
PAST PASS.		pozwolony,-a,-e;- ,-e
ADV. PART.	pozwalając	pozwoliwszy
VB. NOUN	pozwalanie	pozwolenie

110

pożyczać/pożyczyć - borrow, lend

	IMPERFECTIVE	PERFECTIVE
INF.	pożyczać	pożyczyć

PRES. pożyczam   pożyczamy
       pożyczasz   pożyczacie
       pożycza   pożyczają

PAST   pożyczałe/a/m   pożyczyłe/a/m
       pożyczałe/a/ś   pożyczyłe/a/ś
       pożyczał/a/o/   pożyczył/a/o/
       pożyczali/ły/śmy   pożyczyli/ły/śmy
       pożyczali/ły/ście   pożyczyli/ły/ście
       pożyczali/ły/   pożyczyli/ły/

FUT.   będę pożyczał/a/   pożyczę
       będziesz pożyczał/a/   pożyczysz
       będzie pożyczał/a/o/   pożyczy
       będziemy pożyczali/ły/   pożyczymy
       będziecie pożyczali/ły/   pożyczycie
       będą pożyczali/ły/   pożyczą

COND. pożyczał/a/bym   pożyczył/a/bym
       pożyczał/a/byś   pożyczył/a/byś
       pożyczał/a/o/by   pożyczył/a/o/by
       pożyczali/ły/byśmy   pożyczyli/ły/byśmy
       pożyczali/ły/byście   pożyczyli/ły/byście
       pożyczali/ły/by   pożyczyli/ły/by

IMP.   pożyczaj   pożycz
       niech pożycza   niech pożyczy
       pożyczajmy   pożyczmy
       pożyczajcie   pożyczcie
       niech pożyczają   niech pożyczą

PARTICIPLES

PRES. ACT.   pożyczający,-a,-e;-y,-e

PRES. PASS. pożyczany,-a,-e;-i,-e

PAST ACT.

PAST PASS.   pożyczony,-a,-e;-eni,-one

ADV. PART.   pożyczając   pożyczywszy

VB. NOUN   pożyczanie   pożyczenie

111

pracować/popracować – work

IMPERFECTIVE		PERFECTIVE
INF.	pracować	popracować

PRES.
pracuję   pracujemy
pracujesz pracujecie
pracuje   pracują

PAST		
pracowałe/a/m		popracowałe/a/m
pracowałe/a/ś		popracowałe/a/ś
pracował/a/o/		popracował/a/o/
pracowali/ły/śmy		popracowali/ły/śmy
pracowali/ły/ście		popracowali/ły/ście
pracowali/ły/		popracowali/ły/

FUT.
będę pracował/a/   popracuję
będziesz pracował/a/   popracujesz
będzie pracował/a/o/   popracuje
będziemy pracowali/ły/   popracujemy
będziecie pracowali/ły/   popracujecie
będą pracowali/ły/   popracują

COND.
pracował/a/bym   popracował/a/bym
pracował/a/byś   popracował/a/byś
pracował/a/o/by   popracował/a/o/by
pracowali/ły/byśmy   popracowali/ły/byśmy
pracowali/ły/byście   popracowali/ły/byście
pracowali/ły/by   popracowali/ły/by

IMP.
pracuj   popracuj
niech pracuje   niech popracuje
pracujmy   popracujmy
pracujcie   popracujcie
niech pracują   niech popracują

PARTICIPLES

PRES. ACT.   pracujący,-a,-e;-y,-e

PRES. PASS.

PAST ACT.

PAST PASS.

ADV. PART.   pracując   popracowawszy

VB. NOUN

112

prosić/poprosić – beg, invite, ask

	IMPERFECTIVE		*PERFECTIVE*
INF.	prosić		poprosić

PRES.
proszę   prosimy
prosisz   prosicie
prosi   proszą

PAST

IMPERFECTIVE	*PERFECTIVE*
prosiłe/a/m	poprosiłe/a/m
prosiłe/a/ś	poprosiłe/a/ś
prosił/a/o/	poprosił/a/o/
prosili/ły/śmy	poprosili/ły/śmy
prosili/ły/ście	poprosili/ły/ście
prosili/ły/	poprosili/ły/

FUT.

IMPERFECTIVE	*PERFECTIVE*
będę prosił/a/	poproszę
będziesz prosił/a/	poprosisz
będzie prosił/a/o/	poprosi
będziemy prosili/ły/	poprosimy
będziecie prosili/ły/	poprosicie
będą prosili/ły/	poproszą

COND.

IMPERFECTIVE	*PERFECTIVE*
prosił/a/bym	poprosił/a/bym
prosił/a/byś	poprosił/a/byś
prosił/a/o/by	poprosił/a/o/by
prosili/ły/byśmy	poprosili/ły/byśmy
prosili/ły/byście	poprosili/ły/byście
prosili/ły/by	poprosili/ły/by

IMP.

IMPERFECTIVE	*PERFECTIVE*
proś	poproś
niech prosi	niech poprosi
prośmy	poprośmy
proście	poproście
niech proszą	niech poproszą

PARTICIPLES

	IMPERFECTIVE	*PERFECTIVE*
PRES. ACT.	proszący,-a,-e;-y,-e	
PRES. PASS.	proszony,-a,-e;-eni,-one	
PAST ACT.		
PAST PASS.		poproszony,-a,-e;-eni,-one
ADV. PART.	prosząc	poprosiwszy
VB. NOUN	proszenie	poproszenie

113

prowadzić/zaprowadzić - conduct, lead

	IMPERFECTIVE		PERFECTIVE
INF.	prowadzić		zaprowadzić
PRES.	prowadzę prowadzisz prowadzi	prowadzimy prowadzicie prowadzą	
PAST	prowadziłe/a/m prowadziłe/a/ś prowadził/a/o/ prowadzili/ły/śmy prowadzili/ły/ście prowadzili/ły/		zaprowadziłe/a/m zaprowadziłe/a/ś zaprowadził/a/o/ zaprowadzili/ły/śmy zaprowadzili/ły/ście zaprowadzili/ły/
FUT.	będę prowadził/a/ będziesz prowadził/a/ będzie prowadził/a/o/ będziemy prowadzili/ły/ będziecie prowadzili/ły/ będą prowadzili/ły/		zaprowadzę zaprowadzisz zaprowadzi zaprowadzimy zaprowadzicie zaprowadzą
COND.	prowadził/a/bym prowadził/a/byś prowadził/a/o/by prowadzili/ły/byśmy prowadzili/ły/byście prowadzili/ły/by		zaprowadził/a/bym zaprowadził/a/byś zaprowadził/a/o/by zaprowadzili/ły/byśmy zaprowadzili/ły/byście zaprowadzili/ły/by
IMP.	prowadź niech prowadzi prowadźmy prowadźcie niech prowadzą		zaprowadź niech zaprowadzi zaprowadźmy zaprowadźcie niech zaprowadzą

PARTICIPLES

PRES. ACT.	prowadzący,-a,-e;-y,-e	
PRES. PASS.	prowadzony,-a,-e;-eni,-one	
PAST ACT.		
PAST PASS.		zaprowadzony,-a,-e;-eni,-one
ADV. PART.	prowadząc	zaprowadziwszy
VB. NOUN	prowadzenie	zaprowadzenie

114

próbować/spróbować - try, taste

	IMPERFECTIVE		PERFECTIVE
INF.	próbować		spróbować
PRES.	próbuję	próbujemy	
	próbujesz	próbujecie	
	próbuje	próbują	
PAST	próbowałe/a/m		spróbowałe/a/m
	próbowałe/a/ś		spróbowałe/a/ś
	próbował/a/o/		spróbował/a/o/
	próbowali/ły/śmy		spróbowali/ły/śmy
	próbowali/ły/ście		spróbowali/ły/ście
	próbowali/ły/		spróbowali/ły/
FUT.	będę próbował/a/		spróbuję
	będziesz próbował/a/		spróbujesz
	będzie próbował/a/o/		spróbuje
	będziemy próbowali/ły/		spróbujemy
	będziecie próbowali/ły/		spróbujecie
	będą próbowali/ły/		spróbują
COND.	próbował/a/bym		spróbował/a/bym
	próbował/a/byś		spróbował/a/byś
	próbował/a/o/by		spróbował/a/o/by
	próbowali/ły/byśmy		spróbowali/ły/byśmy
	próbowali/ły/byście		spróbowali/ły/byście
	próbowali/ły/by		spróbowali/ły/by
IMP.	próbuj		spróbuj
	niech próbuje		niech spróbuje
	próbujmy		spróbujmy
	próbujcie		spróbujcie
	niech próbują		niech spróbują

PARTICIPLES

PRES. ACT.	próbujący,-a,-e;-y,-e	
PRES. PASS.	próbowany,-a,-e;-i,-e	
PAST ACT.		
PAST PASS.		spróbowany,-a,-e;-i,-e
ADV. PART.	próbując	spróbowawszy
VB. NOUN	próbowanie	spróbowanie

115

przeczyć/zaprzeczyć - deny *

	IMPERFECTIVE		PERFECTIVE
INF.	przeczyć		zaprzeczyć

PRES.	przeczę	przeczymy	
	przeczysz	przeczycie	
	przeczy	przeczą	

PAST	przeczyłe/a/m	zaprzeczyłe/a/m
	przeczyłe/a/ś	zaprzeczyłe/a/ś
	przeczył/a/o/	zaprzeczył/a/o/
	przeczyli/ły/śmy	zaprzeczyli/ły/śmy
	przeczyli/ły/ście	zaprzeczyli/ły/ście
	przeczyli/ły/	zaprzeczyli/ły/

FUT.	będę przeczył/a/	zaprzeczę
	będziesz przeczył/a/	zaprzeczysz
	będzie przeczył/a/o/	zaprzeczy
	będziemy przeczyli/ły/	zaprzeczymy
	będziecie przeczyli/ły/	zaprzeczycie
	będą przeczyli/ły/	zaprzeczą

COND.	przeczył/a/bym	zaprzeczył/a/bym
	przeczył/a/byś	zaprzeczył/a/byś
	przeczył/a/o/by	zaprzeczył/a/o/by
	przeczyli/ły/byśmy	zaprzeczyli/ły/byśmy
	przeczyli/ły/byście	zaprzeczyli/ły/byście
	przeczyli/ły/by	zaprzeczyli/ły/by

IMP.	przecz	zaprzecz
	niech przeczy	niech zaprzeczy
	przeczmy	zaprzeczmy
	przeczcie	zaprzeczcie
	niech przeczą	niech zaprzeczą

PARTICIPLES

PRES. ACT.	przeczący,-a,-e;-y,-e	
PRES. PASS.		
PAST ACT.		
PAST PASS.		zaprzeczony,-a,-e;- ,-one
ADV. PART.	przecząc	zaprzeczywszy
VB. NOUN	przeczenie	zaprzeczenie

116   *OR zaprzeczać/zaprzeczyć

przekonywać/przekonać - persuade, convince
przekonywać się/przekonać się - be convinced

	IMPERFECTIVE		PERFECTIVE
INF.	przekonywać		przekonać
PRES.	przekonuję	przekonujemy	
	przekonujesz	przekonujecie	
	przekonuje	przekonują	
PAST	przekonywałe/a/m		przekonałe/a/m
	przekonywałe/a/ś		przekonałe/a/ś
	przekonywał/a/o/		przekonał/a/o/
	przekonywali/ły/śmy		przekonali/ły/śmy
	przekonywali/ły/ście		przekonali/ły/ście
	przekonywali/ły/		przekonali/ły/
FUT.	będę przekonywał/a/		przekonam
	będziesz przekonywał/a/		przekonasz
	będzie przekonywał/a/o/		przekona
	będziemy przekonywali/ły/		przekonamy
	będziecie przekonywali/ły/		przekonacie
	będą przekonywali/ły/		przekonają
COND.	przekonywał/a/bym		przekonał/a/bym
	przekonywał/a/byś		przekonał/a/byś
	przekonywał/a/o/by		przekonał/a/o/by
	przekonywali/ły/byśmy		przekonali/ły/byśmy
	przekonywali/ły/byście		przekonali/ły/byście
	przekonywali/ły/by		przekonali/ły/by
IMP.	przekonuj		przekonaj
	niech przekonuje		niech przekona
	przekonujmy		przekonajmy
	przekonujcie		przekonajcie
	niech przekonują		niech przekonają

PARTICIPLES

PRES. ACT. przekonujący,-a,-e;-y,-e

PRES. PASS. przekonywany,-a,-e;-i,-e

PAST ACT.

PAST PASS.   przekonany,-a,-e;-i,-e

ADV. PART. przekonując   przekonawszy

VB. NOUN przekonywanie   przekonanie

117

przeznaczać/przeznaczyć - assign, devote

	IMPERFECTIVE		PERFECTIVE
INF.	przeznaczać		przeznaczyć
PRES.	przeznaczam	przeznaczamy	
	przeznaczasz	przeznaczacie	
	przeznacza	przeznaczają	
PAST	przeznaczałe/a/m		przeznaczyłe/a/m
	przeznaczałe/a/ś		przeznaczyłe/a/ś
	przeznaczał/a/o/		przeznaczył/a/o/
	przeznaczali/ły/śmy		przeznaczyli/ły/śmy
	przeznaczali/ły/ście		przeznaczyli/ły/ście
	przeznaczali/ły/		przeznaczyli/ły/
FUT.	będę przeznaczał/a/		przeznaczę
	będziesz przeznaczał/a/		przeznaczysz
	będzie przeznaczał/a/o/		przeznaczy
	będziemy przeznaczali/ły/		przeznaczymy
	będziecie przeznaczali/ły/		przeznaczycie
	będą przeznaczali/ły/		przeznaczą
COND.	przeznaczał/a/bym		przeznaczył/a/bym
	przeznaczał/a/byś		przeznaczył/a/byś
	przeznaczał/a/o/by		przeznaczył/a/o/by
	przeznaczali/ły/byśmy		przeznaczyli/ły/byśmy
	przeznaczali/ły/byście		przeznaczyli/ły/byście
	przeznaczali/ły/by		przeznaczyli/ły/by
IMP.	przeznaczaj		przeznacz
	niech przeznacza		niech przeznaczy
	przeznaczajmy		przeznaczmy
	przeznaczajcie		przeznaczcie
	niech przeznaczają		niech przeznaczą

PARTICIPLES

PRES. ACT.	przeznaczający,-a,-e;-y,-e	
PRES. PASS.	przeznaczany,-a,-e;-i,-e	
PAST ACT.		
PAST PASS.		przeznaczony,-a,-e;-eni,-one
ADV. PART.	przeznaczając	przeznaczywszy
VB. NOUN	przeznaczanie	przeznaczenie

118

przyjmować/przyjąć - accept, receive
przyjmować się/przyjąć się - take root

	IMPERFECTIVE		PERFECTIVE
INF.	przyjmować		przyjąć
PRES.	przyjmuję	przyjmujemy	
	przyjmujesz	przyjmujecie	
	przyjmuje	przyjmują	
PAST	przyjmowałe/a/m		przyjąłe/ęła/m
	przyjmowałe/a/ś		przyjąłe/ęła/ś
	przyjmował/a/o/		przyjął/ęła/ęło/
	przyjmowali/ły/śmy		przyjęli/ły/śmy
	przyjmowali/ły/ście		przyjęli/ły/ście
	przyjmowali/ły/		przyjęli/ły/
FUT.	będę przyjmował/a/		przyjmę
	będziesz przyjmował/a/		przyjmiesz
	będzie przyjmował/a/o/		przyjmie
	będziemy przyjmowali/ły/		przyjmiemy
	będziecie przyjmowali/ły/		przyjmiecie
	będą przyjmowali/ły/		przyjmą
COND.	przyjmował/a/bym		przyjął/ęła/bym
	przyjmował/a/byś		przyjął/ęła/byś
	przyjmował/a/o/by		przyjął/ęła/ęło/by
	przyjmowali/ły/byśmy		przyjęli/ły/byśmy
	przyjmowali/ły/byście		przyjęli/ły/byście
	przyjmowali/ły/by		przyjęli/ły/by
IMP.	przyjmuj		przyjmij
	niech przyjmuje		niech przyjmie
	przyjmujmy		przyjmijmy
	przyjmujcie		przyjmijcie
	niech przyjmują		niech przyjmą

PARTICIPLES

PRES. ACT.	przyjmujący,-a,-e;-y,-e	
PRES. PASS.	przyjmowany,-a,-e;-i,-e	
PAST ACT.		
PAST PASS.		przyjęty,-a,-e;-ci,-te
ADV. PART.	przyjmując	przyjąwszy
VB. NOUN	przyjmowanie	przyjęcie

119

przypominać/przypomnieć - recall, remind
przypominać się/przypomnieć się - recollect

	IMPERFECTIVE		PERFECTIVE
INF.	przypominać		przypomnieć
PRES.	przypominam przypominasz przypomina	przypominamy przypominacie przypominają	
PAST	przypominałe/a/m przypominałe/a/ś przypominał/a/o/ przypominali/ły/śmy przypominali/ły/ście przypominali/ły/		przypomniałe/a/m przypomniałe/a/ś przypomniał/a/o/ przypomnieli/ały/śmy przypomnieli/ały/ście przypomnieli/ały/
FUT.	będę przypominał/a/ będziesz przypominał/a/ będzie przypominał/a/o/ będziemy przypominali/ły/ będziecie przypominali/ły/ będą przypominali/ły/		przypomnę przypomnisz przypomni przypomnimy przypomnicie przypomną
COND.	przypominał/a/bym przypominał/a/byś przypominał/a/o/by przypominali/ły/byśmy przypominali/ły/byście przypominali/ły/by		przypomniał/a/bym przypomniał/a/byś przypomniał/a/o/by przypomnieli/ały/byśmy przypomnieli/ały/byście przypomnieli/ały/by
IMP.	przypominaj niech przypomina przypominajmy przypominajcie niech przypominają		przypomnij niech przypomni przypomnijmy przypomnijcie niech przypomną

PARTICIPLES

PRES. ACT.	przypominający,-a,-e;-y,-e	
PRES. PASS.	przypominany,-a,-e;-i,-e	
PAST ACT.		
PAST PASS.		przypomniany,-a,-e;-i,-e
ADV. PART.	przypominając	przypomniawszy
VB. NOUN	przypominanie	przypomnienie

120

przyznawać/przyznać - admit, grant
przyznawać się/przyznać się - admit, confess

	IMPERFECTIVE	PERFECTIVE
INF.	przyznawać	przyznać

PRES.	przyznaję	przyznajemy
	przyznajesz	przyznajecie
	przyznaje	przyznają

PAST	przyznawałe/a/m	przyznałe/a/m
	przyznawałe/a/ś	przyznałe/a/ś
	przyznawał/a/o/	przyznał/a/o/
	przyznawali/ły/śmy	przyznali/ły/śmy
	przyznawali/ły/ście	przyznali/ły/ście
	przyznawali/ły/	przyznali/ły/

FUT.	będę przyznawał/a/	przyznam
	będziesz przyznawał/a/	przyznasz
	będzie przyznawał/a/o/	przyzna
	będziemy przyznawali/ły/	przyznamy
	będziecie przyznawali/ły/	przyznacie
	będą przyznawali/ły/	przyznają

COND.	przyznawał/a/bym	przyznał/a/bym
	przyznawał/a/byś	przyznał/a/byś
	przyznawał/a/o/by	przyznał/a/o/by
	przyznawali/ły/byśmy	przyznali/ły/byśmy
	przyznawali/ły/byście	przyznali/ły/byście
	przyznawali/ły/by	przyznali/ły/by

IMP.	przyznawaj	przyznaj
	niech przyznaje	niech przyzna
	przyznawajmy	przyznajmy
	przyznawajcie	przyznajcie
	niech przyznawają	niech przyznają

PARTICIPLES

PRES. ACT.	przyznający,-a,-e;-y,-e	
PRES. PASS.	przyznawany,-a,-e;-i,-e	
PAST ACT.		
PAST PASS.		przyznany,-a,-e;-i,-e
ADV. PART.	przyznając	przyznawszy
VB. NOUN	przyznawanie	przyznanie

121

pukać/zapukać - knock

	IMPERFECTIVE		PERFECTIVE
INF.	pukać		zapukać
PRES.	pukam	pukamy	
	pukasz	pukacie	
	puka	pukają	
PAST	pukałe/a/m		zapukałe/a/m
	pukałe/a/ś		zapukałe/a/ś
	pukał/a/o/		zapukał/a/o/
	pukali/ły/śmy		zapukali/ły/śmy
	pukali/ły/ście		zapukali/ły/ście
	pukali/ły/		zapukali/ły/
FUT.	będę pukał/a/		zapukam
	będziesz pukał/a/		zapukasz
	będzie pukał/a/o/		zapuka
	będziemy pukali/ły/		zapukamy
	będziecie pukali/ły/		zapukacie
	będą pukali/ły/		zapukają
COND.	pukał/a/bym		zapukał/a/bym
	pukał/a/byś		zapukał/a/byś
	pukał/a/o/by		zapukał/a/o/by
	pukali/ły/byśmy		zapukali/ły/byśmy
	pukali/ły/byście		zapukali/ły/byście
	pukali/ły/by		zapukali/ły/by
IMP.	pukaj		zapukaj
	niech puka		niech zapuka
	pukajmy		zapukajmy
	pukajcie		zapukajcie
	niech pukają		niech zapukają

PARTICIPLES

PRES. ACT. pukający,-a,-e;-y,-e

PRES. PASS.

PAST ACT.

PAST PASS.

ADV. PART. pukając   zapukawszy

VB. NOUN pukanie   zapukanie

122

pytać/zapytać - ask, enquire
pytać się/zapytać się - question

	IMPERFECTIVE	PERFECTIVE
INF.	pytać	zapytać

PRES. pytam   pytamy
       pytasz   pytacie
       pyta   pytają

	IMPERFECTIVE	PERFECTIVE
PAST	pytałe/a/m	zapytałe/a/m
	pytałe/a/ś	zapytałe/a/ś
	pytał/a/o/	zapytał/a/o/
	pytali/ły/śmy	zapytali/ły/śmy
	pytali/ły/ście	zapytali/ły/ście
	pytali/ły/	zapytali/ły/
FUT.	będę pytał/a/	zapytam
	będziesz pytał/a/	zapytasz
	będzie pytał/a/o/	zapyta
	będziemy pytali/ły/	zapytamy
	będziecie pytali/ły/	zapytacie
	będą pytali/ły/	zapytają
COND.	pytał/a/bym	zapytał/a/bym
	pytał/a/byś	zapytał/a/byś
	pytał/a/o/by	zapytał/a/o/by
	pytali/ły/byśmy	zapytali/ły/byśmy
	pytali/ły/byście	zapytali/ły/byście
	pytali/ły/by	zapytali/ły/by
IMP.	pytaj	zapytaj
	niech pyta	niech zapyta
	pytajmy	zapytajmy
	pytajcie	zapytajcie
	niech pytają	niech zapytają

PARTICIPLES

PRES. ACT.	pytający,-a,-e;-y,-e	
PRES. PASS.	pytany,-a,-e;-i,-e	
PAST ACT.		
PAST PASS.		zapytany,-a,-e;-i,-e
ADV. PART.	pytając	zapytawszy
VB. NOUN	pytanie	zapytanie

radzić/poradzić - advise
radzić się/poradzić się - consult

	IMPERFECTIVE	PERFECTIVE
INF.	radzić	poradzić

PRES.		
	radzę	radzimy
	radzisz	radzicie
	radzi	radzą

PAST		*PERFECTIVE*
	radziłe/a/m	poradziłe/a/m
	radziłe/a/ś	poradziłe/a/ś
	radził/a/o/	poradził/a/o/
	radzili/ły/śmy	poradzili/ły/śmy
	radzili/ły/ście	poradzili/ły/ście
	radzili/ły/	poradzili/ły/

FUT.		
	będę radził/a/	poradzę
	będziesz radził/a/	poradzisz
	będzie radził/a/o/	poradzi
	będziemy radzili/ły/	poradzimy
	będziecie radzili/ły/	poradzicie
	będą radzili/ły/	poradzą

COND.		
	radził/a/bym	poradził/a/bym
	radził/a/byś	poradził/a/byś
	radził/a/o/by	poradził/a/o/by
	radzili/ły/byśmy	poradzili/ły/byśmy
	radzili/ły/byście	poradzili/ły/byście
	radzili/ły/by	poradzili/ły/by

IMP.		
	radź	poradź
	niech radzi	niech poradzi
	radźmy	poradźmy
	radźcie	poradźcie
	niech radzą	niech poradzą

PARTICIPLES

PRES. ACT.	radzący,-a,-e;-y,-e	
PRES. PASS.	radzony,-a,-e;- ,-e	
PAST ACT.		
PAST PASS.		poradzony,-a,-e;- ,-e
ADV. PART.	radząc	poradziwszy
VB. NOUN	radzenie	poradzenie

124

ratować/uratować - rescue, save
ratować się/uratować się - save oneself

	IMPERFECTIVE	PERFECTIVE
INF.	ratować	uratować

PRES.
ratuję ratujemy
ratujesz ratujecie
ratuje ratują

PAST		
	ratowałe/a/m	uratowałe/a/m
	ratowałe/a/ś	uratowałe/a/ś
	ratował/a/o/	uratował/a/o/
	ratowali/ły/śmy	uratowali/ły/śmy
	ratowali/ły/ście	uratowali/ły/ście
	ratowali/ły/	uratowali/ły/

FUT.		
	będę ratował/a/	uratuję
	będziesz ratował/a/	uratujesz
	będzie ratował/a/o/	uratuje
	będziemy ratowali/ły/	uratujemy
	będziecie ratowali/ły/	uratujecie
	będą ratowali/ły/	uratują

COND.		
	ratował/a/bym	uratował/a/bym
	ratował/a/byś	uratował/a/byś
	ratował/a/o/by	uratował/a/o/by
	ratowali/ły/byśmy	uratowali/ły/byśmy
	ratowali/ły/byście	uratowali/ły/byście
	ratowali/ły/by	uratowali/ły/by

IMP.		
	ratuj	uratuj
	niech ratuje	niech uratuje
	ratujmy	uratujmy
	ratujcie	uratujcie
	niech ratują	niech uratują

PARTICIPLES

PRES. ACT.   ratujący,-a,-e;-y,-e

PRES. PASS.   ratowany,-a,-e;-i,-e

PAST ACT.

PAST PASS.   uratowany,-a,-e;-i,-e

ADV. PART.   ratując   uratowawszy

VB. NOUN   ratowanie   uratowanie

robić/zrobić - do, make
robić się/zrobić się - become

	IMPERFECTIVE	PERFECTIVE
INF.	robić	zrobić

PRES.
robię   robimy
robisz   robicie
robi   robią

PAST	robiłe/a/m	zrobiłe/a/m
	robiłe/a/ś	zrobiłe/a/ś
	robił/a/o/	zrobił/a/o/
	robili/ły/śmy	zrobili/ły/śmy
	robili/ły/ście	zrobili/ły/ście
	robili/ły/	zrobili/ły/

FUT.	będę robił/a/	zrobię
	będziesz robił/a/	zrobisz
	będzie robił/a/o/	zrobi
	będziemy robili/ły/	zrobimy
	będziecie robili/ły/	zrobicie
	będą robili/ły/	zrobią

COND.	robił/a/bym	zrobił/a/bym
	robił/a/byś	zrobił/a/byś
	robił/a/o/by	zrobił/a/o/by
	robili/ły/byśmy	zrobili/ły/byśmy
	robili/ły/byście	zrobili/ły/byście
	robili/ły/by	zrobili/ły/by

IMP.	rób	zrób
	niech robi	niech zrobi
	róbmy	zróbmy
	róbcie	zróbcie
	niech robią	niech zrobią

PARTICIPLES

PRES. ACT.   robiący,-a,-e;-y,-e

PRES. PASS. robiony,-a,-e;-eni,-one

PAST ACT.

PAST PASS.   zrobiony,-a,-e;-eni,-one

ADV. PART.   robiąc   zrobiwszy

VB. NOUN   robienie   zrobienie

126

rodzić/urodzić - bear /a child/, yield
rodzić się/urodzić się - be born

	IMPERFECTIVE		PERFECTIVE
INF.	rodzić		urodzić
PRES.	rodzę	rodzimy	
	rodzisz	rodzicie	
	rodzi	rodzą	
PAST	rodziłe/a/m		urodziłe/a/m
	rodziłe/a/ś		urodziłe/a/ś
	rodził/a/o/		urodził/a/o/
	rodzili/ły/śmy		urodzili/ły/śmy
	rodzili/ły/ście		urodzili/ły/ście
	rodzili/ły/		urodzili/ły/
FUT.	będę rodził/a/		urodzę
	będziesz rodził/a/		urodzisz
	będzie rodził/a/o/		urodzi
	będziemy rodzili/ły/		urodzimy
	będziecie rodzili/ły/		urodzicie
	będą rodzili/ły/		urodzą
COND.	rodził/a/bym		urodził/a/bym
	rodził/a/byś		urodził/a/byś
	rodził/a/o/by		urodził/a/o/by
	rodzili/ły/byśmy		urodzili/ły/byśmy
	rodzili/ły/byście		urodzili/ły/byście
	rodzili/ły/by		urodzili/ły/by
IMP.	ródź		uródź
	niech rodzi		niech urodzi
	ródźmy		uródźmy
	ródźcie		uródźcie
	niech rodzą		niech urodzą

PARTICIPLES

PRES. ACT.	rodzący,-a,-e;-y,-e	
PRES. PASS.		
PAST ACT.		
PAST PASS.		urodzony,-a,-e;-eni,-one
ADV. PART.	rodząc	urodziwszy
VB. NOUN	rodzenie	urodzenie

127

rosnąć/wyrosnąć - grow

	IMPERFECTIVE	PERFECTIVE
INF.	rosnąć	wyrosnąć

PRES. rosnę   rośniemy
         rośniesz   rośniecie
         rośnie   rosną

PAST   rosłe/a/m
         rosłe/a/ś
         rósł/osła/osło/
         rośli/sły/śmy
         rośli/sły/ście
         rośli/sły/

wyrosłe/a/m
wyrosłe/a/ś
wyrósł/osła/osło/
wyrośli/sły/śmy
wyrośli/sły/ście
wyrośli/sły/

FUT.   będę rósł/osła/
         będziesz rósł/osła/
         będzie rósł/osła/osło/
         będziemy rośli/sły/
         będziecie rośli/sły/
         będą rośli/sły/

wyrosnę
wyrośniesz
wyrośnie
wyrośniemy
wyrośniecie
wyrosną

COND. rósł/osła/bym
         rósł/osła/byś
         rósł/osła/osło/by
         rośli/sły/byśmy
         rośli/sły/byście
         rośli/sły/by

wyrósł/osła/bym
wyrósł/osła/byś
wyrósł/osła/osło/by
wyrośli/sły/byśmy
wyrośli/sły/byście
wyrośli/sły/by

IMP.   rośnij
         niech rośnie
         rośnijmy
         rośnijcie
         niech rosną

wyrośnij
niech wyrośnie
wyrośnijmy
wyrośnijcie
niech wyrosną

PARTICIPLES

PRES. ACT. rosnący,-a,-e;-y,-e

PRES. PASS.

PAST ACT.

PAST PASS.   wyrośnięty,-a,-e;-ci,-te

ADV. PART. rosnąc   wyrosnąwszy

VB. NOUN   rośnięcie   wyrośnięcie

rozmawiać/porozmawiać - speak with, talk to

	IMPERFECTIVE		PERFECTIVE
INF.	rozmawiać		porozmawiać
PRES.	rozmawiam	rozmawiamy	
	rozmawiasz	rozmawiacie	
	rozmawia	rozmawiają	
PAST	rozmawiałe/a/m		porozmawiałe/a/m
	rozmawiałe/a/ś		porozmawiałe/a/ś
	rozmawiał/a/o/		porozmawiał/a/o/
	rozmawiali/ły/śmy		porozmawiali/ły/śmy
	rozmawiali/ły/ście		porozmawiali/ły/ście
	rozmawiali/ły/		porozmawiali/ły/
FUT.	będę rozmawiał/a/		porozmawiam
	będziesz rozmawiał/a/		porozmawiasz
	będzie rozmawiał/a/o/		porozmawia
	będziemy rozmawiali/ły/		porozmawiamy
	będziecie rozmawiali/ły/		porozmawiacie
	będą rozmawiali/ły/		porozmawiają
COND.	rozmawiał/a/bym		porozmawiał/a/bym
	rozmawiał/a/byś		porozmawiał/a/byś
	rozmawiał/a/o/by		porozmawiał/a/o/by
	rozmawiali/ły/byśmy		porozmawiali/ły/byśmy
	rozmawiali/ły/byście		porozmawiali/ły/byście
	rozmawiali/ły/by		porozmawiali/ły/by
IMP.	rozmawiaj		porozmawiaj
	niech rozmawia		niech porozmawia
	rozmawiajmy		porozmawiajmy
	rozmawiajcie		porozmawiajcie
	niech rozmawiają		niech porozmawiają

PARTICIPLES

PRES. ACT.	rozmawiający,-a,-e;-y,-e	
PRES. PASS.		
PAST ACT.		
PAST PASS.		
ADV. PART.	rozmawiając	porozmawiawszy
VB. NOUN	rozmawianie	porozmawianie

129

rozumieć/zrozumieć - comprehend, understand
rozumieć się/zrozumieć się - understand

	IMPERFECTIVE	PERFECTIVE
INF.	rozumieć	zrozumieć

PRES.   rozumiem   rozumiemy
rozumiesz   rozumiecie
rozumie   rozumieją

PAST	rozumiałe/a/m	zrozumiałe/a/m
	rozumiałe/a/ś	zrozumiałe/a/ś
	rozumiał/a/o/	zrozumiał/a/o/
	rozumieli/ały/śmy	zrozumieli/ały/śmy
	rozumieli/ały/ście	zrozumieli/ały/ście
	rozumieli/ały/	zrozumieli/ały/

FUT.	będę rozumiał/a/	zrozumiem
	będziesz rozumiał/a/	zrozumiesz
	będzie rozumiał/a/o/	zrozumie
	będziemy rozumieli/ały/	zrozumiemy
	będziecie rozumieli/ały/	zrozumiecie
	będą rozumieli/ały/	zrozumieją

COND.	rozumiał/a/bym	zrozumiał/a/bym
	rozumiał/a/byś	zrozumiał/a/byś
	rozumiał/a/o/by	zrozumiał/a/o/by
	rozumieli/ały/byśmy	zrozumieli/ały/byśmy
	rozumieli/ały/byście	zrozumieli/ały/byście
	rozumieli/ały/by	zrozumieli/ały/by

IMP.		zrozum
	niech rozumie	niech zrozumie
	rozumiejmy	zrozummy
		zrozumcie
	niech rozumieją	niech zrozumią

PARTICIPLES

PRES. ACT.	rozumiejący,-a,-e;-y,-e	
PRES. PASS.	rozumiany,-a,-e;-i,-e	
PAST ACT.		
PAST PASS.		zrozumiany,-a,-e;-i,-e
ADV. PART.	rozumiejąc	zrozumiawszy
VB. NOUN	rozumienie	zrozumienie

130

rozwiązywać/rozwiązać - solve, untie

rozwiązywać się/rozwiązać się - be solved, be untied

	IMPERFECTIVE		PERFECTIVE
INF.	rozwiązywać		rozwiązać

PRES.	rozwiązuję	rozwiązujemy
	rozwiązujesz	rozwiązujecie
	rozwiązuje	rozwiązują

PAST	rozwiązywałe/a/m	rozwiązałe/a/m
	rozwiązywałe/a/ś	rozwiązałe/a/ś
	rozwiązywał/a/o/	rozwiązał/a/o/
	rozwiązywali/ły/śmy	rozwiązali/ły/śmy
	rozwiązywali/ły/ście	rozwiązali/ły/ście
	rozwiązywali/ły/	rozwiązali/ły/

FUT.	będę rozwiązywał/a/	rozwiążę
	będziesz rozwiązywał/a/	rozwiążesz
	będzie rozwiązywał/a/o/	rozwiąże
	będziemy rozwiązywali/ły/	rozwiążemy
	będziecie rozwiązywali/ły/	rozwiążecie
	będą rozwiązywali/ły/	rozwiążą

COND.	rozwiązywał/a/bym	rozwiązał/a/bym
	rozwiązywał/a/byś	rozwiązał/a/byś
	rozwiązywał/a/o/by	rozwiązał/a/o/by
	rozwiązywali/ły/byśmy	rozwiązali/ły/byśmy
	rozwiązywali/ły/byście	rozwiązali/ły/byście
	rozwiązywali/ły/by	rozwiązali/ły/by

IMP.	rozwiązuj	rozwiąż
	niech rozwiązuje	niech rozwiąże
	rozwiązujmy	rozwiążmy
	rozwiązujcie	rozwiążcie
	niech rozwiązują	niech rozwiążą

PARTICIPLES

PRES. ACT.	rozwiązujący,-a,-e;-y,-e	
PRES. PASS.	rozwiązywany,-a,-e;-i,-e	
PAST ACT.		
PAST PASS.		rozwiązany,-a,-e;-i,-e
ADV. PART.	rozwiązując	rozwiązawszy
VB. NOUN	rozwiązywanie	rozwiązanie

131

ruszać/ruszyć - touch, stir
ruszać się/ruszyć się - move

	IMPERFECTIVE	PERFECTIVE
INF.	ruszać	ruszyć

PRES.   ruszam   ruszamy
         ruszasz   ruszacie
         rusza   ruszają

PAST   ruszałe/a/m   ruszyłe/a/m
         ruszałe/a/ś   ruszyłe/a/ś
         ruszał/a/o/   ruszył/a/o/
         ruszali/ły/śmy   ruszyli/ły/śmy
         ruszali/ły/ście   ruszyli/ły/ście
         ruszali/ły/   ruszyli/ły/

FUT.   będę ruszał/a/   ruszę
         będziesz ruszał/a/   ruszysz
         będzie ruszał/a/o/   ruszy
         będziemy ruszali/ły/ ruszymy
         będziecie ruszali/ły/ ruszycie
         będą ruszali/ły/   ruszą

COND.   ruszał/a/bym   ruszył/a/bym
         ruszał/a/byś   ruszył/a/byś
         ruszał/a/o/by   ruszył/a/o/by
         ruszali/ły/byśmy   ruszyli/ły/byśmy
         ruszali/ły/byście   ruszyli/ły/byście
         ruszali/ły/by   ruszyli/ły/by

IMP.   ruszaj   rusz
         niech rusza   niech ruszy
         ruszajmy   ruszmy
         ruszajcie   ruszcie
         niech ruszają   niech ruszą

PARTICIPLES

PRES. ACT.   ruszający,-a,-e;-y,-e

PRES. PASS. ruszany,-a,-e;-i,-e

PAST ACT.

PAST PASS.   ruszony,-a,-e;-eni,-one

ADV. PART.   ruszając   ruszywszy

VB. NOUN   ruszanie   ruszenie

132

rwać/urwać - tear, pluck
rwać się/urwać się - be torn

	IMPERFECTIVE		PERFECTIVE
INF.	rwać		urwać

<table>
<tr><td>PRES.</td><td>rwę
rwiesz
rwie</td><td>rwiemy
rwiecie
rwą</td><td></td></tr>
</table>

	IMPERFECTIVE	PERFECTIVE
PAST	rwałe/a/m rwałe/a/ś rwał/a/o/ rwali/ły/śmy rwali/ły/ście rwali/ły/	urwałe/a/m urwałe/a/ś urwał/a/o/ urwali/ły/śmy urwali/ły/ście urwali/ły/
FUT.	będę rwał/a/ będziesz rwał/a/ będzie rwał/a/o/ będziemy rwali/ły/ będziecie rwali/ły/ będą rwali/ły/	urwę urwiesz urwie urwiemy urwiecie urwą
COND.	rwał/a/bym rwał/a/byś rwał/a/o/by rwali/ły/byśmy rwali/ły/byście rwali/ły/by	urwał/a/bym urwał/a/byś urwał/a/o/by urwali/ły/byśmy urwali/ły/byście urwali/ły/by
IMP.	rwij niech rwie rwijmy rwijcie niech rwą	urwij niech urwie urwijmy urwijcie niech urwą

PARTICIPLES

PRES. ACT.	rwący,-a,-e;-y,-e	
PRES. PASS.	rwany,-a,-e;-i,-e	
PAST ACT.		
PAST PASS.		urwany,-a,-e;-i,-e
ADV. PART.	rwąc	urwawszy
VB. NOUN	rwanie	urwanie

rzucać/rzucić - cast, throw
rzucać się/rzucić się - attack

	IMPERFECTIVE		PERFECTIVE
INF.	rzucać		rzucić
PRES.	rzucam	rzucamy	
	rzucasz	rzucacie	
	rzuca	rzucają	
PAST	rzucałe/a/m		rzuciłe/a/m
	rzucałe/a/ś		rzuciłe/a/ś
	rzucał/a/o/		rzucił/a/o/
	rzucali/ły/śmy		rzucili/ły/śmy
	rzucali/ły/ście		rzucili/ły/ście
	rzucali/ły/		rzucili/ły/
FUT.	będę rzucał/a/		rzucę
	będziesz rzucał/a/		rzucisz
	będzie rzucał/a/o/		rzuci
	będziemy rzucali/ły/		rzucimy
	będziecie rzucali/ły/		rzucicie
	będą rzucali/ły/		rzucą
COND.	rzucał/a/bym		rzucił/a/bym
	rzucał/a/byś		rzucił/a/byś
	rzucał/a/o/by		rzucił/a/o/by
	rzucali/ły/byśmy		rzucili/ły/byśmy
	rzucali/ły/byście		rzucili/ły/byście
	rzucali/ły/by		rzucili/ły/by
IMP.	rzucaj		rzuć
	niech rzuca		niech rzuci
	rzucajmy		rzućmy
	rzucajcie		rzućcie
	niech rzucają		niech rzucą

PARTICIPLES

PRES. ACT.	rzucający,-a,-e;-y,-e	
PRES. PASS.	rzucany,-a,-e;-i,-e	
PAST ACT.		
PAST PASS.		rzucony,-a,-e;-eni,-one
ADV. PART.	rzucając	rzuciwszy
VB. NOUN	rzucanie	rzucenie

134

siadać/usiąść - sit down

	IMPERFECTIVE		PERFECTIVE
INF.	siadać		usiąść

PRES.
siadam	siadamy
siadasz	siadacie
siada	siadają

	IMPERFECTIVE	PERFECTIVE
PAST	siadałe/a/m	usiadłe/a/m
	siadałe/a/ś	usiadłe/a/ś
	siadał/a/o/	usiadł/a/o/
	siadali/ły/śmy	usiedli/adły/śmy
	siadali/ły/ście	usiedli/adły/ście
	siadali/ły/	usiedli/adły/
FUT.	będę siadał/a/	usiądę
	będziesz siadał/a/	usiądziesz
	będzie siadał/a/o/	usiądzie
	będziemy siadali/ły/	usiądziemy
	będziecie siadali/ły/	usiądziecie
	będą siadali/ły/	usiądą
COND.	siadał/a/bym	usiadł/a/bym
	siadał/a/byś	usiadł/a/byś
	siadał/a/o/by	usiadł/a/o/by
	siadali/ły/byśmy	usiedli/adły/byśmy
	siadali/ły/byście	usiedli/adły/byście
	siadali/ły/by	usiedli/adły/by
IMP.	siadaj	usiądź
	niech siada	niech usiądzie
	siadajmy	usiądźmy
	siadajcie	usiądźcie
	niech siadają	niech usiądą

PARTICIPLES

PRES. ACT.	siadający,-a,-e;-y,-e	
PRES. PASS.		
PAST ACT.		
PAST PASS.		
ADV. PART.	siadając	usiadłszy
VB. NOUN	siadanie	

skakać/skoczyć - jump, leap

	IMPERFECTIVE		*PERFECTIVE*
INF.	skakać		skoczyć
PRES.	skaczę	skaczemy	
	skaczesz	skaczecie	
	skacze	skaczą	
PAST	skakałe/a/m		skoczyłe/a/m
	skakałe/a/ś		skoczyłe/a/ś
	skakał/a/o/		skoczył/a/o/
	skakali/ły/śmy		skoczyli/ły/śmy
	skakali/ły/ście		skoczyli/ły/ście
	skakali/ły/		skoczyli/ły/
FUT.	będę skakał/a/		skoczę
	będziesz skakał/a/		skoczysz
	będzie skakał/a/o/		skoczy
	będziemy skakali/ły/		skoczymy
	będziecie skakali/ły/		skoczycie
	będą skakali/ły/		skoczą
COND.	skakał/a/bym		skoczył/a/bym
	skakał/a/byś		skoczył/a/byś
	skakał/a/o/by		skoczył/a/o/by
	skakali/ły/byśmy		skoczyli/ły/byśmy
	skakali/ły/byście		skoczyli/ły/byście
	skakali/ły/by		skoczyli/ły/by
IMP.	skacz		skocz
	niech skacze		niech skoczy
	skaczmy		skoczmy
	skaczcie		skoczcie
	niech skaczą		niech skoczą

PARTICIPLES

PRES. ACT.	skakający,-a,-e;-y,-e	
PRES. PASS.		
PAST ACT.		
PAST PASS.		
ADV. PART.	skakając	skoczywszy
VB. NOUN	skakanie	skoczenie

136

słuchać/usłuchać - listen; obey /P only/
słuchać się/usłuchać się - obey

	IMPERFECTIVE		PERFECTIVE
INF.	słuchać		usłuchać

PRES.
słucham   słuchamy
słuchasz   słuchacie
słucha   słuchają

PAST
słuchałe/a/m	usłuchałe/a/m
słuchałe/a/ś	usłuchałe/a/ś
słuchał/a/o/	usłuchał/a/o/
słuchali/ły/śmy	usłuchali/ły/śmy
słuchali/ły/ście	usłuchali/ły/ście
słuchali/ły/	usłuchali/ły/

FUT.
będę słuchał/a/	usłucham
będziesz słuchał/a/	usłuchasz
będzie słuchał/a/o/	usłucha
będziemy słuchali/ły/	usłuchamy
będziecie słuchali/ły/	usłuchacie
będą słuchali/ły/	usłuchają

COND.
słuchał/a/bym	usłuchał/a/bym
słuchał/a/byś	usłuchał/a/byś
słuchał/a/o/by	usłuchał/a/o/by
słuchali/ły/byśmy	usłuchali/ły/byśmy
słuchali/ły/byście	usłuchali/ły/byście
słuchali/ły/by	usłuchali/ły/by

IMP.
słuchaj	usłuchaj
niech słucha	niech usłucha
słuchajmy	usłuchajmy
słuchajcie	usłuchajcie
niech słuchają	niech usłuchają

PARTICIPLES

PRES. ACT.	słuchający,-a,-e;-y,-e	
PRES. PASS.	słuchany,-a,-e;-i,-e	
PAST ACT.		
PAST PASS.		usłuchany,-a,-e;-i,-e
ADV. PART.	słuchając	usłuchawszy
VB. NOUN	słuchanie	

służyć/posłużyć - serve, be intended for

	IMPERFECTIVE		PERFECTIVE
INF.	służyć		posłużyć
PRES.	służę	służymy	
	służysz	służycie	
	służy	służą	
PAST	służyłe/a/m		posłużyłe/a/m
	służyłe/a/ś		posłużyłe/a/ś
	służył/a/o/		posłużył/a/o/
	służyli/ły/śmy		posłużyli/ły/śmy
	służyli/ły/ście		posłużyli/ły/ście
	służyli/ły/		posłużyli/ły/
FUT.	będę służył/a/		posłużę
	będziesz służył/a/		posłużysz
	będzie służył/a/o/		posłuży
	będziemy służyli/ły/		posłużymy
	będziecie służyli/ły/		posłużycie
	będą służyli/ły/		posłużą
COND.	służył/a/bym		posłużył/a/bym
	służył/a/byś		posłużył/a/byś
	służył/a/o/by		posłużył/a/o/by
	służyli/ły/byśmy		posłużyli/ły/byśmy
	służyli/ły/byście		posłużyli/ły/byście
	służyli/ły/by		posłużyli/ły/by
IMP.	służ		posłuż
	niech służy		niech posłuży
	służmy		posłużmy
	służcie		posłużcie
	niech służą		niech posłużą

PARTICIPLES

PRES. ACT.	służący,-a,-e;-y,-e	
PRES. PASS.		
PAST ACT.		
PAST PASS.		
ADV. PART.	służąc	posłużywszy
VB. NOUN	służenie	posłużenie

138

słyszeć/usłyszeć - catch sound of, hear

	IMPERFECTIVE		PERFECTIVE
INF.	słyszeć		usłyszeć
PRES.	słyszę	słyszymy	
	słyszysz	słyszycie	
	słyszy	słyszą	
PAST	słyszałe/a/m		usłyszałe/a/m
	słyszałe/a/ś		usłyszałe/a/ś
	słyszał/a/o/		usłyszał/a/o/
	słyszeli/ały/śmy		usłyszeli/ały/śmy
	słyszeli/ały/ście		usłyszeli/ały/ście
	słyszeli/ały/		usłyszeli/ały/
FUT.	będę słyszał/a/		usłyszę
	będziesz słyszał/a/		usłyszysz
	będzie słyszał/a/o/		usłyszy
	będziemy słyszeli/ały/		usłyszymy
	będziecie słyszeli/ały/		usłyszycie
	będą słyszeli/ały/		usłyszą
COND.	słyszał/a/bym		usłyszał/a/bym
	słyszał/a/byś		usłyszał/a/byś
	słyszał/a/o/by		usłyszał/a/o/by
	słyszeli/ały/byśmy		usłyszeli/ały/byśmy
	słyszeli/ały/byście		usłyszeli/ały/byście
	słyszeli/ały/by		usłyszeli/ały/by
IMP.			usłysz
	niech słyszy		niech usłyszy
			usłyszmy
			usłyszcie
	niech słyszą		niech usłyszą

PARTICIPLES

PRES. ACT.	słyszący,-a,-e;-y,-e	
PRES. PASS.	słyszany,-a,-e;-i,-e	
PAST ACT.		
PAST PASS.		usłyszany,-a,-e;-i,-e
ADV. PART.	słysząc	usłyszawszy
VB. NOUN	słyszenie	usłyszenie

spać*sypiać/pospać OR przespać - sleep

IMPERFECTIVE

	ACTUAL	FREQUENTATIVE

INF. spać — sypiać

PRES.
śpię   śpimy — sypiam   sypiamy
śpisz   śpicie — sypiasz   sypiacie
śpi   śpią — sypia   sypiają

PAST
spałe/a/m — sypiałe/a/m
spałe/a/ś — sypiałe/a/ś
spał/a/o/ — sypiał/a/o/
spali/ły/śmy — sypiali/ły/śmy
spali/ły/ście — sypiali/ły/ście
spali/ły/ — sypiali/ły/

FUT.
będę spał/a/ — będę sypiał/a/
będziesz spał/a/ — będziesz sypiał/a/
będzie spał/a/o/ — będzie sypiał/a/o/
będziemy spali/ły/ — będziemy sypiali/ły/
będziecie spali/ły/ — będziecie sypiali/ły/
będą spali/ły/ — będą sypiali/ły/

COND.
spał/a/bym — sypiał/a/bym
spał/a/byś — sypiał/a/byś
spał/a/o/by — sypiał/a/o/by
spali/ły/byśmy — sypiali/ły/byśmy
spali/ły/byście — sypiali/ły/byście
spali/ły/by — sypiali/ły/by

IMP.
śpij — sypiaj
niech śpi — niech sypia
śpijmy — sypiajmy
śpijcie — sypiajcie
niech śpią — niech sypiają

PARTICIPLES

PRES. ACT.   śpiący,-a,-e;-y,-e — sypiający,-a,-e;-y,-e

PRES. PASS.

PAST ACT.

PAST PASS.

ADV. PART.   śpiąc — sypiając

VB. NOUN   spanie — sypianie

140

spędzać/spędzić - pass /time/, spend /time/

	IMPERFECTIVE		*PERFECTIVE*
INF.	spędzać		spędzić
PRES.	spędzam	spędzamy	
	spędzasz	spędzacie	
	spędza	spędzają	
PAST	spędzałe/a/m		spędziłe/a/m
	spędzałe/a/ś		spędziłe/a/ś
	spędzał/a/o/		spędził/a/o/
	spędzali/ły/śmy		spędzili/ły/śmy
	spędzali/ły/ście		spędzili/ły/ście
	spędzali/ły/		spędzili/ły/
FUT.	będę spędzał/a/		spędzę
	będziesz spędzał/a/		spędzisz
	będzie spędzał/a/o/		spędzi
	będziemy spędzali/ły/		spędzimy
	będziecie spędzali/ły/		spędzicie
	będą spędzali/ły/		spędzą
COND.	spędzał/a/bym		spędził/a/bym
	spędzał/a/byś		spędził/a/byś
	spędzał/a/o/by		spędził/a/o/by
	spędzali/ły/byśmy		spędzili/ły/byśmy
	spędzali/ły/byście		spędzili/ły/byście
	spędzali/ły/by		spędzili/ły/by
IMP.	spędzaj		spędź
	niech spędza		niech spędzi
	spędzajmy		spędźmy
	spędzajcie		spędźcie
	niech spędzają		niech spędzą

PARTICIPLES

PRES. ACT.	spędzający,-a,-e;-y,-e	
PRES. PASS.	spędzany,-a,-e;- ,-e	
PAST ACT.		
PAST PASS.		spędzony,-a,-e;- ,-one
ADV. PART.	spędzając	spędziwszy
VB. NOUN	spędzanie	spędzenie

141

spostrzegać/spostrzec - notice, perceive

	IMPERFECTIVE		PERFECTIVE
INF.	spostrzegać		spostrzec
PRES.	spostrzegam	spostrzegamy	
	spostrzegasz	spostrzegacie	
	spostrzega	spostrzegają	
PAST	spostrzegałe/a/m		spostrzegłe/a/m
	spostrzegałe/a/ś		spostrzegłe/a/ś
	spostrzegał/a/o/		spostrzegł/a/o/
	spostrzegali/ły/śmy		spostrzegli/ły/śmy
	spostrzegali/ły/ście		spostrzegli/ły/ście
	spostrzegali/ły/		spostrzegli/ły/
FUT.	będę spostrzegał/a/		spostrzegę
	będziesz spostrzegał/a/		spostrzeżesz
	będzie spostrzegał/a/o/		spostrzeże
	będziemy spostrzegali/ły/		spostrzeżemy
	będziecie spostrzegali/ły/		spostrzeżecie
	będą spostrzegali/ły/		spostrzegą
COND.	spostrzegał/a/bym		spostrzegł/a/bym
	spostrzegał/a/byś		spostrzegł/a/byś
	spostrzegał/a/o/by		spostrzegł/a/o/by
	spostrzegali/ły/byśmy		spostrzegli/ły/byśmy
	spostrzegali/ły/byście		spostrzegli/ły/byście
	spostrzegali/ły/by		spostrzegli/ły/by
IMP.	spostrzegaj		spostrzeż
	niech spostrzega		niech spostrzeże
	spostrzegajmy		spostrzeżmy
	spostrzegajcie		spostrzeżcie
	niech spostrzegają		niech spostrzegą

PARTICIPLES

PRES. ACT.	spostrzegający,-a,-e;-y,-e	
PRES. PASS.	spostrzegany,-a,-e;-i,-e	
PAST ACT.		
PAST PASS.		spostrzeżony,-a,-e;-eni,-one
ADV. PART.	spostrzegając	spostrzegłszy
VB. NOUN	spostrzeganie	spostrzeżenie

spotykać/spotkać - encounter, meet
spotykać się/spotkać się - meet

	IMPERFECTIVE	PERFECTIVE
INF.	spotykać	spotkać
PRES.	spotykam spotykamy spotykasz spotykacie spotyka spotykają	
PAST	spotykałe/a/m spotykałe/a/ś spotykał/a/o/ spotykali/ły/śmy spotykali/ły/ście spotykali/ły/	spotkałe/a/m spotkałe/a/ś spotkał/a/o/ spotkali/ły/śmy spotkali/ły/ście spotkali/ły/
FUT.	będę spotykał/a/ będziesz spotykał/a/ będzie spotykał/a/o/ będziemy spotykali/ły/ będziecie spotykali/ły/ będą spotykali/ły/	spotkam spotkasz spotka spotkamy spotkacie spotkają
COND.	spotykał/a/bym spotykał/a/byś spotykał/a/o/by spotykali/ły/byśmy spotykali/ły/byście spotykali/ły/by	spotkał/a/bym spotkał/a/byś spotkał/a/o/by spotkali/ły/byśmy spotkali/ły/byście spotkali/ły/by
IMP.	spotykaj niech spotyka spotykajmy spotykajcie niech spotykają	spotkaj niech spotka spotkajmy spotkajcie niech spotkają

PARTICIPLES

PRES. ACT.	spotykający,-a,-e;-y,-e	
PRES. PASS.	spotykany,-a,-e;-i,-e	
PAST ACT.		
PAST PASS.		spotkany,-a,-e;-i,-e
ADV. PART.	spotykając	spotkawszy
VB. NOUN	spotykanie	spotkanie

143

spóźniać się/spóźnić się - be late

	IMPERFECTIVE		*PERFECTIVE*
INF.	spóźniać się		spóźnić się
PRES.	spóźniam się	spóźniamy się	
	spóźniasz się	spóźniacie się	
	spóźnia się	spóźniają się	
PAST	spóźniałe/a/m się		spóźniłe/a/m się
	spóźniałe/a/ś się		spóźniłe/a/ś się
	spóźniał/a/o/ się		spóźnił/a/o/ się
	spóźniali/ły/śmy się		spóźnili/ły/śmy się
	spóźniali/ły/ście się		spóźnili/ły/ście się
	spóźniali/ły/ się		spóźnili/ły/ się
FUT.	będę się spóźniał/a/		spóźnię się
	będziesz się spóźniał/a/		spóźnisz się
	będzie się spóźniał/a/o/		spóźni się
	będziemy się spóźniali/ły/		spóźnimy się
	będziecie się spóźniali/ły/		spóźnicie się
	będą się spóźniali/ły/		spóźnią się
COND.	spóźniał/a/bym się		spóźnił/a/bym się
	spóźniał/a/byś się		spóźnił/a/byś się
	spóźniał/a/o/by się		spóźnił/a/o/by się
	spóźniali/ły/byśmy się		spóźnili/ły/byśmy się
	spóźniali/ły/byście się		spóźnili/ły/byście się
	spóźniali/ły/by się		spóźnili/ły/by się
IMP.	spóźniaj się		spóźnij się
	niech się spóźnia		niech się spóźni
	spóźniajmy się		spóźnijmy się
	spóźniajcie się		spóźnijcie się
	niech się spóźniają		niech się spóźnią

PARTICIPLES

PRES. ACT.	spóźniający się,-a,-e;-y,-e	
PRES. PASS.		
PAST ACT.		
PAST PASS.		
ADV. PART.	spóźniając się	spóźniwszy się
VB. NOUN	spóźnianie się	spóźnienie się

144

sprawdzać/sprawdzić - check, verify

	IMPERFECTIVE		PERFECTIVE
INF.	sprawdzać		sprawdzić
PRES.	sprawdzam sprawdzasz sprawdza	sprawdzamy sprawdzacie sprawdzają	
PAST	sprawdzałe/a/m sprawdzałe/a/ś sprawdzał/a/o/ sprawdzali/ły/śmy sprawdzali/ły/ście sprawdzali/ły/		sprawdziłe/a/m sprawdziłe/a/ś sprawdził/a/o/ sprawdzili/ły/śmy sprawdzili/ły/ście sprawdzili/ły/
FUT.	będę sprawdzał/a/ będziesz sprawdzał/a/ będzie sprawdzał/a/o/ będziemy sprawdzali/ły/ będziecie sprawdzali/ły/ będą sprawdzali/ły/		sprawdzę sprawdzisz sprawdzi sprawdzimy sprawdzicie sprawdzą
COND.	sprawdzał/a/bym sprawdzał/a/byś sprawdzał/a/o/by sprawdzali/ły/byśmy sprawdzali/ły/byście sprawdzali/ły/by		sprawdził/a/bym sprawdził/a/byś sprawdził/a/o/by sprawdzili/ły/byśmy sprawdzili/ły/byście sprawdzili/ły/by
IMP.	sprawdzaj niech sprawdza sprawdzajmy sprawdzajcie niech sprawdzają		sprawdź niech sprawdzi sprawdźmy sprawdźcie niech sprawdzą

PARTICIPLES

PRES. ACT.	sprawdzający,-a,-e;-y,-e	
PRES. PASS.	sprawdzany,-a,-e;-i,-e	
PAST ACT.		
PAST PASS.		sprawdzony,-a,-e;-eni,-one
ADV. PART.	sprawdzając	sprawdziwszy
VB. NOUN	sprawdzanie	sprawdzenie

145

sprzątać/sprzątnąć - tidy, remove

	IMPERFECTIVE	PERFECTIVE
INF.	sprzątać	sprzątnąć

PRES.
sprzątam   sprzątamy
sprzątasz sprzątacie
sprząta   sprzątają

PAST

IMPERFECTIVE:
sprzątałe/a/m
sprzątałe/a/ś
sprzątał/a/o/
sprzątali/ły/śmy
sprzątali/ły/ście
sprzątali/ły/

PERFECTIVE:
sprzątnąłe/ęła/m
sprzątnąłe/ęła/ś
sprzątnął/ęła/ęło/
sprzątnęli/ły/śmy
sprzątnęli/ły/ście
sprzątnęli/ły/

FUT.

IMPERFECTIVE:
będę sprzątał/a/
będziesz sprzątał/a/
będzie sprzątał/a/o/
będziemy sprzątali/ły/
będziecie sprzątali/ły/
będą sprzątali/ły/

PERFECTIVE:
sprzątnę
sprzątniesz
sprzątnie
sprzątniemy
sprzątniecie
sprzątną

COND.

IMPERFECTIVE:
sprzątał/a/bym
sprzątał/a/byś
sprzątał/a/o/by
sprzątali/ły/byśmy
sprzątali/ły/byście
sprzątali/ły/by

PERFECTIVE:
sprzątnął/ęła/bym
sprzątnął/ęła/byś
sprzątnął/ęła/ęło/by
sprzątnęli/ły/byśmy
sprzątnęli/ły/byście
sprzątnęli/ły/by

IMP.

IMPERFECTIVE:
sprzątaj
niech sprząta
sprzątajmy
sprzątajcie
niech sprzątają

PERFECTIVE:
sprzątnij
niech sprzątnie
sprzątnijmy
sprzątnijcie
niech sprzątną

PARTICIPLES

PRES. ACT.	sprzątający,-a,-e;-y,-e	
PRES. PASS.	sprzątany,-a,-e;-i,-e	
PAST ACT.		
PAST PASS.		sprzątnięty,-a,-e;-ci,-te
ADV. PART.	sprzątając	sprzątnąwszy
VB. NOUN	sprzątanie	sprzątnięcie

146

stać/postać - stand

	IMPERFECTIVE	PERFECTIVE

INF.   stać   postać

PRES.   stoję   stoimy
            stoisz   stoicie
            stoi   stoją

PAST   stałe/a/m   postałe/a/m
            stałe/a/ś   postałe/a/ś
            stał/a/o/   postał/a/o/
            stali/ły/śmy   postali/ły/śmy
            stali/ły/ście   postali/ły/ście
            stali/ły/   postali/ły/

FUT.   będę stał/a/   postoję
           będziesz stał/a/   postoisz
           będzie stał/a/o/   postoi
           będziemy stali/ły/   postoimy
           będziecie stali/ły/   postoicie
           będą stali/ły/   postoją

COND.   stał/a/bym   postał/a/bym
           stał/a/byś   postał/a/byś
           stał/a/o/by   postał/a/o/by
           stali/ły/byśmy   postali/ły/byśmy
           stali/ły/byście   postali/ły/byście
           stali/ły/by   postali/ły/by

IMP.   stój   postój
           niech stoi   niech postoi
           stójmy   postójmy
           stójcie   postójcie
           niech stoją   niech postoją

PARTICIPLES

PRES. ACT.   stojący,-a,-e;-y,-e

PRES. PASS.

PAST ACT.

PAST PASS.

ADV. PART.   stojąc   postawszy

VB. NOUN   stanie

starać się/postarać się - endeavor, see to

	IMPERFECTIVE	PERFECTIVE
INF.	starać się	postarać się

PRES.
staram się   staramy się
starasz się   staracie się
stara się   starają się

PAST
starałe/a/m się   postarałe/a/m się
starałe/a/ś się   postarałe/a/ś się
starał/a/o/ się   postarał/a/o/ się
starali/ły/śmy się   postarali/ły/śmy się
starali/ły/ście się   postarali/ły/ście się
starali/ły/ się   postarali/ły/ się

FUT.
będę się starał/a/   postaram się
będziesz się starał/a/   postarasz się
będzie się starał/a/o/   postara się
będziemy się starali/ły/   postaramy się
będziecie się starali/ły/   postaracie się
będą się starali/ły/   postarają się

COND.
starał/a/bym się   postarał/a/bym się
starał/a/byś się   postarał/a/byś się
starał/a/o/by się   postarał/a/o/by się
starali/ły/byśmy się   postarali/ły/byśmy się
starali/ły/byście się   postarali/ły/byście się
starali/ły/by się   postarali/ły/by się

IMP.
staraj się   postaraj się
niech się stara   niech się postara
starajmy się   postarajmy się
starajcie się   postarajcie się
niech się starają   niech się postarają

PARTICIPLES

PRES. ACT.   starający się,-a,-e;-y,-e

PRES. PASS.

PAST ACT.

PAST PASS.

ADV. PART.   starając się   postarawszy się

VB. NOUN   staranie się   postaranie się

148

stawać/stanąć - stop

stawać się/stać się - become

	IMPERFECTIVE		PERFECTIVE
INF.	stawać		stanąć
PRES.	staję	stajemy	
	stajesz	stajecie	
	staje	stają	
PAST	stawałe/a/m		stanąłe/ęła/m
	stawałe/a/ś		stanąłe/ęła/ś
	stawał/a/o/		stanął/ęła/ęło/
	stawali/ły/śmy		stanęli/ły/śmy
	stawali/ły/ście		stanęli/ły/ście
	stawali/ły/		stanęli/ły/
FUT.	będę stawał/a/		stanę
	będziesz stawał/a/		staniesz
	będzie stawał/a/o/		stanie
	będziemy stawali/ły/		staniemy
	będziecie stawali/ły/		staniecie
	będą stawali/ły/		staną
COND.	stawał/a/bym		stanął/ęła/bym
	stawał/a/byś		stanął/ęła/byś
	stawał/a/o/by		stanął/ęła/ęło/by
	stawali/ły/byśmy		stanęli/ły/byśmy
	stawali/ły/byście		stanęli/ły/byście
	stawali/ły/by		stanęli/ły/by
IMP.	stawaj		stań
	niech staje		niech stanie
	stawajmy		stańmy
	stawajcie		stańcie
	niech stają		niech staną

PARTICIPLES

PRES. ACT. stający,-a,-e;-y,-e

PRES. PASS.

PAST ACT.

PAST PASS.

ADV. PART. stając   stanąwszy

VB. NOUN stawanie   stanięcie

stawiać/postawić - place, set

	IMPERFECTIVE	PERFECTIVE
INF.	stawiać	postawić

PRES.
stawiam   stawiamy
stawiasz   stawiacie
stawia   stawiają

PAST

stawiałe/a/m	postawiłe/a/m
stawiałe/a/ś	postawiłe/a/ś
stawiał/a/o/	postawił/a/o/
stawiali/ły/śmy	postawili/ły/śmy
stawiali/ły/ście	postawili/ły/ście
stawiali/ły/	postawili/ły/

FUT.

będę stawiał/a/	postawię
będziesz stawiał/a/	postawisz
będzie stawiał/a/o/	postawi
będziemy stawiali/ły/	postawimy
będziecie stawiali/ły/	postawicie
będą stawiali/ły/	postawią

COND.

stawiał/a/bym	postawił/a/bym
stawiał/a/byś	postawił/a/byś
stawiał/a/o/by	postawił/a/o/by
stawiali/ły/byśmy	postawili/ły/byśmy
stawiali/ły/byście	postawili/ły/byście
stawiali/ły/by	postawili/ły/by

IMP.

stawiaj	postaw
niech stawia	niech postawi
stawiajmy	postawmy
stawiajcie	postawcie
niech stawiają	niech postawią

PARTICIPLES

PRES. ACT.	stawiający,-a,-e;-y,-e	
PRES. PASS.	stawiany,-a,-e;-i,-e	
PAST ACT.		
PAST PASS.		postawiony,-a,-e;-eni,-one
ADV. PART.	stawiając	postawiwszy
VB. NOUN	stawianie	postawienie

150

szkodzić/zaszkodzić - hurt, cause damage to

	IMPERFECTIVE		PERFECTIVE
INF.	szkodzić		zaszkodzić

PRES.	szkodzę	szkodzimy
	szkodzisz	szkodzicie
	szkodzi	szkodzą

PAST	szkodziłe/a/m	zaszkodziłe/a/m
	szkodziłe/a/ś	zaszkodziłe/a/ś
	szkodził/a/o/	zaszkodził/a/o/
	szkodzili/ły/śmy	zaszkodzili/ły/śmy
	szkodzili/ły/ście	zaszkodzili/ły/ście
	szkodzili/ły/	zaszkodzili/ły/

FUT.	będę szkodził/a/	zaszkodzę
	będziesz szkodził/a/	zaszkodzisz
	będzie szkodził/a/o/	zaszkodzi
	będziemy szkodzili/ły/	zaszkodzimy
	będziecie szkodzili/ły/	zaszkodzicie
	będą szkodzili/ły/	zaszkodzą

COND.	szkodził/a/bym	zaszkodził/a/bym
	szkodził/a/byś	zaszkodził/a/byś
	szkodził/a/o/by	zaszkodził/a/o/by
	szkodzili/ły/byśmy	zaszkodzili/ły/byśmy
	szkodzili/ły/byście	zaszkodzili/ły/byście
	szkodzili/ły/by	zaszkodzili/ły/by

IMP.	szkodź	zaszkodź
	niech szkodzi	niech zaszkodzi
	szkodźmy	zaszkodźmy
	szkodźcie	zaszkodźcie
	niech szkodzą	niech zaszkodzą

PARTICIPLES

PRES. ACT.	szkodzący,-a,-e;-y,-e	
PRES. PASS.		
PAST ACT.		
PAST PASS.		
ADV. PART.	szkodząc	zaszkodziwszy
VB. NOUN	szkodzenie	zaszkodzenie

szukać/poszukać - seek, look for

	IMPERFECTIVE		PERFECTIVE
INF.	szukać		poszukać

PRES.
szukam   szukamy
szukasz   szukacie
szuka   szukają

PAST		
szukałe/a/m		poszukałe/a/m
szukałe/a/ś		poszukałe/a/ś
szukał/a/o/		poszukał/a/o/
szukali/ły/śmy		poszukali/ły/śmy
szukali/ły/ście		poszukali/ły/ście
szukali/ły/		poszukali/ły/

FUT.		
będę szukał/a/		poszukam
będziesz szukał/a/		poszukasz
będzie szukał/a/o/		poszuka
będziemy szukali/ły/		poszukamy
będziecie szukali/ły/		poszukacie
będą szukali/ły/		poszukają

COND.		
szukał/a/bym		poszukał/a/bym
szukał/a/byś		poszukał/a/byś
szukał/a/o/by		poszukał/a/o/by
szukali/ły/byśmy		poszukali/ły/byśmy
szukali/ły/byście		poszukali/ły/byście
szukali/ły/by		poszukali/ły/by

IMP.		
szukaj		poszukaj
niech szuka		niech poszuka
szukajmy		poszukajmy
szukajcie		poszukajcie
niech szukają		niech poszukają

PARTICIPLES

PRES. ACT.   szukający,-a,-e;-y,-e

PRES. PASS. szukany,-a,-e;-i,-e

PAST ACT.

PAST PASS.

ADV. PART.   szukając   poszukawszy

VB. NOUN   szukanie   poszukanie

152

szyć/uszyć - sew

	IMPERFECTIVE		PERFECTIVE
INF.	szyć		uszyć
PRES.	szyję	szyjemy	
	szyjesz	szyjecie	
	szyje	szyją	
PAST	szyłe/a/m		uszyłe/a/m
	szyłe/a/ś		uszyłe/a/ś
	szył/a/o/		uszył/a/o/
	szyli/ły/śmy		uszyli/ły/śmy
	szyli/ły/ście		uszyli/ły/ście
	szyli/ły/		uszyli/ły/
FUT.	będę szył/a/		uszyję
	będziesz szył/a/		uszyjesz
	będzie szył/a/o/		uszyje
	będziemy szyli/ły/		uszyjemy
	będziecie szyli/ły/		uszyjecie
	będą szyli/ły/		uszyją
COND.	szył/a/bym		uszył/a/bym
	szył/a/byś		uszył/a/byś
	szył/a/o/by		uszył/a/o/by
	szyli/ły/byśmy		uszyli/ły/byśmy
	szyli/ły/byście		uszyli/ły/byście
	szyli/ły/by		uszyli/ły/by
IMP.	szyj		uszyj
	niech szyje		niech uszyje
	szyjmy		uszyjmy
	szyjcie		uszyjcie
	niech szyją		niech uszyją

PARTICIPLES

PRES. ACT.	szyjący,-a,-e;-y,-e	
PRES. PASS.	szyty,-a,-e;- ,-e	
PAST ACT.		
PAST PASS.		uszyty,-a,-e;- ,-e
ADV. PART.	szyjąc	uszywszy
VB. NOUN	szycie	uszycie

153

śmiać się/zaśmiać się - laugh

	IMPERFECTIVE		PERFECTIVE
INF.	śmiać się		zaśmiać się
PRES.	śmieję się	śmiejemy się	
	śmiejesz się	śmiejecie się	
	śmieje się	śmieją się	
PAST	śmiałe/a/m się		zaśmiałe/a/m się
	śmiałe/a/ś się		zaśmiałe/a/ś się
	śmiał/a/o/ się		zaśmiał/a/o/ się
	śmieli/ały/śmy się		zaśmieli/ały/śmy się
	śmieli/ały/ście się		zaśmieli/ały/ście się
	śmieli/ały/ się		zaśmieli/ały/ się
FUT.	będę się śmiał/a/		zaśmieję się
	będziesz się śmiał/a/		zaśmiejesz się
	będzie się śmiał/a/o/		zaśmieje się
	będziemy się śmieli/ały/		zaśmiejemy się
	będziecie się śmieli/ały/		zaśmiejecie się
	będą się śmieli/ały/		zaśmieją się
COND.	śmiał/a/bym się		zaśmiał/a/bym się
	śmiał/a/byś się		zaśmiał/a/byś się
	śmiał/a/o/by się		zaśmiał/a/o/by się
	śmieli/ały/byśmy się		zaśmieli/ały/byśmy się
	śmieli/ały/byście się		zaśmieli/ały/byście się
	śmieli/ały/by się		zaśmieli/ały/by się
IMP.	śmiej się		zaśmiej się
	niech się śmieje		niech się zaśmieje
	śmiejmy się		zaśmiejmy się
	śmiejcie się		zaśmiejcie się
	niech się śmieją		niech się zaśmieją

PARTICIPLES

PRES. ACT.	śmiejący się,-a,-e;-y,-e	
PRES. PASS.		
PAST ACT.		
PAST PASS.		
ADV. PART.	śmiejąc się	zaśmiawszy się
VB. NOUN	śmianie się	zaśmianie się

154

śnić - dream
śnić się - dream

	IMPERFECTIVE	PERFECTIVE
INF.	śnić	

PRES. śnię   śnimy
       śnisz   śnicie
       śni   śnią

PAST   śniłe/a/m
       śniłe/a/ś
       śnił/a/o/
       śnili/ły/śmy
       śnili/ły/ście
       śnili/ły/

FUT.   będę śnił/a/
       będziesz śnił/a/
       będzie śnił/a/o/
       będziemy śnili/ły/
       będziecie śnili/ły/
       będą śnili/ły/

COND. śnił/a/bym
       śnił/a/byś
       śnił/a/o/by
       śnili/ły/byśmy
       śnili/ły/byście
       śnili/ły/by

IMP.   śnij
       niech śni
       śnijmy
       śnijcie
       niech śnią

PARTICIPLES

PRES. ACT.   śniący,-a,-e;-y,-e

PRES. PASS.

PAST ACT.

PAST PASS.

ADV. PART.   śniąc

VB. NOUN

155

śpieszyć się/pośpieszyć się - hasten, hurry

	IMPERFECTIVE		PERFECTIVE
INF.	śpieszyć się		pośpieszyć się

PRES. śpieszę się   śpieszymy się
śpieszysz się   śpieszycie się
śpieszy się   śpieszą się

PAST śpieszyłe/a/m się   pośpieszyłe/a/m się
śpieszyłe/a/ś się   pośpieszyłe/a/ś się
śpieszył/a/o/ się   pośpieszył/a/o/ się
śpieszyli/ły/śmy się   pośpieszyli/ły/śmy się
śpieszyli/ły/ście się   pośpieszyli/ły/ście się
śpieszyli/ły/ się   pośpieszyli/ły/ się

FUT. będę się śpieszył/a/   pośpieszę się
będziesz się śpieszył/a/   pośpieszysz się
będzie się śpieszył/a/o/   pośpieszy się
będziemy się śpieszyli/ły/   pośpieszymy się
będziecie się śpieszyli/ły/ pośpieszycie się
będą się śpieszyli/ły/   pośpieszą się

COND. śpieszył/a/bym się   pośpieszył/a/bym się
śpieszył/a/byś się   pośpieszył/a/byś się
śpieszył/a/o/by się   pośpieszył/a/o/by się
śpieszyli/ły/byśmy się   pośpieszyli/ły/byśmy się
śpieszyli/ły/byście się pośpieszyli/ły/byście się
śpieszyli/ły/by się   pośpieszyli/ły/by się

IMP. śpiesz się   pośpiesz się
niech się śpieszy   niech się pośpieszy
śpieszmy się   pośpieszmy się
śpieszcie się   pośpieszcie się
niech się śpieszą   niech się pośpieszą

PARTICIPLES

PRES. ACT. śpieszący się,-a,-e;-y,-e

PRES. PASS.

PAST ACT.

PAST PASS.

ADV. PART. śpiesząc się   pośpieszywszy się

VB. NOUN śpieszenie się   pośpieszenie się

śpiewać/zaśpiewać - sing

	IMPERFECTIVE		PERFECTIVE
INF.	śpiewać		zaśpiewać

PRES.	śpiewam	śpiewamy
	śpiewasz	śpiewacie
	śpiewa	śpiewają

PAST	śpiewałe/a/m	zaśpiewałe/a/m
	śpiewałe/a/ś	zaśpiewałe/a/ś
	śpiewał/a/o/	zaśpiewał/a/o/
	śpiewali/ły/śmy	zaśpiewali/ły/śmy
	śpiewali/ły/ście	zaśpiewali/ły/ście
	śpiewali/ły/	zaśpiewali/ły/

FUT.	będę śpiewał/a/	zaśpiewam
	będziesz śpiewał/a/	zaśpiewasz
	będzie śpiewał/a/o/	zaśpiewa
	będziemy śpiewali/ły/	zaśpiewamy
	będziecie śpiewali/ły/	zaśpiewacie
	będą śpiewali/ły/	zaśpiewają

COND.	śpiewał/a/bym	zaśpiewał/a/bym
	śpiewał/a/byś	zaśpiewał/a/byś
	śpiewał/a/o/by	zaśpiewał/a/o/by
	śpiewali/ły/byśmy	zaśpiewali/ły/byśmy
	śpiewali/ły/byście	zaśpiewali/ły/byście
	śpiewali/ły/by	zaśpiewali/ły/by

IMP.	śpiewaj	zaśpiewaj
	niech śpiewa	niech zaśpiewa
	śpiewajmy	zaśpiewajmy
	śpiewajcie	zaśpiewajcie
	niech śpiewają	niech zaśpiewają

PARTICIPLES

PRES. ACT.	śpiewający,-a,-e;-y,-e
PRES. PASS.	śpiewany,-a,-e;- ,-e
PAST ACT.	
PAST PASS.	zaśpiewany,-a,-e;- ,-e
ADV. PART.	śpiewając	zaśpiewawszy
VB. NOUN	śpiewanie	zaśpiewanie

tańczyć/zatańczyć – dance

	IMPERFECTIVE	PERFECTIVE
INF.	tańczyć	zatańczyć

PRES.   tańczę   tańczymy
        tańczysz   tańczycie
        tańczy   tańczą

PAST   tańczyłe/a/m   zatańczyłe/a/m
        tańczyłe/a/ś   zatańczyłe/a/ś
        tańczył/a/o/   zatańczył/a/o/
        tańczyli/ły/śmy   zatańczyli/ły/śmy
        tańczyli/ły/ście   zatańczyli/ły/ście
        tańczyli/ły/   zatańczyli/ły/

FUT.   będę tańczył/a/   zatańczę
        będziesz tańczył/a/   zatańczysz
        będzie tańczył/a/o/   zatańczy
        będziemy tańczyli/ły/   zatańczymy
        będziecie tańczyli/ły/   zatańczycie
        będą tańczyli/ły/   zatańczą

COND.   tańczył/a/bym   zatańczył/a/bym
        tańczył/a/byś   zatańczył/a/byś
        tańczył/a/o/by   zatańczył/a/o/by
        tańczyli/ły/byśmy   zatańczyli/ły/byśmy
        tańczyli/ły/byście   zatańczyli/ły/byście
        tańczyli/ły/by   zatańczyli/ły/by

IMP.   tańcz   zatańcz
        niech tańczy   niech zatańczy
        tańczmy   zatańczmy
        tańczcie   zatańczcie
        niech tańczą   niech zatańczą

PARTICIPLES

PRES. ACT.   tańczący,-a,-e;-y,-e

PRES. PASS. tańczony,-a,-e;- ,-e

PAST ACT.

PAST PASS.   zatańczony,-a,-e;-eni,-one

ADV. PART.   tańcząc   zatańczywszy

VB. NOUN   tańczenie   zatańczenie

158

tłumaczyć/przetłumaczyć - interpret, translate
tłumaczyć się/wytłumaczyć się - explain oneself

	IMPERFECTIVE		PERFECTIVE
INF.	tłumaczyć		przetłumaczyć
PRES.	tłumaczę	tłumaczymy	
	tłumaczysz	tłumaczycie	
	tłumaczy	tłumaczą	
PAST	tłumaczyłe/a/m		przetłumaczyłe/a/m
	tłumaczyłe/a/ś		przetłumaczyłe/a/ś
	tłumaczył/a/o/		przetłumaczył/a/o/
	tłumaczyli/łły/śmy		przetłumaczyli/łły/śmy
	tłumaczyli/łły/ście		przetłumaczyli/łły/ście
	tłumaczyli/łły/		przetłumaczyli/łły/
FUT.	będę tłumaczył/a/		przetłumaczę
	będziesz tłumaczył/a/		przetłumaczysz
	będzie tłumaczył/a/o/		przetłumaczy
	będziemy tłumaczyli/łły/		przetłumaczymy
	będziecie tłumaczyli/łły/		przetłumaczycie
	będą tłumaczyli/łły/		przetłumaczą
COND.	tłumaczył/a/bym		przetłumaczył/a/bym
	tłumaczył/a/byś		przetłumaczył/a/byś
	tłumaczył/a/o/by		przetłumaczył/a/o/by
	tłumaczyli/łły/byśmy		przetłumaczyli/łły/byśmy
	tłumaczyli/łły/byście		przetłumaczyli/łły/byście
	tłumaczyli/łły/by		przetłumaczyli/łły/by
IMP.	tłumacz		przetłumacz
	niech tłumaczy		niech przetłumaczy
	tłumaczmy		przetłumaczmy
	tłumaczcie		przetłumaczcie
	niech tłumaczą		niech przetłumaczą

PARTICIPLES

PRES. ACT.	tłumaczący,-a,-e;-y,-e	
PRES. PASS.	tłumaczony,-a,-e;-eni,-one	
PAST ACT.		
PAST PASS.		przetłumaczony,-a,-e;-eni,-one
ADV. PART.	tłumacząc	przetłumaczywszy
VB. NOUN	tłumaczenie	przetłumaczenie

159

trwać/potrwać - continue, last

	IMPERFECTIVE		PERFECTIVE
INF.	trwać		potrwać
PRES.	trwam	trwamy	
	trwasz	trwacie	
	trwa	trwają	
PAST	trwałe/a/m		potrwałe/a/m
	trwałe/a/ś		potrwałe/a/ś
	trwał/a/o/		potrwał/a/o/
	trwali/ły/śmy		potrwali/ły/śmy
	trwali/ły/ście		potrwali/ły/ście
	trwali/ły/		potrwali/ły/
FUT.	będę trwał/a/		potrwam
	będziesz trwał/a/		potrwasz
	będzie trwał/a/o/		potrwa
	będziemy trwali/ły/		potrwamy
	będziecie trwali/ły/		potrwacie
	będą trwali/ły/		potrwają
COND.	trwał/a/bym		potrwał/a/bym
	trwał/a/byś		potrwał/a/byś
	trwał/a/o/by		potrwał/a/o/by
	trwali/ły/byśmy		potrwali/ły/byśmy
	trwali/ły/byście		potrwali/ły/byście
	trwali/ły/by		potrwali/ły/by
IMP.	trwaj		potrwaj
	niech trwa		niech potrwa
	trwajmy		potrwajmy
	trwajcie		potrwajcie
	niech trwają		niech potrwają

PARTICIPLES

PRES. ACT.	trwający,-a,-e;-y,-e	
PRES. PASS.		
PAST ACT.		
PAST PASS.		
ADV. PART.	trwając	potrwawszy
VB. NOUN	trwanie	potrwanie

160

trzymać/potrzymać - hold, keep
trzymać się/potrzymać się - abide by, hold by

	IMPERFECTIVE		PERFECTIVE
INF.	trzymać		potrzymać
PRES.	trzymam	trzymamy	
	trzymasz	trzymacie	
	trzyma	trzymają	
PAST	trzymałe/a/m		potrzymałe/a/m
	trzymałe/a/ś		potrzymałe/a/ś
	trzymał/a/o/		potrzymał/a/o/
	trzymali/ły/śmy		potrzymali/ły/śmy
	trzymali/ły/ście		potrzymali/ły/ście
	trzymali/ły/		potrzymali/ły/
FUT.	będę trzymał/a/		potrzymam
	będziesz trzymał/a/		potrzymasz
	będzie trzymał/a/o/		potrzyma
	będziemy trzymali/ły/		potrzymamy
	będziecie trzymali/ły/		potrzymacie
	będą trzymali/ły/		potrzymają
COND.	trzymał/a/bym		potrzymał/a/bym
	trzymał/a/byś		potrzymał/a/byś
	trzymał/a/o/by		potrzymał/a/o/by
	trzymali/ły/byśmy		potrzymali/ły/byśmy
	trzymali/ły/byście		potrzymali/ły/byście
	trzymali/ły/by		potrzymali/ły/by
IMP.	trzymaj		potrzymaj
	niech trzyma		niech potrzyma
	trzymajmy		potrzymajmy
	trzymajcie		potrzymajcie
	niech trzymają		niech potrzymają

PARTICIPLES

PRES. ACT.	trzymający,-a,-e;-y,-e	
PRES. PASS.	trzymany,-a,-e;-i,-e	
PAST ACT.		
PAST PASS.		potrzymany,-a,-e;-i,-e
ADV. PART.	trzymając	potrzymawszy
VB. NOUN	trzymanie	potrzymanie

uciekać/uciec - flee, run away
uciekać się/uciec się - escape

	IMPERFECTIVE		PERFECTIVE
INF.	uciekać		uciec

PRES.
uciekam   uciekamy
uciekasz   uciekacie
ucieka   uciekają

PAST
uciekałe/a/m
uciekałe/a/ś
uciekał/a/o/
uciekali/ły/śmy
uciekali/ły/ście
uciekali/ły/

uciekłe/a/m
uciekłe/a/ś
uciekł/a/o/
uciekli/ły/śmy
uciekli/ły/ście
uciekli/ły/

FUT.
będę uciekał/a/
będziesz uciekał/a/
będzie uciekał/a/o/
będziemy uciekali/ły/
będziecie uciekali/ły/
będą uciekali/ły/

ucieknę
uciekniesz
ucieknie
uciekniemy
uciekniecie
uciekną

COND.
uciekał/a/bym
uciekał/a/byś
uciekał/a/o/by
uciekali/ły/byśmy
uciekali/ły/byście
uciekali/ły/by

uciekł/a/bym
uciekł/a/byś
uciekł/a/o/by
uciekli/ły/byśmy
uciekli/ły/byście
uciekli/ły/by

IMP.
uciekaj
niech ucieka
uciekajmy
uciekajcie
niech uciekają

ucieknij
niech ucieknie
ucieknijmy
ucieknijcie
niech ucieknią

PARTICIPLES

PRES. ACT.   uciekający,-a,-e;-y,-e

PRES. PASS.

PAST ACT.

PAST PASS.

ADV. PART.   uciekając   uciekłszy

VB. NOUN   uciekanie

162

uczyć/nauczyć - instruct, teach
uczyć się/nauczyć się - learn

	IMPERFECTIVE		PERFECTIVE
INF.	uczyć		nauczyć
PRES.	uczę	uczymy	
	uczysz	uczycie	
	uczy	uczą	
PAST	uczyłe/a/m		nauczyłe/a/m
	uczyłe/a/ś		nauczyłe/a/ś
	uczył/a/o/		nauczył/a/o/
	uczyli/ły/śmy		nauczyli/ły/śmy
	uczyli/ły/ście		nauczyli/ły/ście
	uczyli/ły/		nauczyli/ły/
FUT.	będę uczył/a/		nauczę
	będziesz uczył/a/		nauczysz
	będzie uczył/a/o/		nauczy
	będziemy uczyli/ły/		nauczymy
	będziecie uczyli/ły/		nauczycie
	będą uczyli/ły/		nauczą
COND.	uczył/a/bym		nauczył/a/bym
	uczył/a/byś		nauczył/a/byś
	uczył/a/o/by		nauczył/a/o/by
	uczyli/ły/byśmy		nauczyli/ły/byśmy
	uczyli/ły/byście		nauczyli/ły/byście
	uczyli/ły/by		nauczyli/ły/by
IMP.	ucz		naucz
	niech uczy		niech nauczy
	uczmy		nauczmy
	uczcie		nauczcie
	niech uczą		niech nauczą

PARTICIPLES

PRES. ACT. uczący,-a,-e;-y,-e

PRES. PASS.

PAST ACT.

PAST PASS.   nauczony,-a,-e;-eni,-one

ADV. PART. ucząc   nauczywszy

VB. NOUN uczenie   nauczenie

163

umieć/potrafić - know how, manage

	IMPERFECTIVE		PERFECTIVE
INF.	umieć		potrafić*
PRES.	umiem	umiemy	
	umiesz	umiecie	
	umie	umieją	
PAST	umiałe/a/m		potrafiłe/a/m
	umiałe/e/ś		potrafiłe/a/ś
	umiał/a/o/		potrafił/a/o/
	umieli/ały/śmy		potrafili/ły/śmy
	umieli/ały/ście		potrafili/ły/ście
	umieli/ały/		potrafili/ły/
FUT.	będę umiał/a/		potrafię**
	będziesz umiał/a/		potrafisz
	będzie umiał/a/o/		potrafi
	będziemy umieli/ały/		potrafimy
	będziecie umieli/ały/		potraficie
	będą umieli/ały/		potrafią
COND.	umiał/a/bym		potrafił/a/bym
	umiał/a/byś		potrafił/a/byś
	umiał/a/o/by		potrafił/a/o/by
	umieli/ały/byśmy		potrafili/ły/byśmy
	umieli/ały/byście		potrafili/ły/byście
	umieli/ały/by		potrafili/ły/by
IMP.	umiej		potraf
	niech umie		niech potrafi
	umiejmy		potrafmy
	umiejcie		potrafcie
	niech umieją		niech potrafią

PARTICIPLES

PRES. ACT.	umiejący,-a,-e;-y,-e	
PRES. PASS.	umiany,-a,-e;- ,-e	
PAST ACT.		
PAST PASS.		
ADV. PART.	umiejąc	potrafiwszy***
VB. NOUN		

164

*Exists also in the imperfective aspect
**Also as the present tense in the imperfective aspect
***Also as potrafiąc in the imperfective aspect

umierać/umrzeć - die

	IMPERFECTIVE	PERFECTIVE
INF.	umierać	umrzeć

PRES. umieram   umieramy
umierasz umieracie
umiera   umierają

PAST umierałe/a/m   umarłe/a/m
umierałe/a/ś   umarłe/a/ś
umierał/a/o/   umarł/a/o/
umierali/ły/śmy   umarli/ły/śmy
umierali/ły/ście   umarli/ły/ście
umierali/ły/   umarli/ły/

FUT. będę umierał/a/   umrę
będziesz umierał/a/   umrzesz
będzie umierał/a/o/   umrze
będziemy umierali/ły/ umrzemy
będziecie umierali/ły/ umrzecie
będą umierali/ły/   umrą

COND. umierał/a/bym   umarł/a/bym
umierał/a/byś   umarł/a/byś
umierał/a/o/by   umarł/a/o/by
umierali/ły/byśmy   umarli/ły/byśmy
umierali/ły/byście umarli/ły/byście
umierali/ły/by   umarli/ły/by

IMP. umieraj   umrzyj
niech umiera   niech umrze
umierajmy   umrzyjmy
umierajcie   umrzyjcie
niech umierają   niech umrą

PARTICIPLES

PRES. ACT. umierający,-a,-e;-y,-e

PRES. PASS.

PAST ACT.

PAST PASS.

ADV. PART. umierając   umarłszy

VB. NOUN umieranie

urządzać/urządzić - arrange, furnish
urządzać się/urządzić się - establish oneself

	IMPERFECTIVE	PERFECTIVE
INF.	urządzać	urządzić

PRES.   urządzam   urządzamy
        urządzasz   urządzacie
        urządza   urządzają

PAST   urządzałe/a/m   urządziłe/a/m
        urządzałe/a/ś   urządziłe/a/ś
        urządzał/a/o/   urządził/a/o/
        urządzali/ły/śmy   urządzili/ły/śmy
        urządzali/ły/ście   urządzili/ły/ście
        urządzali/ły/   urządzili/ły/

FUT.   będę urządzał/a/   urządzę
        będziesz urządzał/a/   urządzisz
        będzie urządzał/a/o/   urządzi
        będziemy urządzali/ły/   urządzimy
        będziecie urządzali/ły/   urządzicie
        będą urządzali/ły/   urządzą

COND.   urządzał/a/bym   urządził/a/bym
        urządzał/a/byś   urządził/a/byś
        urządzał/a/o/by   urządził/a/o/by
        urządzali/ły/byśmy   urządzili/ły/byśmy
        urządzali/ły/byście   urządzili/ły/byście
        urządzali/ły/by   urządzili/ły/by

IMP.   urządzaj   urządź
        niech urządza   niech urządzi
        urządzajmy   urządźmy
        urządzajcie   urządźcie
        niech urządzają   niech urządzą

PARTICIPLES

PRES. ACT.   urządzający,-a,-e;-y,-e

PRES. PASS.   urządzany,-a,-e;-i,-e

PAST ACT.

PAST PASS.   urządzony,-a,-e;-eni,-one

ADV. PART.   urządzając   urządziwszy

VB. NOUN   urządzanie   urządzenie

166

ustępować/ustąpić - cede, yield

	IMPERFECTIVE		PERFECTIVE
INF.	ustępować		ustąpić

PRES.
ustępuję ustępujemy
ustępujesz ustępujecie
ustępuje ustępują

	IMPERFECTIVE	PERFECTIVE
PAST	ustępowałe/a/m	ustąpiłe/a/m
	ustępowałe/a/ś	ustąpiłe/a/ś
	ustępował/a/o/	ustąpił/a/o/
	ustępowali/ły/śmy	ustąpili/ły/śmy
	ustępowali/ły/ście	ustąpili/ły/ście
	ustępowali/ły/	ustąpili/ły/
FUT.	będę ustępował/a/	ustąpię
	będziesz ustępował/a/	ustąpisz
	będzie ustępował/a/o/	ustąpi
	będziemy ustępowali/ły/	ustąpimy
	będziecie ustępowali/ły/	ustąpicie
	będą ustępowali/ły/	ustąpią
COND.	ustępował/a/bym	ustąpił/a/bym
	ustępował/a/byś	ustąpił/a/byś
	ustępował/a/o/by	ustąpił/a/o/by
	ustępowali/ły/byśmy	ustąpili/ły/byśmy
	ustępowali/ły/byście	ustąpili/ły/byście
	ustępowali/ły/by	ustąpili/ły/by
IMP.	ustępuj	ustąp
	niech ustępuje	niech ustąpi
	ustępujmy	ustąpmy
	ustępujcie	ustąpcie
	niech ustępują	niech ustąpią

PARTICIPLES

PRES. ACT.	ustępujący,-a,-e;-y,-e	
PRES. PASS.	ustępowany,-a,-e;- ,-e	
PAST ACT.		
PAST PASS.		ustąpiony,-a,-e;- ,-e
ADV. PART.	ustępując	ustąpiwszy
VB. NOUN	ustępowanie	ustąpienie

167

uspokajać/uspokoić - calm, appease
uspokajać się/uspokoić się - quiet down

	IMPERFECTIVE	PERFECTIVE
INF.	uspokajać	uspokoić

PRES.
uspokajam   uspokajamy
uspokajasz   uspokajacie
uspokaja   uspokajają

PAST
uspokajałe/a/m
uspokajałe/a/ś
uspokajał/a/o/
uspokajali/ły/śmy
uspokajali/ły/ście
uspokajali/ły/

uspokoiłe/a/m
uspokoiłe/a/ś
uspokoił/a/o/
uspokoili/ły/śmy
uspokoili/ły/ście
uspokoili/ły/

FUT.
będę uspokajał/a/
będziesz uspokajał/a/
będzie uspokajał/a/o/
będziemy uspokajali/ły/
będziecie uspokajali/ły/
będą uspokajali/ły/

uspokoję
uspokoisz
uspokoi
uspokoimy
uspokoicie
uspokoją

COND.
uspokajał/a/bym
uspokajał/a/byś
uspokajał/a/o/by
uspokajali/ły/byśmy
uspokajali/ły/byście
uspokajali/ły/by

uspokoił/a/bym
uspokoił/a/byś
uspokoił/a/o/by
uspokoili/ły/byśmy
uspokoili/ły/byście
uspokoili/ły/by

IMP.
uspokajaj
niech uspokaja
uspokajajmy
uspokajajcie
niech uspokajają

uspokój
niech uspokoi
uspokójmy
uspokójcie
niech uspokoją

PARTICIPLES

PRES. ACT.   uspokajający,-a,-e;-y,-e

PRES. PASS.   uspokajany,-a,-e;-i,-e

PAST ACT.

PAST PASS.   uspokojony,-a,-e;-eni,-one

ADV. PART.   uspokajając   uspokoiwszy

VB. NOUN   uspokajanie   uspokojenie

widzieć/zobaczyć - see, catch sight of
widzieć się/zobaczyć się - see one another

	IMPERFECTIVE	PERFECTIVE
INF.	widzieć	zobaczyć

PRES.

widzę   widzimy
widzisz widzicie
widzi   widzą

PAST

widziałe/a/m	zobaczyłe/a/m
widziałe/a/ś	zobaczyłe/a/ś
widział/a/o/	zobaczył/a/o/
widzieli/ały/śmy	zobaczyli/ły/śmy
widzieli/ały/ście	zobaczyli/ły/ście
widzieli/ały/	zobaczyli/ły/

FUT.

będę widział/a/	zobaczę
będziesz widział/a/	zobaczysz
będzie widział/a/o/	zobaczy
będziemy widzieli/ały/	zobaczymy
będziecie widzieli/ały/	zobaczycie
będą widzieli/ały/	zobaczą

COND.

widział/a/bym	zobaczył/a/bym
widział/a/byś	zobaczył/a/byś
widział/a/o/by	zobaczył/a/o/by
widzieli/ały/byśmy	zobaczyli/ły/byśmy
widzieli/ały/byście	zobaczyli/ły/byście
widzieli/ały/by	zobaczyli/ły/by

IMP.

	zobacz
niech widzi	niech zobaczy
	zobaczmy
	zobaczcie
niech widzą	niech zobaczą

PARTICIPLES

PRES. ACT.	widzący,-a,-e;-y,-e	
PRES. PASS.	widziany,-a,-e;-i,-e	
PAST ACT.		
PAST PASS.		zobaczony,-a,-e;-eni,-one
ADV. PART.	widząc	zobaczywszy
VB. NOUN		zobaczenie

wierzyć/uwierzyć - believe, trust

	IMPERFECTIVE		PERFECTIVE
INF.	wierzyć		uwierzyć
PRES.	wierzę	wierzymy	
	wierzysz	wierzycie	
	wierzy	wierzą	
PAST	wierzyłe/a/m		uwierzyłe/a/m
	wierzyłe/a/ś		uwierzyłe/a/ś
	wierzył/a/o/		uwierzył/a/o/
	wierzyli/ły/śmy		uwierzyli/ły/śmy
	wierzyli/ły/ście		uwierzyli/ły/ście
	wierzyli/ły/		uwierzyli/ły/
FUT.	będę wierzył/a/		uwierzę
	będziesz wierzył/a/		uwierzysz
	będzie wierzył/a/o/		uwierzy
	będziemy wierzyli/ły/		uwierzymy
	będziecie wierzyli/ły/		uwierzycie
	będą wierzyli/ły/		uwierzą
COND.	wierzył/a/bym		uwierzył/a/bym
	wierzył/a/byś		uwierzył/a/byś
	wierzył/a/o/by		uwierzył/a/o/by
	wierzyli/ły/byśmy		uwierzyli/ły/byśmy
	wierzyli/ły/byście		uwierzyli/ły/byście
	wierzyli/ły/by		uwierzyli/ły/by
IMP.	wierz		uwierz
	niech wierzy		niech uwierzy
	wierzmy		uwierzmy
	wierzcie		uwierzcie
	niech wierzą		niech uwierzą

PARTICIPLES

PRES. ACT.	wierzący,-a,-e;-y,-e	
PRES. PASS.		
PAST ACT.		
PAST PASS.		uwierzony,-a,-e;-eni,-one
ADV. PART.	wierząc	uwierzywszy
VB. NOUN	wierzenie	uwierzenie

170

wieszać/powiesić - hang

	IMPERFECTIVE	PERFECTIVE
INF.	wieszać	powiesić

PRES. wieszam   wieszamy
         wieszasz   wieszacie
         wiesza   wieszają

PAST   wieszałe/a/m   powiesiłe/a/m
         wieszałe/a/ś   powiesiłe/a/ś
         wieszał/a/o/   powiesił/a/o/
         wieszali/ły/śmy   powiesili/ły/śmy
         wieszali/ły/ście   powiesili/ły/ście
         wieszali/ły/   powiesili/ły/

FUT.   będę wieszał/a/   powieszę
         będziesz wieszał/a/   powiesisz
         będzie wieszał/a/o/   powiesi
         będziemy wieszali/ły/   powiesimy
         będziecie wieszali/ły/   powiesicie
         będą wieszali/ły/   powieszą

COND. wieszał/a/bym   powiesił/a/bym
         wieszał/a/byś   powiesił/a/byś
         wieszał/a/o/by   powiesił/a/o/by
         wieszali/ły/byśmy   powiesili/ły/byśmy
         wieszali/ły/byście   powiesili/ły/byście
         wieszali/ły/by   powiesili/ły/by

IMP.   wieszaj   powieś
         niech wiesza   niech powiesi
         wieszajmy   powieśmy
         wieszajcie   powieście
         niech wieszają   niech powieszą

PARTICIPLES

PRES. ACT.   wieszający,-a,-e;-y,-e

PRES. PASS. wieszany,-a,-e;-i,-e

PAST ACT.

PAST PASS.   powieszony,-a,-e;-eni,-one

ADV. PART.   wieszając   powiesiwszy

VB. NOUN   wieszanie   powieszenie

171

witać/przywitać - greet, welcome
witać się/przywitać się - be greeted

	IMPERFECTIVE		PERFECTIVE
INF.	witać		przywitać
PRES.	witam	witamy	
	witasz	witacie	
	wita	witają	
PAST	witałe/a/m		przywitałe/a/m
	witałe/a/ś		przywitałe/a/ś
	witał/a/o/		przywitał/a/o/
	witali/ły/śmy		przywitali/ły/śmy
	witali/ły/ście		przywitali/ły/ście
	witali/ły/		przywitali/ły/
FUT.	będę witał/a/		przywitam
	będziesz witał/a/		przywitasz
	będzie witał/a/o/		przywita
	będziemy witali/ły/		przywitamy
	będziecie witali/ły/		przywitacie
	będą witali/ły/		przywitają
COND.	witał/a/bym		przywitał/a/bym
	witał/a/byś		przywitał/a/byś
	witał/a/o/by		przywitał/a/o/by
	witali/ły/byśmy		przywitali/ły/byśmy
	witali/ły/byście		przywitali/ły/byście
	witali/ły/by		przywitali/ły/by
IMP.	witaj		przywitaj
	niech wita		niech przywita
	witajmy		przywitajmy
	witajcie		przywitajcie
	niech witają		niech przywitają

PARTICIPLES

PRES. ACT.	witający,-a,-e;-y,-e	
PRES. PASS.	witany,-a,-e;-i,-e	
PAST ACT.		
PAST PASS.		przywitany,-a,-e;-i,-e
ADV. PART.	witając	przywitawszy
VB. NOUN	witanie	przywitanie

172

włączać/włączyć - switch on, include
włączać się/włączyć się - tune in

	IMPERFECTIVE		PERFECTIVE
INF.	włączać		włączyć

PRES. włączam   włączamy
włączasz   włączacie
włącza   włączają

PAST włączałe/a/m   włączyłe/a/m
włączałe/a/ś   włączyłe/a/ś
włączał/a/o/   włączył/a/o/
włączali/ły/śmy   włączyli/ły/śmy
włączali/ły/ście   włączyli/ły/ście
włączali/ły/   włączyli/ły/

FUT. będę włączał/a/   włączę
będziesz włączał/a/   włączysz
będzie włączał/a/o/   włączy
będziemy włączali/ły/ włączymy
będziecie włączali/ły/ włączycie
będą włączali/ły/   włączą

COND. włączał/a/bym   włączył/a/bym
włączał/a/byś   włączył/a/byś
włączał/a/o/by   włączył/a/o/by
włączali/ły/byśmy   włączyli/ły/byśmy
włączali/ły/byście   włączyli/ły/byście
włączali/ły/by   włączyli/ły/by

IMP. włączaj   włącz
niech włącza   niech włączy
włączajmy   włączmy
włączajcie   włączcie
niech włączają   niech włączą

PARTICIPLES

PRES. ACT.   włączający,-a,-e;-y,-e

PRES. PASS.   włączany,-a,-e;-i,-e

PAST ACT.

PAST PASS.   włączony,-a,-e;-eni,-one

ADV. PART.   włączając   włączywszy

VB. NOUN   włączanie   włączenie

173

wodzić wieść/powieść - lead, conduct
wodzić się wieść się/powieść się - be led

IMPERFECTIVE

	INDETERMINATE		DETERMINATE	
INF.	wodzić		wieść	
PRES.	wodzę	wodzimy	wiodę	wiedziemy
	wodzisz	wodzicie	wiedziesz	wiedziecie
	wodzi	wodzą	wiedzie	wiodą
PAST	wodziłe/a/m		wiodłe/a/m	
	wodziłe/a/ś		wiodłe/a/ś	
	wodził/a/o/		wiódł/odła/odło/	
	wodzili/ły/śmy		wiedli/odły/śmy	
	wodzili/ły/ście		wiedli/odły/ście	
	wodzili/ły/		wiedli/odły/	
FUT.	będę wodził/a/		będę wiódł/odła/	
	będziesz wodził/a/		będziesz wiódł/odła/	
	będzie wodził/a/o/		będzie wiódł/odła/odło/	
	będziemy wodzili/ły/		będziemy wiedli/odły/	
	będziecie wodzili/ły/		będziecie wiedli/odły/	
	będą wodzili/ły/		będą wiedli/odły/	
COND.	wodził/a/bym		wiódł/odła/bym	
	wodził/a/byś		wiódł/odła/byś	
	wodził/a/o/by		wiódł/odła/odło/by	
	wodzili/ły/byśmy		wiedli/odły/byśmy	
	wodzili/ły/byście		wiedli/odły/byście	
	wodzili/ły/by		wiedli/odły/by	
IMP.	wódź		wiedź	
	niech wodzi		niech wiedzie	
	wódźmy		wiedźmy	
	wódźcie		wiedźcie	
	niech wodzą		niech wiodą	

PARTICIPLES

PRES. ACT.	wodzący,-a,-e;-y,-e	wiodący,-a,-e;-y,-e
PRES. PASS.	wodzony,-a,-e;-eni,-one	wiedziony,-a,-e;-dzeni,-dzione
PAST ACT.		
PAST PASS.		
ADV. PART.	wodząc	wiodąc
VB. NOUN	wodzenie	

174

woleć - like better, prefer

	IMPERFECTIVE	PERFECTIVE

INF. woleć

PRES. wolę   wolimy
       wolisz   wolicie
       woli   wolą

PAST wolałe/a/m
       wolałe/a/ś
       wolał/a/o/
       woleli/ały/śmy
       woleli/ały/ście
       woleli/ały/

FUT. będę wolał/a/
      będziesz wolał/a/
      będzie wolał/a/o/
      będziemy woleli/ały/
      będziecie woleli/ały/
      będą woleli/ały/

COND. wolał/a/bym
       wolał/a/byś
       wolał/a/o/by
       woleli/ały/byśmy
       woleli/ały/byście
       woleli/ały/by

IMP.

PARTICIPLES

PRES. ACT.   wolący,-a,-e;-y,-e

PRES. PASS.

PAST ACT.

PAST PASS.

ADV. PART.   woląc

VB. NOUN

175

wołać/zawołać – call, cry for

	IMPERFECTIVE		PERFECTIVE
INF.	wołać		zawołać
PRES.	wołam	wołamy	
	wołasz	wołacie	
	woła	wołają	
PAST	wołałe/a/m		zawołałe/a/m
	wołałe/a/ś		zawołałe/a/ś
	wołał/a/o/		zawołał/a/o/
	wołali/ły/śmy		zawołali/ły/śmy
	wołali/ły/ście		zawołali/ły/ście
	wołali/ły/		zawołali/ły/
FUT.	będę wołał/a/		zawołam
	będziesz wołał/a/		zawołasz
	będzie wołał/a/o/		zawoła
	będziemy wołali/ły/		zawołamy
	będziecie wołali/ły/		zawołacie
	będą wołali/ły/		zawołają
COND.	wołał/a/bym		zawołał/a/bym
	wołał/a/byś		zawołał/a/byś
	wołał/a/o/by		zawołał/a/o/by
	wołali/ły/byśmy		zawołali/ły/byśmy
	wołali/ły/byście		zawołali/ły/byście
	wołali/ły/by		zawołali/ły/by
IMP.	wołaj		zawołaj
	niech woła		niech zawoła
	wołajmy		zawołajmy
	wołajcie		zawołajcie
	niech wołają		niech zawołają

PARTICIPLES

PRES. ACT.	wołający,-a,-e;-y,-e	
PRES. PASS.	wołany,-a,-e;-i,-e	
PAST ACT.		
PAST PASS.		zawołany,-a,-e;-i,-e
ADV. PART.	wołając	zawoławszy
VB. NOUN	wołanie	zawołanie

176

woźić*wieźć/powieźć - carry /by vehicle/, transport

IMPERFECTIVE

	INDETERMINATE		DETERMINATE	
INF.	woźić		wieźć	
PRES.	woźę	woźimy	wiozę	wieziemy
	woźisz	woźicie	wieziesz	wieziecie
	woźi	woźą	wiezie	wiozą
PAST	woźiłe/a/m		wiozłe/a/m	
	woźiłe/a/ś		wiozłe/a/ś	
	woźił/a/o/		wiózł/ozła/ozło/	
	woźili/łny/śmy		wieźli/ozły/śmy	
	woźili/łny/ście		wieźli/ozły/ście	
	woźili/łny/		wieźli/ozły/	
FUT.	będę woźił/a/		będę wiózł/ozła/	
	będziesz woźił/a/		będziesz wiózł/ozła/	
	będzie woźił/a/o/		będzie wiózł/ozła/ozło/	
	będziemy woźili/łny/		będziemy wieźli/ozły/	
	będziecie woźili/łny/		będziecie wieźli/ozły/	
	będą woźili/łny/		będą wieźli/ozły/	
COND.	woźił/a/bym		wiózł/ozła/bym	
	woźił/a/byś		wiózł/ozła/byś	
	woźił/a/o/by		wiózł/ozła/by	
	woźili/łny/byśmy		wieźli/ozły/byśmy	
	woźili/łny/byście		wieźli/ozły/byście	
	woźili/łny/by		wieźli/ozły/by	
IMP.	wóź		wieź	
	niech woźi		niech wiezie	
	wóźmy		wieźmy	
	wóźcie		wieźcie	
	niech woźą		niech wiozą	

PARTICIPLES

PRES. ACT.	woźący,-a,-e;-y,-e		wiozący,-a,-e;-y,-e
PRES. PASS.	woźony,-a,-e;-eni,-one		wieziony,-a,-e;-eni,-one
PAST ACT.			
PAST PASS.			
ADV. PART.	woźąc		wioząc
VB. NOUN	woźenie		wiezienie

177

wracać/wrócić - come back, return

	IMPERFECTIVE		PERFECTIVE
INF.	wracać		wrócić
PRES.	wracam	wracamy	
	wracasz	wracacie	
	wraca	wracają	
PAST	wracałe/a/m		wróciłe/a/m
	wracałe/a/ś		wróciłe/a/ś
	wracał/a/o/		wrócił/a/o/
	wracali/ły/śmy		wrócili/ły/śmy
	wracali/ły/ście		wrócili/ły/ście
	wracali/ły/		wrócili/ły/
FUT.	będę wracał/a/		wrócę
	będziesz wracał/a/		wrócisz
	będzie wracał/a/o/		wróci
	będziemy wracali/ły/		wrócimy
	będziecie wracali/ły/		wrócicie
	będą wracali/ły/		wrócą
COND.	wracał/a/bym		wrócił/a/bym
	wracał/a/byś		wrócił/a/byś
	wracał/a/o/by		wrócił/a/o/by
	wracali/ły/byśmy		wrócili/ły/byśmy
	wracali/ły/byście		wrócili/ły/byście
	wracali/ły/by		wrócili/ły/by
IMP.	wracaj		wróć
	niech wraca		niech wróci
	wracajmy		wróćmy
	wracajcie		wróćcie
	niech wracają		niech wrócą

PARTICIPLES

PRES. ACT.	wracający,-a,-e;-y,-e	
PRES. PASS.		
PAST ACT.		
PAST PASS.		
ADV. PART.	wracając	wróciwszy
VB. NOUN	wracanie	

178

wybaczać/wybaczyć - excuse, forgive

	IMPERFECTIVE		PERFECTIVE
INF.	wybaczać		wybaczyć
PRES.	wybaczam	wybaczamy	
	wybaczasz	wybaczacie	
	wybacza	wybaczają	
PAST	wybaczałe/a/m		wybaczyłe/a/m
	wybaczałe/a/ś		wybaczyłe/a/ś
	wybaczał/a/o/		wybaczył/a/o/
	wybaczali/ły/śmy		wybaczyli/ły/śmy
	wybaczali/ły/ście		wybaczyli/ły/ście
	wybaczali/ły/		wybaczyli/ły/
FUT.	będę wybaczał/a/		wybaczę
	będziesz wybaczał/a/		wybaczysz
	będzie wybaczał/a/o/		wybaczy
	będziemy wybaczali/ły/		wybaczymy
	będziecie wybaczali/ły/		wybaczycie
	będą wybaczali/ły/		wybaczą
COND.	wybaczał/a/bym		wybaczył/a/bym
	wybaczał/a/byś		wybaczył/a/byś
	wybaczał/a/o/by		wybaczył/a/o/by
	wybaczali/ły/byśmy		wybaczyli/ły/byśmy
	wybaczali/ły/byście		wybaczyli/ły/byście
	wybaczali/ły/by		wybaczyli/ły/by
IMP.	wybaczaj		wybacz
	niech wybacza		niech wybaczy
	wybaczajmy		wybaczmy
	wybaczajcie		wybaczcie
	niech wybaczają		niech wybaczą

PARTICIPLES

PRES. ACT.	wybaczający,-a,-e;-y,-e	
PRES. PASS.	wybaczany,-a,-e;-i,-e	
PAST ACT.		
PAST PASS.		wybaczony,-a,-e;-eni,-one
ADV. PART.	wybaczając	wybaczywszy
VB. NOUN	wybaczanie	wybaczenie

wycierać/wytrzeć - wipe
wycierać się/wytrzeć się - wipe oneself, wear out

	IMPERFECTIVE		PERFECTIVE
INF.	wycierać		wytrzeć
PRES.	wycieram	wycieramy	
	wycierasz	wycieracie	
	wyciera	wycierają	
PAST	wycierałe/a/m		wytarłe/a/m
	wycierałe/a/ś		wytarłe/a/ś
	wycierał/a/o/		wytarł/a/o/
	wycierali/ły/śmy		wytarli/ły/śmy
	wycierali/ły/ście		wytarli/ły/ście
	wycierali/ły/		wytarli/ły/
FUT.	będę wycierał/a/		wytrę
	będziesz wycierał/a/		wytrzesz
	będzie wycierał/a/o/		wytrze
	będziemy wycierali/ły/		wytrzemy
	będziecie wycierali/ły/		wytrzecie
	będą wycierali/ły/		wytrą
COND.	wycierał/a/bym		wytarł/a/bym
	wycierał/a/byś		wytarł/a/byś
	wycierał/a/o/by		wytarł/a/o/by
	wycierali/ły/byśmy		wytarli/ły/byśmy
	wycierali/ły/byście		wytarli/ły/byście
	wycierali/ły/by		wytarli/ły/by
IMP.	wycieraj		wytrzyj
	niech wyciera		niech wytrze
	wycierajmy		wytrzyjmy
	wycierajcie		wytrzyjcie
	niech wycierają		niech wytrą

PARTICIPLES

PRES. ACT.	wycierający,-a,-e;-y,-e	
PRES. PASS.	wycierany,-a,-e;-i,-e	
PAST ACT.		
PAST PASS.		wytarty,-a,-e;-ci,-te
ADV. PART.	wycierając	wytarłszy
VB. NOUN	wycieranie	wytarcie

180

wymieniać/wymienić - mention, name, change

	IMPERFECTIVE		PERFECTIVE
INF.	wymieniać		wymienić

PRES.   wymieniam   wymieniamy
        wymieniasz   wymieniacie
        wymienia   wymieniają

	IMPERFECTIVE	PERFECTIVE
PAST	wymieniałe/a/m	wymieniłe/a/m
	wymieniałe/a/ś	wymieniłe/a/ś
	wymieniał/a/o/	wymienił/a/o/
	wymieniali/ły/śmy	wymienili/ły/śmy
	wymieniali/ły/ście	wymienili/ły/ście
	wymieniali/ły/	wymienili/ły/
FUT.	będę wymieniał/a/	wymienię
	będziesz wymieniał/a/	wymienisz
	będzie wymieniał/a/o/	wymieni
	będziemy wymieniali/ły/	wymienimy
	będziecie wymieniali/ły/	wymienicie
	będą wymieniali/ły/	wymienią
COND.	wymieniał/a/bym	wymienił/a/bym
	wymieniał/a/byś	wymienił/a/byś
	wymieniał/a/o/by	wymienił/a/o/by
	wymieniali/ły/byśmy	wymienili/ły/byśmy
	wymieniali/ły/byście	wymienili/ły/byście
	wymieniali/ły/by	wymienili/ły/by
IMP.	wymieniaj	wymień
	niech wymienia	niech wymieni
	wymieniajmy	wymieńmy
	wymieniajcie	wymieńcie
	niech wymieniają	niech wymienią

PARTICIPLES

PRES. ACT.	wymieniający,-a,-e;-y,-e	
PRES. PASS.	wymieniany,-a,-e;-i,-e	
PAST ACT.		
PAST PASS.		wymieniony,-a,-e;-eni,-one
ADV. PART.	wymieniając	wymieniwszy
VB. NOUN	wymienianie	wymienienie

181

wynajmować/wynająć - hire, rent

	IMPERFECTIVE		PERFECTIVE
INF.	wynajmować		wynająć
PRES.	wynajmuję	wynajmujemy	
	wynajmujesz	wynajmujecie	
	wynajmuje	wynajmują	
PAST	wynajmowałe/a/m		wynająłe/ęła/m
	wynajmowałe/a/ś		wynająłe/ęła/ś
	wynajmował/a/o/		wynajął/ęła/ęło/
	wynajmowali/ły/śmy		wynajęli/ły/śmy
	wynajmowali/ły/ście		wynajęli/ły/ście
	wynajmowali/ły/		wynajęli/ły/
FUT.	będę wynajmował/a/		wynajmę
	będziesz wynajmował/a/		wynajmiesz
	będzie wynajmował/a/o/		wynajmie
	będziemy wynajmowali/ły/		wynajmiemy
	będziecie wynajmowali/ły/		wynajmiecie
	będą wynajmowali/ły/		wynajmą
COND.	wynajmował/a/bym		wynajął/ęła/bym
	wynajmował/a/byś		wynajął/ęła/byś
	wynajmował/a/o/by		wynajął/ęła/ęło/by
	wynajmowali/ły/byśmy		wynajęli/ły/byśmy
	wynajmowali/ły/byście		wynajęli/ły/byście
	wynajmowali/ły/by		wynajęli/ły/by
IMP.	wynajmuj		wynajmij
	niech wynajmuje		niech wynajmie
	wynajmujmy		wynajmijmy
	wynajmujcie		wynajmijcie
	niech wynajmują		niech wynajmą

PARTICIPLES

PRES. ACT.	wynajmujący,-a,-e;-y,-e	
PRES. PASS.	wynajmowany,-a,-e;-i,-e	
PAST ACT.		
PAST PASS.		wynajęty,-a,-e;-ci,-te
ADV. PART.	wynajmując	wynająwszy
VB. NOUN	wynajmowanie	wynajęcie

wypełniać/wypełnić - carry out, fulfil, fill out

	IMPERFECTIVE		PERFECTIVE
INF.	wypełniać		wypełnić
PRES.	wypełniam	wypełniamy	
	wypełniasz	wypełniacie	
	wypełnia	wypełniają	
PAST	wypełniałe/a/m		wypełniłe/a/m
	wypełniałe/a/ś		wypełniłe/a/ś
	wypełniał/a/o/		wypełnił/a/o/
	wypełniali/ły/śmy		wypełnili/ły/śmy
	wypełniali/ły/ście		wypełnili/ły/ście
	wypełniali/ły/		wypełnili/ły/
FUT.	będę wypełniał/a/		wypełnię
	będziesz wypełniał/a/		wypełnisz
	będzie wypełniał/a/o/		wypełni
	będziemy wypełniali/ły/		wypełnimy
	będziecie wypełniali/ły/		wypełnicie
	będą wypełniali/ły/		wypełnią
COND.	wypełniał/a/bym		wypełnił/a/bym
	wypełniał/a/byś		wypełnił/a/byś
	wypełniał/a/o/by		wypełnił/a/o/by
	wypełniali/ły/byśmy		wypełnili/ły/byśmy
	wypełniali/ły/byście		wypełnili/ły/byście
	wypełniali/ły/by		wypełnili/ły/by
IMP.	wypełniaj		wypełnij
	niech wypełnia		niech wypełni
	wypełniajmy		wypełnijmy
	wypełniajcie		wypełnijcie
	niech wypełniają		niech wypełnią

PARTICIPLES

PRES. ACT.	wypełniający,-a,-e;-y,-e	
PRES. PASS.	wypełniany,-a,-e;-i,-e	
PAST ACT.		
PAST PASS.		wypełniony,-a,-e;-eni,-one
ADV. PART.	wypełniając	wypełniwszy
VB. NOUN	wypełnianie	wypełnienie

183

wyrażać/wyrazić - express
wyrażać się/wyrazić się - express oneself

	IMPERFECTIVE		PERFECTIVE
INF.	wyrażać		wyrazić
PRES.	wyrażam	wyrażamy	
	wyrażasz	wyrażacie	
	wyraża	wyrażają	
PAST	wyrażałe/a/m		wyraziłe/a/m
	wyrażałe/a/ś		wyraziłe/a/ś
	wyrażał/a/o/		wyraził/a/o/
	wyrażali/ły/śmy		wyrazili/ły/śmy
	wyrażali/ły/ście		wyrazili/ły/ście
	wyrażali/ły/		wyrazili/ły/
FUT.	będę wyrażał/a/		wyrażę
	będziesz wyrażał/a/		wyrazisz
	będzie wyrażał/a/o/		wyrazi
	będziemy wyrażali/ły/		wyrazimy
	będziecie wyrażali/ły/		wyrazicie
	będą wyrażali/ły/		wyrażą
COND.	wyrażał/a/bym		wyraził/a/bym
	wyrażał/a/byś		wyraził/a/byś
	wyrażał/a/o/by		wyraził/a/o/by
	wyrażali/ły/byśmy		wyrazili/ły/byśmy
	wyrażali/ły/byście		wyrazili/ły/byście
	wyrażali/ły/by		wyrazili/ły/by
IMP.	wyrażaj		wyraź
	niech wyraża		niech wyrazi
	wyrażajmy		wyraźmy
	wyrażajcie		wyraźcie
	niech wyrażają		niech wyrażą

PARTICIPLES

PRES. ACT.	wyrażający,-a,-e;-y,-e	
PRES. PASS.	wyrażany,-a,-e;- ,-e	
PAST ACT.		
PAST PASS.		wyrażony,-a,-e;- ,-one
ADV. PART.	wyrażając	wyraziwszy
VB. NOUN	wyrażanie	wyrażenie

184

wystarczać/wystarczyć - be enough, suffice

	IMPERFECTIVE		PERFECTIVE
INF.	wystarczać		wystarczyć

PRES.

wystarczam	wystarczamy
wystarczasz	wystarczacie
wystarcza	wystarczają

PAST

wystarczałe/a/m	wystarczyłe/a/m
wystarczałe/a/ś	wystarczyłe/a/ś
wystarczał/a/o/	wystarczył/a/o/
wystarczali/ły/śmy	wystarczyli/ły/śmy
wystarczali/ły/ście	wystarczyli/ły/ście
wystarczali/ły/	wystarczyli/ły/

FUT.

będę wystarczał/a/	wystarczę
będziesz wystarczał/a/	wystarczysz
będzie wystarczał/a/o/	wystarczy
będziemy wystarczali/ły/	wystarczymy
będziecie wystarczali/ły/	wystarczycie
będą wystarczali/ły/	wystarczą

COND.

wystarczał/a/bym	wystarczył/a/bym
wystarczał/a/byś	wystarczył/a/byś
wystarczał/a/o/by	wystarczył/a/o/by
wystarczali/ły/byśmy	wystarczyli/ły/byśmy
wystarczali/ły/byście	wystarczyli/ły/byście
wystarczali/ły/by	wystarczyli/ły/by

IMP.

niech wystarcza	niech wystarczy
niech wystarczają	niech wystarczą

PARTICIPLES

PRES. ACT.	wystarczający,-a,-e;-y,-e	
PRES. PASS.		
PAST ACT.		
PAST PASS.		
ADV. PART.	wystarczając	wystarczywszy
VB. NOUN		wystarczenie

185

wysyłać/wysłać - send

IMPERFECTIVE	PERFECTIVE

INF. wysyłać   wysłać

PRES. wysyłam   wysyłamy
       wysyłasz   wysyłacie
       wysyła   wysyłają

PAST   wysyłałe/a/m   wysłałe/a/m
       wysyłałe/a/ś   wysłałe/a/ś
       wysyłał/a/o/   wysłał/a/o/
       wysyłali/ły/śmy   wysłali/ły/śmy
       wysyłali/ły/ście   wysłali/ły/ście
       wysyłali/ły/   wysłali/ły/

FUT.   będę wysyłał/a/   wyślę
       będziesz wysyłał/a/   wyślesz
       będzie wysyłał/a/o/   wyśle
       będziemy wysyłali/ły/   wyślemy
       będziecie wysyłali/ły/   wyślecie
       będą wysyłali/ły/   wyślą

COND. wysyłał/a/bym   wysłał/a/bym
       wysyłał/a/byś   wysłał/a/byś
       wysyłał/a/o/by   wysłał/a/o/by
       wysyłali/ły/byśmy   wysłali/ły/byśmy
       wysyłali/ły/byście   wysłali/ły/byście
       wysyłali/ły/by   wysłali/ły/by

IMP.   wysyłaj   wyślij
       niech wysyła   niech wyśle
       wysyłajmy   wyślijmy
       wysyłajcie   wyślijcie
       niech wysyłają   niech wyślą

PARTICIPLES

PRES. ACT.   wysyłający,-a,-e;-y,-e

PRES. PASS. wysyłany,-a,-e;-i,-e

PAST ACT.

PAST PASS.   wysłany,-a,-e;-i,-e

ADV. PART.   wysyłając   wysławszy

VB. NOUN   wysyłanie   wysłanie

186

zaczynać/zacząć - begin, start
zaczynać się/zacząć się - begin

	IMPERFECTIVE		PERFECTIVE
INF.	zaczynać		zacząć

PRES.
zaczynam   zaczynamy
zaczynasz   zaczynacie
zaczyna   zaczynają

PAST
zaczynałe/a/m
zaczynałe/a/ś
zaczynał/a/o/
zaczynali/ły/śmy
zaczynali/ły/ście
zaczynali/ły/

zacząłe/ęła/m
zacząłe/ęła/ś
zaczął/ęła/ęło/
zaczęli/ły/śmy
zaczęli/ły/ście
zaczęli/ły/

FUT.
będę zaczynał/a/
będziesz zaczynał/a/
będzie zaczynał/a/o/
będziemy zaczynali/ły/
będziecie zaczynali/ły/
będą zaczynali/ły/

zacznę
zaczniesz
zacznie
zaczniemy
zaczniecie
zaczną

COND.
zaczynał/a/bym
zaczynał/a/byś
zaczynał/a/o/by
zaczynali/ły/byśmy
zaczynali/ły/byście
zaczynali/ły/by

zaczął/ęła/bym
zaczął/ęła/byś
zaczął/ęła/ęło/by
zaczęli/ły/byśmy
zaczęli/ły/byście
zaczęli/ły/by

IMP.
zaczynaj
niech zaczyna
zaczynajmy
zaczynajcie
niech zaczynają

zacznij
niech zacznie
zacznijmy
zacznijcie
niech zaczną

PARTICIPLES

PRES. ACT.   zaczynający,-a,-e;-y,-e

PRES. PASS.   zaczynany,-a,-e;- ,-e

PAST ACT.

PAST PASS.   zaczęty,-a,-e;- ,-te

ADV. PART.   zaczynając   zacząwszy

VB. NOUN   zaczynanie   zaczęcie

zamierzać/zamierzyć - intend

	IMPERFECTIVE		PERFECTIVE
INF.	zamierzać		zamierzyć
PRES.	zamierzam	zamierzamy	
	zamierzasz	zamierzacie	
	zamierza	zamierzają	
PAST	zamierzałe/a/m		zamierzyłe/a/m
	zamierzałe/a/ś		zamierzyłe/a/ś
	zamierzał/a/o/		zamierzył/a/o/
	zamierzali/ły/śmy		zamierzyli/ły/śmy
	zamierzali/ły/ście		zamierzyli/ły/ście
	zamierzali/ły/		zamierzyli/ły/
FUT.	będę zamierzał/a/		zamierzę
	będziesz zamierzał/a/		zamierzysz
	będzie zamierzał/a/o/		zamierzy
	będziemy zamierzali/ły/		zamierzymy
	będziecie zamierzali/ły/		zamierzycie
	będą zamierzali/ły/		zamierzą
COND.	zamierzał/a/bym		zamierzył/a/bym
	zamierzał/a/byś		zamierzył/a/byś
	zamierzał/a/o/by		zamierzył/a/o/by
	zamierzali/ły/byśmy		zamierzyli/ły/byśmy
	zamierzali/ły/byście		zamierzyli/ły/byście
	zamierzali/ły/by		zamierzyli/ły/by
IMP.	zamierzaj		zamierz
	niech zamierza		niech zamierzy
	zamierzajmy		zamierzmy
	zamierzajcie		zamierzcie
	niech zamierzają		niech zamierzą

PARTICIPLES

PRES. ACT.	zamierzający,-a,-e;-y,-e	
PRES. PASS.	zamierzany,-a,-e;-i,-e	
PAST ACT.		
PAST PASS.		zamierzony,-a,-e;-eni,-one
ADV. PART.	zamierzając	zamierzywszy
VB. NOUN	zamierzanie	zamierzenie

188

zamykać/zamknąć - close, shut
zamykać się/zamknąć się - be closed

	IMPERFECTIVE		PERFECTIVE
INF.	zamykać		zamknąć

PRES.	zamykam	zamykamy
	zamykasz	zamykacie
	zamyka	zamykają

PAST	zamykałe/a/m	zamknąłe/ęła/m
	zamykałe/a/ś	zamknąłe/ęła/ś
	zamykał/a/o/	zamknął/ęła/ęło/
	zamykali/ły/śmy	zamknęli/ły/śmy
	zamykali/ły/ście	zamknęli/ły/ście
	zamykali/ły/	zamknęli/ły/

FUT.	będę zamykał/a/	zamknę
	będziesz zamykał/a/	zamkniesz
	będzie zamykał/a/o/	zamknie
	będziemy zamykali/ły/	zamkniemy
	będziecie zamykali/ły/	zamkniecie
	będą zamykali/ły/	zamkną

COND.	zamykał/a/bym	zamknął/ęła/bym
	zamykał/a/byś	zamknął/ęła/byś
	zamykał/a/o/by	zamknął/ęła/ęło/by
	zamykali/ły/byśmy	zamknęli/ły/byśmy
	zamykali/ły/byście	zamknęli/ły/byście
	zamykali/ły/by	zamknęli/ły/by

IMP.	zamykaj	zamknij
	niech zamyka	niech zamknie
	zamykajmy	zamknijmy
	zamykajcie	zamknijcie
	niech zamykają	niech zamkną

PARTICIPLES

PRES. ACT.	zamykający,-a,-e;-y,-e
PRES. PASS.	zamykany,-a,-e;-i,-e
PAST ACT.	
PAST PASS.	zamknięty,-a,-e;-ci,-te
ADV. PART.	zamykając	zamknąwszy
VB. NOUN	zamykanie	zamknięcie

189

zastanawiać się/zastanowić się - consider, ponder

	IMPERFECTIVE	PERFECTIVE
INF.	zastanawiać się	zastanowić się

PRES.   zastanawiam się   zastanawiamy się
        zastanawiasz się   zastanawiacie się
        zastanawia się   zastanawiają się

PAST   zastanawiałe/a/m się   zastanowiłe/a/m się
        zastanawiałe/a/ś się   zastanowiłe/a/ś się
        zastanawiał/a/o/ się   zastanowił/a/o/ się
        zastanawiali/ły/śmy się   zastanowili/ły/śmy się
        zastanawiali/ły/ście się   zastanowili/ły/ście się
        zastanawiali/ły/ się   zastanowili/ły/ się

FUT.   będę się zastanawiał/a/   zastanowię się
        będziesz się zastanawiał/a/   zastanowisz się
        będzie się zastanawiał/a/o/   zastanowi się
        będziemy się zastanawiali/ły/ zastanowimy się
        będziecie się zastanawiali/ły/ zastanowicie się
        będą się zastanawiali/ły/   zastanowią się

COND.   zastanawiał/a/bym się   zastanowił/a/bym się
        zastanawiał/a/byś się   zastanowił/a/byś się
        zastanawiał/a/o/by się   zastanowił/a/o/by się
        zastanawiali/ły/byśmy się   zastanowili/ły/byśmy się
        zastanawiali/ły/byście się   zastanowili/ły/byście się
        zastanawiali/ły/by się   zastanowili/ły/by się

IMP.   zastanawiaj się   zastanów się
        niech się zastanawia   niech się zastanowi
        zastanawiajmy się   zastanówmy się
        zastanawiajcie się   zastanówcie się
        niech się zastanawiają   niech się zastanowią

PARTICIPLES

PRES. ACT.   zastanawiający się,-a,-e;-y,-e

PRES. PASS.

PAST ACT.

PAST PASS.

ADV. PART.   zastanawiając się   zastanowiwszy się

VB. NOUN   zastanawianie się   zastanowienie się

190

zawdzięczać - be indebted, owe

IMPERFECTIVE		PERFECTIVE

INF.   zawdzięczać

PRES.   zawdzięczam   zawdzięczamy
            zawdzięczasz   zawdzięczacie
            zawdzięcza   zawdzięczają

PAST   zawdzięczałe/a/m
            zawdzięczałe/a/ś
            zawdzięczał/a/o/
            zawdzięczali/ły/śmy
            zawdzięczali/ły/ście
            zawdzięczali/ły/

FUT.   będę zawdzięczał/a/
            będziesz zawdzięczał/a/
            będzie zawdzięczał/a/o/
            będziemy zawdzięczali/ły/
            będziecie zawdzięczali/ły/
            będą zawdzięczali/ły/

COND.   zawdzięczał/a/bym
            zawdzięczał/a/byś
            zawdzięczał/a/o/by
            zawdzięczali/ły/byśmy
            zawdzięczali/ły/byście
            zawdzięczali/ły/by

IMP.

PARTICIPLES

PRES. ACT.   zawdzięczający,-a,-e;-y,-e

PRES. PASS.   zawdzięczany,-a,-e;-i,-e

PAST ACT.

PAST PASS.

ADV. PART.   zawdzięczając

VB. NOUN   zawdzięczanie

191

zawierać/zawrzeć - contain, include

	IMPERFECTIVE		PERFECTIVE
INF.	zawierać		zawrzeć
PRES.	zawieram	zawieramy	
	zawierasz	zawieracie	
	zawiera	zawierają	
PAST	zawierałe/a/m		zawarłe/a/m
	zawierałe/a/ś		zawarłe/a/ś
	zawierał/a/o/		zawarł/a/o/
	zawierali/ły/śmy		zawarli/ły/śmy
	zawierali/ły/ście		zawarli/ły/ście
	zawierali/ły/		zawarli/ły/
FUT.	będę zawierał/a/		zawrę
	będziesz zawierał/a/		zawrzesz
	będzie zawierał/a/o/		zawrze
	będziemy zawierali/ły/		zawrzemy
	będziecie zawierali/ły/		zawrzecie
	będą zawierali/ły/		zawrą
COND.	zawierał/a/bym		zawarł/a/bym
	zawierał/a/byś		zawarł/a/byś
	zawierał/a/o/by		zawarł/a/o/by
	zawierali/ły/byśmy		zawarli/ły/byśmy
	zawierali/ły/byście		zawarli/ły/byście
	zawierali/ły/by		zawarli/ły/by
IMP.	zawieraj		zawrzyj
	niech zawiera		niech zawrze
	zawierajmy		zawrzyjmy
	zawierajcie		zawrzyjcie
	niech zawierają		niech zawrą

PARTICIPLES

PRES. ACT.	zawierający,-a,-e;-y,-e	
PRES. PASS.	zawierany,-a,-e;- ,-e	
PAST ACT.		
PAST PASS.		zawarty,-a,-e;- ,-te
ADV. PART.	zawierając	zawarłszy
VB. NOUN	zawieranie	zawarcie

192

zdążać/zdążyć - come in time, manage to do in time; draw towards /I only/

	IMPERFECTIVE		PERFECTIVE
INF.	zdążać		zdążyć

<table>
<tr><td>PRES.</td><td>zdążam
zdążasz
zdąża</td><td>zdążamy
zdążacie
zdążają</td><td></td></tr>
</table>

PAST	zdążałe/a/m zdążałe/a/ś zdążał/a/o/ zdążali/łty/śmy zdążali/łty/ście zdążali/łty/	zdążyłe/a/m zdążyłe/a/ś zdążył/a/o/ zdążyli/łty/śmy zdążyli/łty/ście zdążyli/łty/
FUT.	będę zdążał/a/ będziesz zdążał/a/ będzie zdążał/a/o/ będziemy zdążali/łty/ będziecie zdążali/łty/ będą zdążali/łty/	zdążę zdążysz zdąży zdążymy zdążycie zdążą
COND.	zdążał/a/bym zdążał/a/byś zdążał/a/o/by zdążali/łty/byśmy zdążali/łty/byście zdążali/łty/by	zdążył/a/bym zdążył/a/byś zdążył/a/o/by zdążyli/łty/byśmy zdążyli/łty/byście zdążyli/łty/by
IMP.	zdążaj niech zdąża zdążajmy zdążajcie niech zdążają	zdąż niech zdąży zdążmy zdążcie niech zdążą

PARTICIPLES

PRES. ACT.	zdążający,-a,-e;-y,-e	
PRES. PASS.		
PAST ACT.		
PAST PASS.		
ADV. PART.	zdążając	zdążywszy
VB. NOUN	zdążanie	zdążenie

zdejmować/zdjąć - take down, take off, take a picture
zdejmować się/zdjąć się - be taken down

	IMPERFECTIVE		PERFECTIVE
INF.	zdejmować		zdjąć

PRES.

zdejmuję	zdejmujemy
zdejmujesz	zdejmujecie
zdejmuje	zdejmują

PAST

IMPERFECTIVE:
- zdejmowałe/a/m
- zdejmowałe/a/ś
- zdejmował/a/o/
- zdejmowali/ły/śmy
- zdejmowali/ły/ście
- zdejmowali/ły/

PERFECTIVE:
- zdjąłe/ęła/m
- zdjąłe/ęła/ś
- zdjął/ęła/ęło/
- zdjęli/ły/śmy
- zdjęli/ły/ście
- zdjęli/ły/

FUT.

IMPERFECTIVE:
- będę zdejmował/a/
- będziesz zdejmował/a/
- będzie zdejmował/a/o/
- będziemy zdejmowali/ły/
- będziecie zdejmowali/ły/
- będą zdejmowali/ły/

PERFECTIVE:
- zdejmę
- zdejmiesz
- zdejmie
- zdejmiemy
- zdejmiecie
- zdejmą

COND.

IMPERFECTIVE:
- zdejmował/a/bym
- zdejmował/a/byś
- zdejmował/a/o/by
- zdejmowali/ły/byśmy
- zdejmowali/ły/byście
- zdejmowali/ły/by

PERFECTIVE:
- zdjął/ęła/bym
- zdjął/ęła/byś
- zdjął/ęła/ęło/by
- zdjęli/ły/byśmy
- zdjęli/ły/byście
- zdjęli/ły/by

IMP.

IMPERFECTIVE:
- zdejmuj
- niech zdejmuje
- zdejmujmy
- zdejmujcie
- niech zdejmują

PERFECTIVE:
- zdejmij
- niech zdejmie
- zdejmijmy
- zdejmijcie
- niech zdejmą

PARTICIPLES

	IMPERFECTIVE	PERFECTIVE
PRES. ACT.	zdejmujący,-a,-e;-y,-e	
PRES. PASS.	zdejmowany,-a,-e;-i,-e	
PAST ACT.		
PAST PASS.		zdjęty,-a,-e;-ci,-te
ADV. PART.	zdejmując	zdjąwszy
VB. NOUN	zdejmowanie	zdjęcie

194

znajdować/znaleźć - discover, find
znajdować się/znaleźć się - be present

	IMPERFECTIVE		PERFECTIVE
INF.	znajdować		znaleźć
PRES.	znajduję	znajdujemy	
	znajdujesz	znajdujecie	
	znajduje	znajdują	
PAST	znajdowałe/a/m		znalazłe/a/m
	znajdowałe/a/ś		znalazłe/a/ś
	znajdował/a/o/		znalazł/a/o/
	znajdowali/ły/śmy		znaleźli/azły/śmy
	znajdowali/ły/ście		znaleźli/azły/ście
	znajdowali/ły/		znaleźli/azły/
FUT.	będę znajdował/a/		znajdę
	będziesz znajdował/a/		znajdziesz
	będzie znajdował/a/o/		znajdzie
	będziemy znajdowali/ły/		znajdziemy
	będziecie znajdowali/ły/		znajdziecie
	będą znajdowali/ły/		znajdą
COND.	znajdował/a/bym		znalazł/a/bym
	znajdował/a/byś		znalazł/a/byś
	znajdował/a/o/by		znalazł/a/o/by
	znajdowali/ły/byśmy		znaleźli/azły/byśmy
	znajdowali/ły/byście		znaleźli/azły/byście
	znajdowali/ły/by		znaleźli/azły/by
IMP.	znajduj		znajdź
	niech znajduje		niech znajdzie
	znajdujmy		znajdźmy
	znajdujcie		znajdźcie
	niech znajdują		niech znajdą

PARTICIPLES

PRES. ACT.	znajdujący,-a,-e;-y,-e	
PRES. PASS.	znajdowany,-a,-e;-i,-e	
PAST ACT.		
PAST PASS.		znaleziony,-a,-e;-eni,-one
ADV. PART.	znajdując	znalazłszy
VB. NOUN		znalezienie

zwiedzać/zwiedzić - go sight seeing, visit

	IMPERFECTIVE		PERFECTIVE
INF.	zwiedzać		zwiedzić
PRES.	zwiedzam	zwiedzamy	
	zwiedzasz	zwiedzacie	
	zwiedza	zwiedzają	
PAST	zwiedzałe/a/m		zwiedziłe/a/m
	zwiedzałe/a/ś		zwiedziłe/a/ś
	zwiedzał/a/o/		zwiedził/a/o/
	zwiedzali/ły/śmy		zwiedzili/ły/śmy
	zwiedzali/ły/ście		zwiedzili/ły/ście
	zwiedzali/ły/		zwiedzili/ły/
FUT.	będę zwiedzał/a/		zwiedzę
	będziesz zwiedzał/a/		zwiedzisz
	będzie zwiedzał/a/o/		zwiedzi
	będziemy zwiedzali/ły/		zwiedzimy
	będziecie zwiedzali/ły/		zwiedzicie
	będą zwiedzali/ły/		zwiedzą
COND.	zwiedzał/a/bym		zwiedził/a/bym
	zwiedzał/a/byś		zwiedził/a/byś
	zwiedzał/a/o/by		zwiedził/a/o/by
	zwiedzali/ły/byśmy		zwiedzili/ły/byśmy
	zwiedzali/ły/byście		zwiedzili/ły/byście
	zwiedzali/ły/by		zwiedzili/ły/by
IMP.	zwiedzaj		zwiedź
	niech zwiedza		niech zwiedzi
	zwiedzajmy		zwiedźmy
	zwiedzajcie		zwiedźcie
	niech zwiedzają		niech zwiedzą

PARTICIPLES

PRES. ACT.	zwiedzający,-a,-e;-y,-e	
PRES. PASS.	zwiedzany,-a,-e;-i,-e	
PAST ACT.		
PAST PASS.		zwiedzony,-a,-e;-eni,-one
ADV. PART.	zwiedzając	zwiedziwszy
VB. NOUN	zwiedzanie	zwiedzenie

196

żałować/pożałować - be sorry, regret

	IMPERFECTIVE	PERFECTIVE
INF.	żałować	pożałować

| *PRES.* | żałuję żałujemy
żałujesz żałujecie
żałuje żałują | |

PAST
żałowałe/a/m
żałowałe/a/ś
żałował/a/o/
żałowali/ły/śmy
żałowali/ły/ście
żałowali/ły/

pożałowałe/a/m
pożałowałe/a/ś
pożałował/a/o/
pożałowali/ły/śmy
pożałowali/ły/ście
pożałowali/ły/

FUT.
będę żałował/a/
będziesz żałował/a/
będzie żałował/a/o/
będziemy żałowali/ły/
będziecie żałowali/ły/
będą żałowali/ły/

pożałuję
pożałujesz
pożałuje
pożałujemy
pożałujecie
pożałują

COND.
żałował/a/bym
żałował/a/byś
żałował/a/o/by
żałowali/ły/byśmy
żałowali/ły/byście
żałowali/ły/by

pożałował/a/bym
pożałował/a/byś
pożałował/a/o/by
pożałowali/ły/byśmy
pożałowali/ły/byście
pożałowali/ły/by

IMP.
żałuj
niech żałuje
żałujmy
żałujcie
niech żałują

pożałuj
niech pożałuje
pożałujmy
pożałujcie
niech pożałują

PARTICIPLES

PRES. ACT. żałujący,-a,-e;-y,-e

PRES. PASS. żałowany,-a,-e;-i,-e

PAST ACT.

PAST PASS.

ADV. PART. żałując

pożałowawszy

VB. NOUN

pożałowanie

197

żartować/zażartować - joke, make fun

	IMPERFECTIVE		PERFECTIVE
INF.	żartować		zażartować
PRES.	żartuję	żartujemy	
	żartujesz	żartujecie	
	żartuje	żartują	
PAST	żartowałe/a/m		zażartowałe/a/m
	żartowałe/a/ś		zażartowałe/a/ś
	żartował/a/o/		zażartował/a/o/
	żartowali/ły/śmy		zażartowali/ły/śmy
	żartowali/ły/ście		zażartowali/ły/ście
	żartowali/ły/		zażartowali/ły/
FUT.	będę żartował/a/		zażartuję
	będziesz żartował/a/		zażartujesz
	będzie żartował/a/o/		zażartuje
	będziemy żartowali/ły/		zażartujemy
	będziecie żartowali/ły/		zażartujecie
	będą żartowali/ły/		zażartują
COND.	żartował/a/bym		zażartował/a/bym
	żartował/a/byś		zażartował/a/byś
	żartował/a/o/by		zażartował/a/o/by
	żartowali/ły/byśmy		zażartowali/ły/byśmy
	żartowali/ły/byście		zażartowali/ły/byście
	żartowali/ły/by		zażartowali/ły/by
IMP.	żartuj		zażartuj
	niech żartuje		niech zażartuje
	żartujmy		zażartujmy
	żartujcie		zażartujcie
	niech żartują		niech zażartują

PARTICIPLES

PRES. ACT.   żartujący,-a,-e;-y,-e

PRES. PASS.

PAST ACT.

PAST PASS.

ADV. PART.   żartując   zażartowawszy

VB. NOUN   żartowanie   zażartowanie

198

żegnać/pożegnać - bid farewell, say good-bye
żegnać się/pożegnać się - take leave of

	IMPERFECTIVE		PERFECTIVE
INF.	żegnać		pożegnać
PRES.	żegnam	żegnamy	
	żegnasz	żegnacie	
	żegna	żegnają	
PAST	żegnałe/a/m		pożegnałe/a/m
	żegnałe/a/ś		pożegnałe/a/ś
	żegnał/a/o/		pożegnał/a/o/
	żegnali/ły/śmy		pożegnali/ły/śmy
	żegnali/ły/ście		pożegnali/ły/ście
	żegnali/ły/		pożegnali/ły/
FUT.	będę żegnał/a/		pożegnam
	będziesz żegnał/a/		pożegnasz
	będzie żegnał/a/o/		pożegna
	będziemy żegnali/ły/		pożegnamy
	będziecie żegnali/ły/		pożegnacie
	będą żegnali/ły/		pożegnają
COND.	żegnał/a/bym		pożegnał/a/bym
	żegnał/a/byś		pożegnał/a/byś
	żegnał/a/o/by		pożegnał/a/o/by
	żegnali/ły/byśmy		pożegnali/ły/byśmy
	żegnali/ły/byście		pożegnali/ły/byście
	żegnali/ły/by		pożegnali/ły/by
IMP.	żegnaj		pożegnaj
	niech żegna		niech pożegna
	żegnajmy		pożegnajmy
	żegnajcie		pożegnajcie
	niech żegnają		niech pożegnają

PARTICIPLES

PRES. ACT.   żegnający,-a,-e;-y,-e

PRES. PASS.   żegnany,-a,-e;-i,-e

PAST ACT.

PAST PASS.   pożegnany,-a,-e;-i,-e

ADV. PART.   żegnając   pożegnawszy

VB. NOUN   żegnanie   pożegnanie

199

żenić się/ożenić się - marry /of a man/
żenić/ożenić - give in marriage

	IMPERFECTIVE		PERFECTIVE
INF.	żenić się		ożenić się
PRES.	żenię się	żenimy się	
	żenisz się	żenicie się	
	żeni się	żenią się	
PAST	żeniłem się		ożeniłem się
	żeniłeś się		ożeniłeś się
	żenił się		ożenił się
	żeniliśmy się		ożeniliśmy się
	żeniliście się		ożeniliście się
	żenili się		ożenili się
FUT.	będę się żenił		ożenię się
	będziesz się żenił		ożenisz się
	będzie się żenił		ożeni się
	będziemy się żenili		ożenimy się
	będziecie się żenili		ożenicie się
	będą się żenili		ożenią się
COND.	żeniłbym się		ożeniłbym się
	żeniłbyś się		ożeniłbyś się
	żeniłby się		ożeniłby się
	żenilibyśmy się		ożenilibyśmy się
	żenilibyście się		ożenilibyście się
	żeniliby się		ożeniliby się
IMP.	żeń się		ożeń się
	niech się żeni		niech się ożeni
	żeńmy się		ożeńmy się
	żeńcie się		ożeńcie się
	niech się żenią		niech się ożenią

PARTICIPLES

PRES. ACT.	żeniący się,- ,- ;-y	
PRES. PASS.		
PAST ACT.		
PAST PASS.		
ADV. PART.	żeniąc się	ożeniwszy się
VB. NOUN	żenienie się	ożenienie się

200

żyć/przeżyć - live

	IMPERFECTIVE		PERFECTIVE
INF.	żyć		przeżyć
PRES.	żyję	żyjemy	
	żyjesz	żyjecie	
	żyje	żyją	
PAST	żyłe/a/m		przeżyłe/a/m
	żyłe/a/ś		przeżyłe/a/ś
	żył/a/o/		przeżył/a/o/
	żyli/ły/śmy		przeżyli/ły/śmy
	żyli/ły/ście		przeżyli/ły/ście
	żyli/ły/		przeżyli/ły/
FUT.	będę żył/a/		przeżyję
	będziesz żył/a/		przeżyjesz
	będzie żył/a/o/		przeżyje
	będziemy żyli/ły/		przeżyjemy
	będziecie żyli/ły/		przeżyjecie
	będą żyli/ły/		przeżyją
COND.	żył/a/bym		przeżył/a/bym
	żył/a/byś		przeżył/a/byś
	żył/a/o/by		przeżył/a/o/by
	żyli/ły/byśmy		przeżyli/ły/byśmy
	żyli/ły/byście		przeżyli/ły/byście
	żyli/ły/by		przeżyli/ły/by
IMP.	żyj		przeżyj
	niech żyje		niech przeżyje
	żyjmy		przeżyjmy
	żyjcie		przeżyjcie
	niech żyją		niech przeżyją

PARTICIPLES

PRES. ACT.	żyjący,-a,-e;-y,-e	
PRES. PASS.		
PAST ACT.		
PAST PASS.		przeżyty,-a,-e;-ci,-te
ADV. PART.	żyjąc	przeżywszy
VB. NOUN	życie	przeżycie

201

POLISH-ENGLISH INDEX

There are 836 Polish verbs arranged alphabetically in
THE POLISH-ENGLISH INDEX. Imperfective verbs /siadać/ are
listed first and perfective /usiąść/, if any, are followed
by a slash /siadać/usiąść/. Double imperfective pair /in-
determined or determined, actual or frequentative/ is separated by an asterisk and the verb followed by the slash acts as
perfective aspect for the determined verb, e.g.: nosić, ID*
nieść, D/zanieść, P. When this arrangement is not possible,
then the imperfective and perfective verbs will be distin-
guished by I or P, and the actual and frequentative by A or
F, e.g.: śnić, I.

Additional verbs /with or without prefixes and reflexive
verbs/ are also listed in the index /e.g., przechodzić/
przejść/. Their conjugation may be modelled on the basic
conjugated verb /chodzić, ID*iść, D/pójść, P - po czym; gdzie;
po co - go, walk - p.15/ in the manual. One must remember
though that intransitive and reflexive verbs do not have
passive participles.

Cases governed or the relevant prepositional constructions
are indicated after the verb in question. A semicolon between
case forms or prepositional constructions signifies that these
forms or constructions usually have different meanings. When
a comma follows between cases then the verb may govern one or
both forms.

	Persons	Things
Nominative	kto?	co?
Genitive	kogo?	czego?
Dative	komu?	czemu?
Accusative	kogo?	co?
Instrumental	kim?	czym?
Locative	/o/ kim?	/o/ czym?

bać się, I - kogo, czego; o kogo, o co - to be afraid /of/,
    to fear - p.1
badać/zbadać - kogo, co - investigate, probe into
bawić/zabawić - kogo, czym - entertain, amuse, linger
bawić się/zabawić się - kim, czym; z kim, w co - play, enjoy
    oneself, amuse oneself, have a good time - p.2
bić/pobić - kogo, czym - beat, hit, strike, vanquish, assault
    - p.3
bić się/pobić się - z kim, z czym; o kogo, o co; za kogo,
    za co - fight
biec OR biegnąć/pobiec OR pobiegnąć - do kogo, do czego; po
    co - run - p.4
boleć/zaboleć - kogo, co - hurt, ache, cause pain - p.5
brać/wziąć - od kogo, co; z czego; skąd - take, take
    possession of - p.6
brać się/wziąć się - do czego - undertake
brakować/zabraknąć - komu, czego - be in short supply, be
    missing, be lacking, fail, be wanting - p.7
bronić/obronić - kogo, przed czym; przed kim, co - defend,
    protect, - p.8
bronić się/obronić się - defend oneself
brudzić/zabrudzić - komu, co - dirty, soil - p.9
brudzić się/zabrudzić się - get dirty
budować/zbudować - komu, co - build, construct, raise - p.10
budzić/obudzić - kogo, co - wake - p.11

budzić się/obudzić się - wake up, awaken

być, A/bywać, F - kim, czym - be - p.12

całować/pocałować - kogo, co - kiss - p.13

całować się/pocałować się - kiss one another

chcieć/zechcieć - co; czego - wish /for/, want, desire - p.14

chcieć się/zechcieć się - mean /to do/

chodzić, ID*iść, D/pójść, P - po czym; gdzie; po co - go, walk - p.15

chodzić/przyjść - po co; gdzie - come

chorować/zachorować - na co - be ill, be sick; become ill /P only/ - p.16

chować/schować - komu, co - conceal, hide - p.17

chować się/schować się - hide oneself

ciąć/pociąć - co, czym - cut - p.18

ciąć się/pociąć się - cut oneself

ciągnąć/pociągnąć - kogo, co; z czego - pull, draw - p.19

ciągnąć się/pociągnąć się - last

cieszyć/ucieszyć - kogo, czym - cheer, comfort - p.20

cieszyć się/ucieszyć się - kim, czym; z czego - rejoice /at/ /in/, be glad

czekać/zaczekać - kogo; na kogo, na co - wait /for/, await, expect - p.21

czesać/uczesać - kogo, czym - comb, do hair - p.22

czesać się/uczesać się - czym - comb one's hair

czuć/poczuć - do kogo, co - feel, smell - p.23

czuć się/poczuć się - feel /oneself/, be in a /certain/ mood

czyścić/oczyścić - co, czym - clean - p.24

czyścić się/oczyścić się - clean oneself

czytać/przeczytać - o kim, co - read /through/ - p.25

dawać/dać - komu, co - give, provide - p. 26

dochodzić/dojść - do czego - go as far as, reach, achieve, attain, get to

dodawać/dodać - co - add, join

dojeżdżać/dojechać - do kogo, do czego; czym - arrive at, reach

/riding or on wheels/

domyślać się/domyślić się - czego - guess, surmise

dopływać/dopłynąć - do czego - reach /the shore/

doprowadzać/doprowadzić - kogo, co; do czego - bring about

dostawać/dostać - czego; od kogo, co - get, receive, catch /cold/

dotykać /się/dotknąć /się/ - kogo, czego; czym - touch - p.27

dowiadywać się/dowiedzieć się - czego; od kogo, o czym - get to know, find out, learn, be informed - p.28

dowodzić/dowieść - czego - demonstrate

drzeć/podrzeć - co - tear - p.29

dziękować/podziękować - komu, za co - thank, be grateful to - p.30

dzwonić/zadzwonić - do kogo, czym - ring /up/ /the bell/, make a telephone call, call up - p.31

gniewać/rozgniewać - kogo, czym - irritate, provoke

gniewać się/rozgniewać się - na kogo, o co - be /get/ angry - p.32

gotować/ugotować - dla kogo, co - boil, cook, prepare - p.33

gotować się/ugotować się - boil

grać/zagrać - o co; w co; na czym - play /for/, blow /a musical instrument/ - p.34

gubić/zgubić - kogo, co - lose - p.35

gubić się/zgubić się - be lost

hamować/zahamować - co - brake, slow down, bring to a stop, deter, control - p.36

interesować/zainteresować - kogo, czym - interest - p.37

interesować się/zainteresować się - kim, czym - be interested

iść/pójść - za kim, za czym - follow

jeździć, ID*jechać, D/pojechać OR przyjechać, P - czym; gdzie

205

- go /by vehicle/, travel, ride, journey - p.38

jeść/zjeść - u kogo, co; gdzie - eat, dine, have a meal -
     p.39

karać/ukarać - kogo, za co - punish - p.40

kąpać/wykąpać - kogo, w czym - bathe - p.41

kąpać się/wykąpać się - take a bath

kierować/skierować - co, dokąd; na kogo, co; czym; kogo,
     do kogo - direct, attract, drive /a car/, refer - p.42

kierować się/skierować się - be guided /by/

kłamać/skłamać - komu, o czym; o kim - lie, tell a lie - p.43

kłaść/położyć - co, na co; kogo - lay down, go to bed, place
     /flat/, strike down - p.44

kłaść się/położyć się - gdzie - lie down

kłócić/pokłócić - kogo, z kim - set at variance - p.45

kłócić się/pokłócić się - z kim, o co - quarrel

kochać/pokochać - kogo, co - love - p.46

kochać się/pokochać się - be in love

kończyć/skończyć - co - finish, complete, terminate - p.47

kończyć się/skończyć się - kto, co - run out, end, come to
     an end

korzystać/skorzystać - z czego - use, profit by, avail oneself
     of, take advantage of, make use of, enjoy - p.48

kosztować/skosztować - kogo, co - cost, /I only/; taste, try,
     /P only/ - p.49

kraść/ukraść - u kogo, co - steal - p.50

krzyczeć/krzyknąć - komu, co; z czego - cry, shout, scream,
     behave noisily, give a shout, make a noise - p.51

kupować/kupić - u kogo, co; od kogo; gdzie - buy, purchase
     - p.52

latać, ID*lecieć, D/polecieć, P - gdzie - fly - p.53

leczyć/wyleczyć - kogo, czym - cure - p.54

leczyć się/wyleczyć się - be cured

206

lekceważyć/zlekceważyć - kogo, co - disregard, slight - p.55
leżeć/poleżeć - na czym; gdzie - lie - p.56
liczyć/policzyć - co; na kogo, na co - count, reckon on,
    rely on - p.57
liczyć się/policzyć się - enter into account
lubić/polubić - kogo, co - like, be fornd of, have a fancy
    for - p.58
lubić się/polubić się - consider, settle accounts

łapać/złapać - kogo, co - catch, grasp - p.59
łapać się/złapać się - grasp oneself

malować/namalować - kogo, co - paint - p.60
malować się/namalować się - rouge oneself
martwić/zmartwić - kogo, czym - vex, upset, worry
martwić się/zmartwić się - o kogo, o co; czym - worry, be
    upset - p.61
marznąć/zmarznąć - get cold, freeze - p.62
mieć, A*miewać, F - kogo, co - have, own, possess - p.63
mieszkać/zamieszkać - w czym; gdzie - reside, dwell /in/,
    live /in/ - p.64
mieścić/zmieścić - co - contain
mieścić się/zmieścić się - gdzie - fit /into/ - p.65
milczeć/przemilczeć - be silent - p.66
móc/potrafić - co - can, may, be able; know how /P only/ -
    p.67
mówić/powiedzieć - do kogo, co; komu, o czym - say, tell,
    speak /to/, talk - p.68
musieć, I - co - must, have to - p.69
myć/umyć - kogo, co - wash - p.70
myć się/umyć się - wash oneself
mylić/pomylić - kogo - mislead, confuse
mylić się/pomylić się - w czym - make a mistake, err, be
    mistaken, be wrong - p.71

myśleć/pomyśleć - nad czym; o kim, o czym - think /about/
    /of/ - p.72

nabierać/nabrać - kogo, czego - gather, acquire
nadawać/nadać - do kogo, co - post, transmit, broadcast
nadchodzić/nadejść - do czego; gdzie - be /in the act of/
    coming /arriving/, approach, come, arrive
nadjeżdżać/nadjechać - gdzie - be /in the act of/ arriving
    /by vehicle/, be coming up
nadrabiać/nadrobić - co - make up
nakrywać/nakryć - co, do czego; czym - cover, set /table/
nalewać/nalać - co, do czego - pour into, fill - p.73
należeć, I - do kogo, do czego - belong
namawiać/namówić - kogo, do czego - persuade, coax
narzekać/ponarzekać - na kogo, na co - complain, grumble - p.74
nastawiać/nastawić - co - set, put on, regulate, tune in
nazywać/nazwać - kogo - name, call - p.75
nazywać się/nazwać się - be called, have a name
nienawidzić/znienawidzić - kogo, czego - hate - p.76
nienawidzić się/znienawidzić się - hate oneself
nosić, ID*nieść, D/zanieść, P - kogo, co; do kogo; komu -
    carry, bear, wear /ID only/ - p.77
nudzić/znudzić - kogo, czym - bore - p.78
nudzić się/znudzić się - be bored

obchodzić/obejść - kogo, co - go around, walk around; concern
obcinać/obciąć - komu, co - cut, clip /hair/
obiecywać/obiecać - komu, co - promise - p.79
objeżdżać/objechać - co - go around /by vehicle/
odbierać/odebrać - komu, co - take away, deprive of
odchodzić/odejść - od kogo, od czego; skąd; gdzie - walk /off/
    /away/, leave, depart, go away /on foot/
oddawać/oddać - komu, co - give back, hand over, return,
    render
odjeżdżać/odjechać - z czego; do czego - go away /by vehicle/,

leave, depart

odlatywać/odlecieć - skąd; do kogo, do czego - fly away

odmawiać/odmówić - komu, czego; kogo, od czego - refuse,
dissuade

odnosić/odnieść - komu, co - take back

odpisywać/odpisać - komu, co - write back

odpoczywać/odpocząć - rest, have a rest - p.80

odpowiadać/odpowiedzieć - komu, czemu; na co - answer, be
suitable /I only/; reply - p.81

odprowadzać/odprowadzić - kogo, gdzie - accompany, take
/someone/ away

odróżniać/odróżnić - kogo, co; od czego - distinguish,
differentiate - p.82

odróżniać się/odróżnić się - differ

odwiedzać/odwiedzić - kogo, co - visit

odwoływać/odwołać - kogo, co - call off, recall, revoke,
withdraw

oglądać/obejrzeć - co - have a look at, examine, inspect,
look over - p.83

oglądać się/obejrzeć się - look around

opisywać/opisać - kogo; komu, co - describe

opowiadać/opowiedzieć - o kim, co; komu, o czym - tell /about/,
relate, narrate

opuszczać/opuścić - kogo, co - abandon, desert, leave, lower
down - p.84

opuszczać się/opuścić się - neglect oneself

ośmielać/ośmielić - kogo - encourage, embolden - p.85

ośmielać się/ośmielić się - na co - dare

otwierać/otworzyć - komu, co - open - p.86

otwierać się/otworzyć się - be opened

padać OR upadać/upaść - na kogo, na co; z czego - fall /down/;
rain, snow /3 pers. sing. imperf. only/ - p.87

pakować/spakować - co - pack - p.88

pakować się/spakować się - pack up

palić/zapalić - co - burn, smoke; light up /P only/ - p.89

palić się/zapalić się - be burning

pamiętać/zapamiętać - kogo, co; o czym - remember, bear in mind - p.90

panować/opanować - kogo, co; nad kim, nad czym - master, prevail /over/ - p.91

patrzeć/popatrzeć - na kogo, na co - look at - p.92

pić/wypić - co - drink - p.93

pilnować/dopilnować - kogo, czego - watch, look after, attend to - p.94

pisać/napisać - do kogo, co; komu, o czym; dla kogo - write - p.95

płacić/zapłacić - komu, za co; czym - pay /for/ - p.96

płakać/zapłakać - cry, weep - p.97

pływać, ID*płynąć, D/popłynąć, P - czym; gdzie - swim, sail, float - p.98

pobierać się/pobrać się - get married

podawać/podać - komu, co - give, serve, hand, offer

podchodzić/podejść - do kogo, do czego - come up to, approach, walk up to, draw near, advance

podkreślać/podkreślić - co, w czym - underline, stress - p.99

podnosić/podnieść - kogo, co - lift, pick up, develop, take up

podobać się/spodobać się - komu - please, be likable, be pleasing - p.100

podpisywać/podpisać - komu, co; u kogo, czym - sign, subscribe

pokazywać/pokazać - komu, co - show - p.101

pokazywać się/pokazać się - appear

polewać/polać - kogo, co; czym - water, pour on - p.102

pomagać/pomóc - komu, w czym - help, aid, assist - p.103

poprawiać/poprawić - co - correct - p. 104

poprawiać się/poprawić się - amend, do better

posiadać/posiąść - co - own, possess

postanawiać/postanowić - co - decide - p.105

potrzebować/zapotrzebować - kogo, czego - need; order,

210

require /P only/ - p.106
powodować/spowodować - co - cause - p.107
powstrzymywać się/powstrzymać się - od czego - abstain
powtarzać/powtórzyć - komu, co - repeat - p.108
powtarzać się/powtórzyć się - be repeated
poznawać/poznać - kogo, co - get to know, recognize,
   acquaint - p.109
pozostawać/pozostać - gdzie - remain
pozwalać/pozwolić - komu, na co - allow, permit,
   authorize - p.110
pożyczać/pożyczyć - od kogo, co; komu, co - borrow, loan,
   lend - p.111
pracować/popracować - gdzie; nad czym; w czym - work - p.112
prosić/poprosić - kogo, o co - ask, invite, request, beg -
   p.113
prowadzić/zaprowadzić - kogo, co - lead, conduct - p.114
próbować/spróbować - czego - try, test, attempt, taste -
   p.115
przebiegać/przebiec - przez co - run through
przechodzić/przejść - przez co; w czym; na co - pass by, cross,
   go across, go through, parade, walk across
przeczyć/zaprzeczyć - komu, czemu - deny - p.116
przedstawiać/przedstawić - komu, co; kogo - introduce,
   present
przegrywać/przegrać - w co - lose /a game/
przejeżdżać/przejechać - przez co - go across, go through
   /riding or by vehicle/
przekonywać/przekonać - kogo, o czym - persuade, convince,
   argue, reason with, urge - p.117
przekonywać się/przekonać się - be convinced
przemawiać/przemówić - do kogo; za kim - speak, make a speech
przenosić/przenieść - kogo, co; dokąd - carry across
przepisywać/przepisać - komu, co - copy, rewrite, prescribe
przepływać/przepłynąć - co; przez co - swim across, sail across

211

przestawać/przestać - cease, stop, give up, break off, dismiss

przeszkadzać/przeszkodzić - komu, w czym - disturb, hinder, interfere

przewidywać/przewidzieć - co - foresee

przeznaczać/przeznaczyć - kogo, co; na co - assign, dedicate, devote - p.118

przybywać/przybyć - do kogo, do czego - arrive

przychodzić/przyjść - do kogo, do czego; skąd - come /on foot/, arrive /on foot/

przyglądać się/przyjrzeć się - komu, czemu - observe, inspect, gaze at, look at, stare at

przygotowywać/przygotować - kogo, co; do czego - prepare

przyjeżdżać/przyjechać - do kogo, do czego; skąd - come, arrive /by vehicle/

przyjmować/przyjąć - kogo; od kogo, co - receive, accept - p.119

przyjmować się/przyjąć się - take root

przynosić/przynieść - komu, co - bring /on foot/, fetch, bring up

przypominać/przypomnieć - co; komu, o czym - remind, recall - p.120

przypominać się/przypomnieć się - recollect

przywozić/przywieźć - komu, co; skąd - bring /by vehicle/, import

przyznawać/przyznać - komu, co - grant, admit - p.121

przyznawać się/przyznać się - komu, do czego - confess, admit

pukać/zapukać - w co; do kogo - knock - p.122

pytać/zapytać - kogo, o co - ask, inquire - p.123

pytać się/zapytać się - question

radzić/poradzić - komu, co - advise - p. 124

radzić się/poradzić się - consult

ratować/uratować - kogo, co; od czego - save, rescue - p.125

ratować się/uratować się - save oneself

robić/zrobić - komu, co - make, do, create - p.126

212

robić się/zrobić się - become

rodzić/urodzić - kogo, co - bear /a child/, yield - p.127

rodzić się/urodzić się - be born

rosnąć/wyrosnąć - grow - p.128

rozbierać się/rozebrać się - undress, get undressed

rozbijać/rozbić - komu, co - break, bruise, shatter

rozdawać/rozdać - komu, co - give away

rozmawiać/porozmawiać - z kim, o czym - talk to, speak with,
    have a talk, chat - p.129

rozrywać/rozerwać - kogo, co - rend /asunder/, amuse

rozumieć/zrozumieć - kogo, co - understand, comprehend - p.130

rozumieć się/zrozumieć się - na czym - understand

rozwiązywać/rozwiązać - co - untie, solve, resolve - p.131

rozwiązywać się/rozwiązać się - be solved, be untied

ruszać/ruszyć - kogo, co - touch, stir - p. 132

ruszać się/ ruszyć się - move, budge

rwać/urwać - co - tear, pluck - p.133

rwać się/urwać się - be torn

rzucać/rzucić - co - throw, cast, hurl - p.134

rzucać się/rzucić się - na kogo, na co - assail, grab,
    rush, attack

schodzić/zejść - z czego - go down /on foot/, step down,
    descend

siadać/usiąść - na czym; gdzie - sit down, be sitting - p.135

skakać/skoczyć - na co; do czego; w co - jump, leap - p.136

skupiać/skupić - co - collect, concentrate, mass

słuchać/usłuchać - kogo, czego - hear, listen; obey /P only/
    p.137

słuchać się/usłuchać się - obey

służyć/posłużyć - komu, czemu - serve, be intended for - p.138

słyszeć/usłyszeć - od kogo, co - hear, catch sound of - p.139

spać, A*sypiać, F/pospać OR przespać, P - gdzie - sleep - p.140

spędzać/spędzić - co - spend, pass /time/ - p.141

spoglądać/spojrzeć - na kogo, na co - look at, glance

spostrzegać/spostrzec - kogo, co - notice, perceive, catch
sight of - p.142

spotykać/spotkać - kogo, co - meet, happen, encounter - p.143

spotykać się/spotkać się - z kim - meet, have an appointment

spóźniać/spóźnić - kogo - delay

spóźniać się/spóźnić się - gdzie; na co - be late, come late,
p.144

sprawdzać/sprawdzić - co - check, verify, make sure - p.145

sprzątać/sprzątnąć - co - tidy, clean up, remove - p.146

sprzedawać/sprzedać - komu, co - sell

stać/postać - gdzie - stand, be standing - p.147

starać się/postarać się - od kogo, o co - try to get, obtain,
secure, see to, endeavor - p.148

stawać/stanąć - stand, stop, bring to a stop - p.149

stawać się/ stać się - kim, czym; co - become, happen, get

stawiać/postawić - co; gdzie - put /upright/, set, place
- p.150

szkodzić/zaszkodzić - komu, czemu - hurt, cause damage to,
injure - p.151

szukać/poszukać - kogo, czego - seek, look for, search,
hunt - p.152

szyć/uszyć - komu, co - sew - p.153

śmiać się/zaśmiać się - z kogo, z czego - /begin to/ laugh
- p.154

śnić, I - o kim, o czym - dream - p.155

śpieszyć/pośpieszyć - kogo - make haste

śpieszyć się/pośpieszyć się - /be in a/ hurry, hasten - p.156

śpiewać/zaśpiewać - komu, co - sing - p.157

tańczyć/zatańczyć - z kim, co - dance - p.158

tłumaczyć/przetłumaczyć - komu, co - translate, interpret,
explain - p.159

tłumaczyć/wytłumaczyć - komu, co - make clear, explain

tłumaczyć się/wytłumaczyć się - komu, z czego - explain
    oneself, justify oneself, excuse oneself

trwać/potrwać - last, continue - p.160

trzymać/potrzymać - kogo, co - hold, keep - p.161

trzymać się/potrzymać się - abide by, hold by

ubierać/ubrać - kogo, w co - dress, clothe

ubierać się/ubrać się - dress oneself

uciekać/uciec - przed kim, przed czym; gdzie - run away,
    flee - p.162

uciekać się/uciec się - escape

uczyć/nauczyć - kogo, czego - teach, instruct - p.163

uczyć się/nauczyć się - czego - learn, study; memorize /P only/

udawać się/udać się - do kogo, do czego - go to, succeed

umieć/potrafić - co - know how, manage - p.164

umierać/umrzeć - die - p.165

urządzać/urządzić - co - arrange, settle, furnish, plan - p.166

urządzać się/urządzić się - establish oneself

ustępować/ustąpić - komu, czego - yield, give up /in/ /way/,
    cede - p.167

uspokajać/uspokoić - kogo, czym - appease, calm - p.168

uspokajać się/uspokoić się - quiet down, grow calm, calm down,
    settle down, compose

używać/użyć - czego - use, employ

wchodzić/wejść - na co; do kogo, do czego - ascend, enter,
    walk in, go in /up/, come in

widzieć/zobaczyć - kogo, co - see, catch sight of - p.169

widzieć się/zobaczyć się - see one another

wiedzieć, I - co; o kim, o czym - know, be aware

wierzyć/uwierzyć - komu, czemu; w kogo, w co - believe,
    trust, put faith in - p.170

wieszać/powiesić - kogo, co - hang, be hanging - p.171

witać/przywitać - co; kogo, czym - greet, welcome - p.172

wjeżdżać/wjechać - w co; na co - drive in, enter /by vehicle/, ride in

włączać/włączyć - co - switch on /into/, include - p.173

włączać się/włączyć się - tune in

wodzić, ID*wieść, D/powieść, P - kogo, co - lead, conduct - p.174

wodzić się, ID*wieść się, D/powieść się, P - be led

woleć, I - kogo, od kogo; co, od czego; niż co - prefer, like better - p.175

wołać/zawołać - kogo - call, cry for - p.176

wozić, ID*wieźć, D/powieźć, P - kogo, co - carry /by vehicle/, transport - p.177

wnosić/wnieść - kogo, co - bring, carry in, contribute

wpadać/wpaść - do kogo, w co; na kogo, na co - run in, fall in/to/, dishearten

wprowadzać/wprowadzić - kogo, co; do czego - lead into

wracać/wrócić - skąd - come back, return, go back - p.178

wsiadać/wsiąść - w co - get on

wskazywać/wskazać - kogo; komu, co - point out, indicate

wstawać/wstać - z czego - get up, stand up, rise

wstępować/wstąpić - do kogo - enter, call on, drop in

wybaczać/wybaczyć - komu, co - forgive, excuse - p.179

wybierać/wybrać - kogo, co - choose, elect, select

wychodzić/wyjść - z czego; skąd; za kogo - go out, walk out, come out /on foot/, leave; marry /of a woman/

wyciągać/wyciągnąć - kogo, co - pull out, draw out, extract

wycierać/wytrzeć - kogo, co - wipe - p.180

wycierać się/wytrzeć się - wipe oneself, wear out

wydawać/wydać - co - pronounce

wydawać się/wydać się - seem, appear

wygrywać/wygrać - co - win

wyjeżdżać/wyjechać - z czego, czym; gdzie - leave, depart, go away /by vehicle/, go out, drive out wyjmować/wyjąć - co - take out, produce

wykluczać/wykluczyć - kogo, co - exclude

wyłączać/wyłączyć - co - switch off

wymieniać/wymienić - kogo, co - name, mention, be named, change - p.181

wynajmować/wynająć - od kogo, co; komu, co - let, hire, rent - p.182

wynajdywać/wynaleźć - co - find out, invent

wypadać/wypaść - komu, co - be becoming, be proper, turn out, happen

wypełniać/wypełnić - co - fulfil, carry out, fill out - p.183

wyprowadzać/wyprowadzić - kogo, co; z czego - lead out

wyprzedzać/wyprzedzić - kogo, co - overtake

wyrażać/wyrazić - komu, co - express - p.184

wyrażać się/wyrazić się - express oneself

wyruszać/wyruszyć - z czego; dokąd - start from

wysiadać/wysiąść - z czego - get off /out/

wystarczać/wystarczyć - czego - suffice, be enough - p.185

wysyłać/wysłać - kogo; komu, co; do kogo - send - p.186

zabierać/zabrać - komu, co - take away, carry away

zabijać/zabić - kogo, co - kill

zaczynać/zacząć - co - begin, start, commence - p.187

zaczynać się/zacząć się - begin

zadawać/zadać - komu, co - give out /an exercise/, inflict on

zajmować/zająć - kogo, co - occupy, reserve

zajmować się/zająć się - kim, czym - take care of

zależeć, I - od kogo, od czego - depend on

zamawiać/zamówić - kogo, co - order

zamieniać/zamienić - co, na co - exchange

zamierzać/zamierzyć - co - intend - p.188

zamykać/zamknąć - co - close, lock up, shut - p.189

zamykać się/zamknąć się - be closed

zapisywać się/zapisać się - do czego; na co - enroll

zapominać/zapomnieć - kogo, co; o czym - forget

zapraszać/zaprosić - kogo, do czego; na co - invite

zapytywać się/zapytać się - kogo, o co - ask for, question

zarabiać/zarobić - co, na czym - earn, gain

zasługiwać/zasłużyć - na co - deserve, merit

zastanawiać/zastanowić - kogo - check, astonish

zastanawiać się/zastanowić się - nad kim, nad czym -
    consider, ponder, think over - p.190

zasypiać/zasnąć - fall asleep

zawdzięczać, I - komu, co - owe, be indebted - p.191

zawierać/zawrzeć - co - contain, enclose, comprise, include,
    conclude /contract/ - p.192

zbierać/zebrać - co - gather, collect

zdawać/zdać - co - take an exam, pass an exam

zdawać się/zdać się - komu - seem

zdążać/zdążyć - na co - come in time, be in time, have enough
    time, manage to do in /on/ time; draw /towards/ /I only/
    - p.193

zdejmować/zdjąć - komu, co - take off /down/, take a
    picture - p.194

zdejmować się/zdjąć się - take a picture

zjeżdżać/zjechać - z czego - go down /by vehicle/, ride down

zmieniać/zmienić - co - change, alter, vary

zmieniać się/zmienić się - change, become changed

znajdować/znaleźć - kogo, co - find, discover - p.195

znajdować się/znaleźć się - be present

znosić/znieść - co - endure, support, bear, bring down

zostawać/zostać - kim, czym - become, stay, remain

zostawiać/zostawić - kogo, co; u kogo - leave behind

zwiedzać/zwiedzić - co - visit, go sight seeing - p.196

zwierzać się/zwierzyć się - komu, z czego - confide

zwracać/zwrócić - komu, co - return /an object/, refund,
    replace

żałować/pożałować - kogo, czego - regret, pity, be sorry -
   p.197
żartować/zażartować - z kogo, z czego; z kim - make fun,
   poke fun, joke - p.198
żegnać/pożegnać - kogo, co - say good-bye, bid farewell
   - p.199
żegnać się/pożegnać się - take leave of
żenić/ożenić - kogo - give in marriage
żenić się/ożenić się - z kim - marry /of a man/ - p.200
żyć/przeżyć - live - p.201

THE ENGLISH-POLISH INDEX is comprised of all the verbs listed
in THE POLISH-ENGLISH INDEX. Page numbers of conjugated verbs
are not provided now; therefore, for cross-reference THE
POLISH-ENGLISH INDEX should be consulted.

abandon, to - opuszczać/opuścić - kogo, co
abide by - trzymać się/potrzymać się
able, be - móc/potrafić - co
abstain - powstrzymywać się/powstrzymać się - od czego
achieve - dochodzić/dojść - do czego
accept - przyjmować/przyjąć - kogo, co; od kogo
accompany - odprowadzać/odprowadzić - kogo; gdzie
account, enter into - liczyć się/policzyć się
accounts, settle - lubić się/polubić się
ache - boleć/zaboleć - kogo, co
acquaint - poznawać/poznać - kogo, co
acquainted, be - poznawać się/poznać się
acquire - nabierać/nabrać - co
add - dodawać/dodać - co
admit - przyznawać się/przyznać się - komu, do czego
advance - podchodzić/podejść - do kogo, do czego
advantage of, take - korzystać/skorzystać - z czego
advise - radzić/poradzić - komu, co
afraid /of/, be - bać się, I - kogo, czego; o kogo, o co
aid - pomagać/pomóc - komu, w czym
allow - pozwalać/pozwolić - komu, na co
alter - zmieniać/zmienić - co
amend - poprawiać się/poprawić się
amuse - bawić/zabawić - kogo, czym
       - rozrywać/rozerwać - kogo, czym
amuse oneself - bawić się/zabawić się - kim, czym; z kim, w co
angry, be - gniewać się/rozgniewać się - na kogo, o co
answer - odpowiadać/odpowiedzieć - komu, czemu; na co
220

appear - pokazywać się/pokazać się
        - wydawać się/wydać się - komu, co
appease - uspokajać/uspokoić - kogo, czym
approach - nadchodzić/nadejść - do czego; gdzie
        - podchodzić/podejść - do kogo, do czego
argue - przekonywać/przekonać - kogo, o czym
arrange - urządzać/urządzić - co
arrive - nadchodzić/nadejść - do czego; gdzie
        - przybywać/przybyć - do kogo, do czego
arrive at - dojeżdżać/dojechać - do kogo, do czego; czym
arrive /on foot/ - przychodzić/przyjść - do kogo, do czego;
        skąd
arrive /by vehicle/ - przyjeżdżać/przyjechać - do kogo, do
        czego; skąd
arriving, be /on foot/ - nadchodzić/nadejść - do czego
arriving, be /by vehicle/ - nadjeżdżać/nadjechać - do kogo,
        do czego
ascend - wchodzić/wejść - na co
ask / a question/ - pytać/zapytać - kogo, o co
ask /for/ - prosić/poprosić - kogo, o co
        - zapytywać się/zapytać się - kogo, o co
assail - rzucać się/rzucić się - na kogo, na co
assault - bić/pobić - kogo, czym
assign - przeznaczać/przeznaczyć - kogo, co; na co
assist - pomagać/pomóc - komu, w czym
astonish - zastanawiać/zastanowić - kogo
attack - rzucać się/rzucić się - na co
attain - dochodzić/dojść - do czego
attempt - próbować/spróbować - czego
attend to - pilnować/dopilnować - kogo, czego
attract - kierować/skierować - na kogo, co
authorize - pozwalać/pozwolić - komu, na co
avail oneself of - korzystać/skorzystać - z czego
await - czekać/zaczekać - na kogo, na co; kogo
awaken - budzić się/obudzić się

aware, be - wiedzieć, I - co; o kim, o czym

bath, take a - kąpać się/wykąpać się
bathe - kąpać/wykąpać - kogo, w czym
be - być, A/bywać, F - kim, czym
be able - móc/potrafić - co
be afraid of - bać się, I - kogo, czego
be angry - gniewać się/rozgniewać się - na kogo, o co
be /in the act of/ arriving /by vehicle/ - nadjeżdżać/
    nadjechać - gdzie
be aware - wiedzieć, I - co; o kim, o czym
be becoming - wypadać/wypaść - komu, co
be bored - nudzić się/znudzić się
be born - rodzić się/urodzić się
be burning - palić się/zapalić się
be called - nazywać się/nazwać się
be closed - zamykać się/zamknąć się
be /in the act of/ coming /on foot/ - nadchodzić/nadejść
    - do czego; gdzie
be coming up /by vehicle/ - nadjeżdżać/nadjechać - gdzie
be convinced - przekonywać się/przekonać się
be cured - leczyć się/wyleczyć się
be enough - wystarczać/wystarczyć - czego
be fond of - lubić/polubić - co
be glad - cieszyć się/ucieszyć się - kim, czym; z czego
be guided by - kierować się/skierować się
be hanging - wieszać/powiesić - kogo, co
be ill - chorować/zachorować - na co
be in /a certain/ mood - czuć się/poczuć się
be in a hurry - śpieszyć się/pośpieszyć się
be in a short supply - brakować/zabraknąć - czego
be in love - kochać się/pokochać się
be in time - zdążać/zdążyć - na co
be indebted - zawdzięczać, I - komu, co

be informed - dowiadywać się/dowiedzieć się - od kogo, o czym
be intended for - służyć/posłużyć - do czego
be interested - interesować się/zainteresować się - kim, czym
be lacking - brakować/zabraknąć - czego
be late - spóźniać się/spóźnić się - na co; gdzie
be led - wodzić się, ID*wieść się, D/powieść się, P
be lost - gubić się/zgubić się
be missing - brakować/zabraknąć - komu, czego
be mistaken - mylić się/pomylić się
be named - wymieniać/wymienić - kogo, co
be pleasing - podobać się/spodobać się - komu
be present - znajdować się/znaleźć się
be proper - wypadać/wypaść - komu, co
be repeated - powtarzać się/powtórzyć się
be sick - chorować/zachorować - na co
be silent - milczeć/przemilczeć
be sitting - siadać/usiąść - na czym; gdzie
be solved - rozwiązywać się/rozwiązać się
be sorry - żałować/pożałować - kogo, czego
be standing - stać/postać - gdzie
be suitable - odpowiadać, I - komu, czemu; na co
be taken down - zdejmować się/zdjąć się
be uneasy - niepokoić się/zaniepokoić się - o co
be untied - rozwiązywać się/rozwiązać się
be upset - martwić się/zmartwić się - o kogo, o co; czym
be wrong - mylić się/pomylić się - w czym
bear - nosić, ID*nieść, D/zanieść, P - kogo, co; do kogo; komu
bear a child - rodzić/urodzić - kogo
bear in mind - pamiętać/zapamiętać - kogo, co; o czym
beat - bić/pobić - kogo, czym
become - robić się/zrobić się
       - stawać się/stać się - kim, czym
       - zostawać/zostać - kim, czym
become changed - zmieniać się/zmienić się
become ill - chorować/zachorować - na co

becoming, be - wypadać/wypaść - komu, co
bed, go to - kłaść/położyć - kogo, na co
beg - prosić/poprosić - kogo, o co
begin - zaczynać /się/zacząć /się/ - co
begin to laugh - śmiać się/zaśmiać się - z kogo, z czego
behave noisily - krzyczeć/krzyknąć - komu, co
believe - wierzyć/uwierzyć - w co; komu
belong - należeć, I - do kogo, do czego
bid farewell - żegnać/pożegnać - kogo, co
blow - grać/zagrać - na czym
boil - gotować/ugotować - dla kogo, co
     - gotować się/ugotować się
bore - nudzić/znudzić - kogo, czym
bored, be - nudzić się/znudzić się
born, be - rodzić się/urodzić się
borrow - pożyczać/pożyczyć - od kogo, co
brake - hamować/zahamować - co
break - rozbijać/rozbić - komu, co
break off - przestawać/przestać
bring - wnosić/wnieść - kogo, co
bring /by vehicle/ - przywozić/przywieźć - komu, co; skąd
bring down - znosić/znieść - co
bring /someone something/ - przynosić/przynieść - komu, co
bring /something to something/ - doprowadzać/doprowadzić -
     co, do czego
bring to a stop - hamować/zahamować - co
     - stawać/stanąć
bring up - przynosić/przynieść - komu, co
broadcast - nadawać/nadać - do kogo, co
bruise - rozbijać/rozbić - komu, co
budge - ruszać się/ruszyć się
build - budować/zbudować - komu, co
burn - palić/zapalić - co
burning, be - palić się/zapalić się
224

buy - kupować/kupić - u kogo, co; od kogo; gdzie

call - nazywać/nazwać - kogo
    - wołać/zawołać - kogo
call off - odwoływać/odwołać - co
call on - wstępować/wstąpić - do kogo
call up - dzwonić/zadzwonić - do kogo, czym
called, be - nazywać się/nazwać się
calm - uspokajać/uspokoić - kogo, czym
calm down - uspokajać się/uspokoić się
can - móc/potrafić - co
carry - nosić, ID*nieść, D/zanieść, P - kogo, co; do kogo;
    komu
carry across - przenosić/przenieść - kogo, co; dokąd
carry away - zabierać/zabrać - komu, co
carry by vehicle - wozić, ID*wieźć, D/posieźć, P
carry in - wnosić/wnieść - kogo, co
carry out - wypełniać/wypełnić - co
cast - rzucać/rzucić - co
catch - łapać/złapać - kogo, co
catch /cold/ - dostawać/dostać - czego
catch sight of - spostrzegać/spostrzec - kogo, co
    - widzieć/zobaczyć - kogo, co
catch sound of - słyszeć/usłyszeć - od kogo, co
cause - powodować/spowodować - co
cause damage to - szkodzić/zaszkodzić - komu, czemu
cause pain - boleć/zaboleć - kogo, co
cease - przestawać/przestać
cede - ustępować/ustąpić - komu, czego
change - wymieniać/wymienić - kogo, co
    - zmieniać/zmienić - co
changed, become - zmieniać się/zmienić się
chat - rozmawiać/porozmawiać - z kim, o czym
check - sprawdzać/sprawdzić - co

-zastanawiać/zastanowić - kogo

cheer - cieszyć/ucieszyć - kogo, czym

choose - wybierać/wybrać - kogo, co

clean - czyścić/oczyścić - co, czym

clean oneself - czyścić się/oczyścić się

clean up - sprzątać/sprzątnąć - co

clip - obcinać/obciąć - komu, co

close - zamykać/zamknąć - co

closed, be - zamykać się/zamknąć się

clothe - ubierać/ubrać - kogo, w co

coax - namawiać/namówić - kogo, do czego

collect - skupiać/skupić - co

      - zbierać/zebrać - co

comb - czesać/uczesać - kogo, czym

comb /one's hair/ - czesać się/uczesać się - czym

come - chodzić/przyjść - po co; gdzie

      - nadchodzić/nadejść - do czego; gdzie

come back - wracać/wrócić - skąd

come by vehicle - przyjeżdżać/przyjechać - do kogo, do

    czego; skąd

come in - wchodzić/wejść - do kogo, do czego

come in time - zdążać/zdążyć - na co

come late - spóźniać się/spóźnić się - na co; gdzie

come on foot - przychodzić/przyjść - do kogo, do czego; skąd

         - nadchodzić/nadejść - do czego

come out /on foot/ - wychodzić/wyjść - z czego; skąd

come to an end - kończyć się/skończyć się - co

come to a stop - stawać/stanąć

come up to - podchodzić/podejść - do kogo, do czego

comfort - cieszyć/ucieszyć - kogo, czym

coming up, be /by vehicle/ - nadjeżdżać/nadjechać - gdzie

commence - zaczynać/zacząć - co

complain - narzekać/ponarzekać - na kogo, na co

complete - kończyć/skończyć - co

226

compose - uspokajać się/uspokoić się

comprehend - rozumieć/zrozumieć - kogo, co

comprise - zawierać/zawrzeć - co

conceal - chować/schować - komu, co

concentrate - skupiać/skupić - co

concern - obchodzić/obejść - kogo, co

conclude - zawierać/zawrzeć - co

conduct - prowadzić/zaprowadzić - kogo, co

    - wodzić, ID*wieść, D/powieść, P - kogo, co

confess - przyznawać się/przyznać się - komu, do czego

confide - zwierzać się/zwierzyć się - komu, z czego

confuse - mylić/pomylić - kogo

consider - lubić się/polubić się

    - zastanawiać się/zastanowić się - nad kim, nad czym

construct - budować/zbudować - co

consult - radzić się/poradzić się

contain - mieścić/zmieścić - co

    - zawierać/zawrzeć - co

continue - trwać/potrwać - w czym

contribute - wnosić/wnieść - co

control - hamować/zahamować - co

convince - przekonywać/przekonać - kogo, o czym

convinced, be - przekonywać się/przekonać się

cook - gotować/ugotować - dla kogo, co

copy - przepisywać/przepisać - co

correct - poprawiać/poprawić - co

cost - kosztować, I - kogo, co

count - liczyć/policzyć - co; na co

cover - nakrywać/nakryć - co, do czego; czym

create - robić/zrobić - komu, co

cross - przechodzić/przejść - przez co

cry - krzyczeć/krzyknąć - komu, co; z czego

    - płakać/zapłakać

cry for - wołać/zawołać - kogo

cure - leczyć/wyleczyć - kogo, czym
cured, be - leczyć się/wyleczyć się
cut - ciąć/pociąć - co, czym
cut oneself - ciąć się/pociąć się
cut /hair/ - obcinać/obciąć - komu, co

dance - tańczyć/zatańczyć - z kim, co
dare - ośmielać się/ośmielić się - na co
decide - postanawiać/postanowić - co
dedicate - przeznaczać/przeznaczyć - kogo, co; na co
defend - bronić/obronić - kogo, przed kim; przed czym, co
defend oneself - bronić się/obronić się
delay - spóźniać/spóźnić - kogo
demand - prosić/poprosić - kogo, o co
demonstrate - dowodzić/dowieść - czego
deny - przeczyć/zaprzeczyć - komu, czemu
depart /on foot/ - odchodzić/odejść - od kogo, od czego;
    skąd; gdzie
depart /by vehicle/ - odjeżdżać/odjechać - z czego, do czego
                    - wyjeżdżać/wyjechać - z czego, czym; gdzie
depend on - zależeć, I - od kogo, od czego
deprive of - odbierać/odebrać - komu, co
descend - schodzić/zejść - z czego
describe - opisywać/opisać - komu, co; kogo
desert - opuszczać/opuścić - kogo, co
deserve - zasługiwać/zasłużyć - na co
desire - chcieć/zechcieć - czego, co
deter - hamować/zahamować - co
develop - podnosić/podnieść - kogo, co
devote - przeznaczać/przeznaczyć - kogo, co; na co
die - umierać/umrzeć
differ - odróżniać się/odróżnić się
differentiate - odróżniać/odróżnić - kogo, co; od czego
dine - jeść/zjeść /obiad/ - u kogo, co; gdzie

direct - kierować/skierować - co, dokąd
dirty - brudzić/zabrudzić - komu, co
dirty, get - brudzić się/zabrudzić się
discover - znajdować/znaleźć - kogo, co
dishearten - wpadać/wpaść - w co
dismiss - przestawać/przestać
disregard - lekceważyć/zlekceważyć - kogo, co
dissuade - odmawiać/odmówić - kogo, od czego
distinguish - odróżniać/odróżnić - kogo, co; od czego
disturb - przeszkadzać/przeszkodzić - komu, w czym
do - robić/zrobić - komu, co
do better - poprawiać się/poprawić się
do hair - czesać/uczesać - kogo, czym
draw - ciągnąć/pociągnąć - kogo, co; z czego
draw near - podchodzić/podejść - do kogo, do czego
draw out - wyciągać/wyciągnąć - kogo, co
dream - śnić, I - o kim, o czym
dress - ubierać/ubrać - kogo, w co
dress oneself - ubierać się/ubrać się
drink - pić/wypić - co
drive /a car/ - kierować, I - czym
drive in - wjeżdżać/wjechać - w co; na co
drive out - wyjeżdżać/wyjechać - czym, z czego; gdzie
drop in - wstępować/wstąpić - do kogo
dwell /in/ - mieszkać/zamieszkać - w czym; gdzie

earn - zarabiać/zarobić - co
eat - jeść/zjeść - u kogo, co; gdzie
elect - wybierać/wybrać - kogo, co
embolden - ośmielać/ośmielić - kogo
employ - używać/użyć - czego
enclose - zawierać/zawrzeć - co
encounter - spotykać/spotkać - kogo, co
encourage - ośmielać/ośmielić - kogo

end - kończyć się/skończyć się - co
endeavor - starać się/postarać się - od kogo, o co
endure - znosić/znieść - co
enjoy - korzystać/skorzystać - z czego
enjoy oneself - bawić się/zabawić się - kim, czym; z kim, w co
enough, be - wystarczać/wystarczyć - czego
enquire - pytać/zapytać - kogo, o co
enroll - zapisywać się/zapisać się - do czego, na co
enter /on foot/ - wchodzić/wejść - do kogo, do czego
        /by vehicle/ - wjeżdżać/wjechać - w co; na co
        - wstępować/wstąpić - do kogo
enter into account - liczyć się/policzyć się
entertain - bawić/zabawić - kogo, czym
err - mylić się/pomylić się - w czym
escape - uciekać się/uciec się
establish oneself - urządzać się/urządzić się
examine - oglądać/obejrzeć - co
exchange - zamieniać/zamienić - co, na co
exclude - wykluczać/wykluczyć - kogo, co
excuse - wybaczać/wybaczyć - komu, co
excuse oneself - tłumaczyć się/wytłumaczyć się - komu, z czego
expect - czekać/zaczekać - na kogo, na co; kogo
explain - tłumaczyć/wytłumaczyć - komu, co
explain oneself - tłumaczyć się/wytłumaczyć się - komu, z czego
express - wyrażać/wyrazić - komu, co
extract - wyciągać/wyciągnąć - co

fail - brakować/zabraknąć - czego
faith in, put - wierzyć/uwierzyć - komu, czemu; w kogo, w co
fall asleep - zasypiać/zasnąć
fall /down/ - padać OR upadać/upaść - na kogo, na co; z czego
fall in/to/ - wpadać/wpaść - w co; na kogo, na co
fancy for, have - lubić/polubić - kogo, co
fear - bać się, I - kogo, czego; o kogo, o co; za kogo, za co
230

feel - czuć/poczuć - do kogo, co
    - czuć się/poczuć się
fetch - przynosić/przynieść - komu, co
fight - bić się/pobić się - z kim, z czym
fill - nalewać/nalać - co, do czego
fill out - wypełniać/wypełnić - co
find - znajdować/znaleźć - kogo, co
find out - dowiadywać się/dowiedzieć się - czego; od kogo, o czym
    - wynajdywać/wynaleźć - co
finish - kończyć/skończyć - co
fit /into/ - mieścić się/zmieścić się - gdzie
flee - uciekać/uciec - przed kim, przed czym; gdzie
float - pływać, ID*płynąć, D/popłynąć, P - na czym; gdzie
fly - latać, ID*lecieć, D/polecieć, P - gdzie
fly away - odlatywać/odlecieć - do kogo, do czego; skąd
follow - iść/pójść - za kim, za czym
fond of, be - lubić/polubić - kogo, co
forget - zapominać/zapomnieć - kogo, co; o czym
forgive - wybaczać/wybaczyć - komu, co
foresee - przewidywać/przewidzieć - co
freeze - marznąć/zmarznąć
fulfil - wypełniać/wypełnić - co
fun, make - żartować/zażartować - z kogo, z czego; z kim
furnish - urządzać/urządzić - co

gain - zarabiać/zarobić - co, na czym
gather - nabierać/nabrać - kogo, czego
    - zbierać/zebrać - co
gaze at - przyglądać się/przyjrzeć się - komu, czemu
get - dostawać/dostać - od kogo, co
    - stawać się/stać się - co
get acquainted - poznawać się/poznać się
get angry - gniewać się/rozgniewać się - na kogo, o co
get cold - marznąć/zmarznąć

231

get dirty - brudzić się/zabrudzić się

get married - pobierać się/pobrać się

get off - wysiadać/wysiąść - z czego

get on - wsiadać/wsiąść - w co

get out - wysiadać/wysiąść - z czego

get to - dochodzić/dojść - do czego

get to know - dowiadywać się/dowiedzieć się - czego; od kogo,
   o czym
          - poznawać/poznać - kogo, co

get, try to - starać się/postarać się - od kogo, o co

get undressed - rozbierać się/rozebrać się

get up - wstawać/wstać

give - dawać/dać - komu, co
     - podawać/podać - komu, co

give a shout - krzyczeć/krzyknąć - komu, co

give away - rozdawać/rozdać - komu, co

give back - oddawać/oddać - komu, co

give in marriage - żenić/ożenić - kogo

give out /an exercise/ - zadawać/zadać - komu, co

give up - przestawać/przestać
        - ustępować/ustąpić - komu, czego

glad, be - cieszyć się/ucieszyć się - z czego

glance - spoglądać/spojrzeć - na kogo, na co

go /on foot/ - chodzić, ID*iść, D/pójść, P - po czym; po co;
   gdzie
   /by vehicle/ - jeździć, ID*jechać, D/pojechać, P - czym,
   gdzie

go across /on foot/ - przechodzić/przejść - przez co
          /by vehicle/ - przejeżdżać/przejechać - przez co

go around /on foot/ - obchodzić/obejść - kogo, co

go around /by vehicle/ - objeżdżać/objechać - kogo, co

go as far as /on foot/ - dochodzić/dojść - do czego

go away /on foot/ - odchodzić/odejść - od kogo, od czego;
   skąd; gdzie
          /by vehicle/ - odjeżdżać/odjechać - z czego; do czego

- wyjeżdżać/wyjechać - z czego, czym; gdzie
go back - wracać/wrócić - skąd
go down /on foot/ - schodzić/zejść
    /by vehicle/ - zjeżdżać/zjechać
go for - chodzić, ID*iść, D/pójść, P - po czym
go in /on foot/ - wchodzić/wejść - do kogo, do czego
go out /on foot/ - wychodzić/wyjść - z czego; skąd
    /by vehicle/ - wyjeżdżać/wyjechać - z czego, czym; gdzie
go through /on foot/ - przechodzić/przejść - przez co; na co
    /by vehicle/ - przejeżdżać/przejechać - przez co
go to - udawać się/udać się - do kogo, do czego
go up /on foot/ - wchodzić/wejść - do kogo, do czego
good time, have a - bawić się/zabawić się - kim, czym; z kim,
    w co
grab - rzucać się/rzucić się - na kogo, na co
grant - przyznawać/przyznać - kogo, co
grasp - łapać/złapać - kogo, co
grateful to, be - dziękować/podziękować - komu, za co
greet - witać/przywitać - kogo, czym
grow - rosnąć/wyrosnąć
grow calm - uspokajać się/uspokoić się
grumble - narzekać/ponarzekać - na kogo, na co
guess - domyślać się/domyślić się - czego
guided by, be - kierować się/skierować się

hand - podawać/podać - komu, co
hand over - oddawać/oddać - komu, co
hang - wieszać/powiesić - kogo, co
happen - spotykać/spotkać - kogo, co
    - stawać się/stać się - co
    - wypadać/wypaść - komu, co
harm - szkodzić/zaszkodzić - komu, czemu
hasten - śpieszyć się/pośpieszyć się
hate - nienawidzić/znienawidzić - kogo, czego

hate oneself - nienawidzić się/znienawidzić się
have - mieć, A*miewać, F - kogo, co
have a fancy for - lubić/polubić - kogo, co
have a good time - bawić się/zabawić się - kim, czym; z kim,
w co
have a look at - oglądać/obejrzeć - co
have a meal - jeść/zjeść - u kogo, co; gdzie
have a name - nazywać się/nazwać się
have a rest - odpoczywać/odpocząć
have a talk - rozmawiać/porozmawiać - z kim, o czym
have an appointment - spotykać się/spotkać się - z kim
have enough time - zdążać/zdążyć - na co
have to - musieć, I - co
hear - słuchać/usłuchać - kogo, czego
    - słyszeć/usłyszeć - od kogo, co
help - pomagać/pomóc - komu, w czym
hide - chować/schować - komu, co
hide oneself - chować się/schować się
hinder - przeszkadzać/przeszkodzić - komu, w czym
hire - wynajmować/wynająć - komu, co; od kogo, co
hit - bić/pobić - kogo, czym
hold - trzymać/potrzymać - kogo, co
hold by - trzymać się/potrzymać się
hunt - szukać/poszukać - kogo, czego
hurl - rzucać/rzucić - co
hurry - śpieszyć się/pośpieszyć się
hurt - szkodzić/zaszkodzić - komu, czemu
    - boleć/zaboleć - kogo, co

import - przywozić/przywieźć - komu, co; skąd
include - zawierać/zawrzeć - co
    - włączać/włączyć - co
indebted, be - zawdzięczać, I - komu, co
indicate - wskazywać/wskazać - kogo; komu, co
234

inflict on - zadawać/zadać - komu, co

informed, be - dowiadywać się/dowiedzieć się - czego; od kogo, o czym

injure - szkodzić/zaszkodzić - komu, czemu

inquire - pytać/zapytać - kogo, o co

inspect - oglądać/obejrzeć - co
    - przyglądać się/przyjrzeć się - komu, czemu

instruct - uczyć/nauczyć - kogo, czego

intend - zamierzać/zamierzyć - co

intended for, be - służyć/posłużyć - do czego

interest - interesować/zainteresować - kogo, czym

interested, be - interesować się/zainteresować się - kim, czym

interfere - przeszkadzać/przeszkodzić - komu, w czym

interpret - tłumaczyć/przetłumaczyć - komu, co

interrogate - zadawać/zadać komu, co

introduce - przedstawiać/przedstawić - komu, co; kogo

invent - wynajdywać/wynaleźć - co

investigate - badać/zbadać - kogo, co

invite - prosić/poprosić - kogo, o co
    - zapraszać/zaprosić - kogo, do czego; na co

irritate - gniewać/rozgniewać - kogo, czym

join - dodawać/dodać - co

joke - żartować/zażartować - z kogo, z czego

journey /by vehicle/ - jeździć, ID*jechać, D/pojechać, P - czym, gdzie

jump - skakać/skoczyć - na co; do czego; w co

justify oneself - tłumaczyć się/wytłumaczyć się - komu, z czego

keep - trzymać/potrzymać - kogo, co

kill - zabijać/zabić - kogo, co

kiss - całować/pocałować - kogo, co

kiss one another - całować się/pocałować się

knock - pukać/zapukać - w co; do kogo

know - wiedzieć, I - co; o kim, o czym

know, get to - dowiadywać się/dowiedzieć się - czego; od kogo,
   o czym
      - poznawać/poznać - kogo, co

know /how/ - umieć/potrafić - co

lacking, be - brakować/zabraknąć - komu, czego
      - ciągnąć się/pociągnąć się

last - trwać/potrwać - w czym

late, be - spóźniać się/spóźnić się

laugh - śmiać się/zaśmiać się - z kogo, z czego

lay down - kłaść/położyć - co, na co

lead - prowadzić/zaprowadzić - kogo, co
      - wodzić, ID*wieść, D/powieść, P - kogo, co

lead into - wprowadzać/wprowadzić - kogo, co; do czego

lead out - wyprowadzać/wyprowadzić - kogo, co; z czego

leap - skakać/skoczyć - na co; do czego; w co

learn - dowiadywać się/dowiedzieć się - czego; od kogo, o czym
      - uczyć się/nauczyć się - czego

leave - opuszczać/opuścić - kogo, co

leave behind - zostawiać/zastawić - kogo, co; u kogo

leave by vehicle - odjeżdżać/odjechać - z czego; do czego
      - wyjeżdżać/wyjechać - z czego, czym; gdzie

leave of, take - żegnać się/pożegnać się - z kim

leave on foot - odchodzić/odejść - od kogo, od czego; skąd;
   gdzie
      - wychodzić/wyjść - z czego; skąd

led, be - wodzić się, ID*wieść się, D/powieść się, P

lend - pożyczać/pożyczyć - komu, co

let - wynajmować/wynająć - od kogo, co; komu, co

lie - kłamać/skłamać - komu, o czym; o kim
      - leżeć/poleżeć - na czym; gdzie

lie down - kłaść się/położyć się - gdzie

lift - podnosić/podnieść - kogo, co

236

light up - zapalić - co /P only/
likable, be - podobać się/spodobać się - komu
like - lubić/polubić - kogo, co
like better - woleć, I - kogo, od kogo; co, od czego; niż co
linger - bawić/zabawić - u kogo; gdzie
listen - słuchać/usłuchać - kogo, czego
live - żyć/przeżyć
live /in/ - mieszkać/zamieszkać - w czym; gdzie
loan - pożyczać/pożyczyć - od kogo, co; komu, co
lock up - zamykać/zamknąć - co
look after - pilnować/dopilnować - kogo, czego
         - szukać/poszukać - kogo, czego
look around - oglądać się/obejrzeć się
look at - patrzeć/popatrzeć - na kogo, na co
        - przyglądać się/przyjrzeć się - komu, czemu
        - spoglądać/spojrzeć - na kogo, na co
look at, have a - oglądać/obejrzeć - co
look over - oglądać/obejrzeć - u kogo, co
lose - gubić/zgubić - kogo, co
lose a game - przegrywać/przegrać - w co
lost, be - gubić się/zgubić się
love - kochać/pokochać - kogo, co
love, be in - kochać się/pokochać się
lower down - opuszczać/opuścić - kogo, co

make - robić/zrobić - komu, co
make a mistake - mylić się/pomylić się - w czym
make a noise - krzyczeć/krzyknąć - komu, co; z czego
make a speech - przemawiać/przemówić - do kogo, za kim
make a telephone call - dzwonić/zadzwonić - do kogo, czym
make clear - tłumaczyć/wytłumaczyć - komu, co
make fun of - żartować/zażartować - z kogo, z czego; z kim
make haste - śpieszyć/pośpieszyć - kogo
make sure - sprawdzać/sprawdzić - co

make use of - korzystać/skorzystać - z czego
make up - nadrabiać/nadrobić - co
manage - umieć/potrafić - co
manage to do in /on/ time - zdążać/zdążyć - na co
marry /of a man/ - żenić się/ożenić się - z kim
mass - skupiać/skupić - co
master - panować/opanować - kogo, co
may - móc/potrafić - co
mean /to do/ - chcieć się/zechcieć się
meet - spotykać/spotkać - kogo, co
      - spotykać się/spotkać się - z kim
memorize - uczyć się/nauczyć się - czego
mention - wymieniać/wymienić - kogo, co
merit - zasługiwać/zasłużyć - na co
mislead - mylić/pomylić - kogo
missing, be - brakować/zabraknąć - komu, czego
mistaken, be - mylić się/pomylić się - w czym
move - ruszać się/ruszyć się
must - musieć, I - co

name - nazywać/nazwać - kogo
     - wymieniać/wymienić - kogo, co
narrate - opowiadać/opowiedzieć - komu, co; o kim, o czym
need - potrzebować, I - kogo, czego
notice - spostrzegać/spostrzec - kogo, co

obey - słuchać/usłuchać - kogo, czego
     - słuchać się/usłuchać się
observe - przyglądać się/przyjrzeć się - komu, czemu
obtain - starać się/postarać się - od kogo, o co
occupy - zajmować/zająć - kogo, co
offer - podawać/podać - komu, co
open - otwierać/otworzyć - komu, co
order - zapotrzebować, /P only/
238

- zamawiać/zamówić - kogo, co
overtake - wyprzedzać/wyprzedzić - kogo, co
owe - zawdzięczać, I - komu, co
own - mieć, I - kogo, co
- posiadać/posiąść - co

pack - pakować/spakować - co
paint - malować/namalować - kogo, co
parade - przechodzić/przejść - w czym
pass /an exam/ - zdawać/zdać - co
pass /time/ - spędzać/spędzić - co
pass by - przechodzić/przejść - przez co
pay /for/ - płacić/zapłacić - komu, czym; za co
perceive - dostrzegać/dostrzec - co
- spostrzegać/spostrzec - kogo, co
permit - pozwalać/pozwolić - komu, na co
persuade - namawiać/namówić - kogo, do czego
- przekonywać/przekonać - kogo, o czym
pick /up/ - podnosić/podnieść - kogo, co
pity - żałować/pożałować - kogo, czego
place /flat/ - kłaść/położyć - co, na co
place /upright/ - stawiać/postawić - co, gdzie
plan - urządzać/urządzić - co
play - bawić się/zabawić się - kim, czym; z kim, w co
play /a game/ - grać/zagrać - w co
play /a musical instrument/ - grać/zagrać - na czym
play for - grać/zagrać - o co
please - podobać się/spodobać się - komu
pluck - rwać/urwać - co
point out - wskazywać/wskazać - kogo; komu, co
poke fun - żartować/zażartować - z kogo, z czego
ponder - zastanawiać się/zastanowić się - nad kim, nad czym
possess - mieć, I - kogo, co
- posiadać/posiąść - co

possession, take - brać/wziąć - od kogo, co
post - nadawać/nadać - do kogo, co
pour /into/ - nalewać/nalać - co, do czego
pour /on/ - polewać/polać - kogo, co; czym
prefer - woleć, I - kogo, od kogo; co, od czego; niż co
prepare - gotować/ugotować - dla kogo, co
　　　　- przygotowywać/przygotować - kogo, co; do czego
prescribe - przepisywać/przepisać - komu, co
present - przedstawiać/przedstawić - komu, co; kogo
present, be - znajdować się/znaleźć się
prevail /over/ - panować/opanować - kogo, co; nad kim, nad czym
probe into - badać/zbadać - kogo, co
produce - wyjmować/wyjąć - co
profit by - korzystać/skorzystać - z czego
promise - obiecywać/obiecać - komu, co
pronounce - wydawać/wydać - co
proper, be - wypadać/wypaść - komu, co
protect - bronić/obronić - kogo, co; przed kim, przed czym
provide - dawać/dać - komu, co
provoke - gniewać/rozgniewać - kogo, czym
pull - ciągnąć/pociągnąć - kogo, co; z czego
pull out - wyciągać/wyciągnąć - kogo, co
punish - karać/ukarać - kogo, za co
purchase - kupować/kupić - u kogo, co; od kogo; gdzie
put /upright/ - stawiać/postawić - co, gdzie
put faith in - wierzyć/uwierzyć - komu, czemu; w kogo, w co
put on - nastawiać/nastawić - co

quarrel - kłócić się/pokłócić się - z kim, o co
question - pytać się/zapytać się
　　　　- zapytywać /się/zapytać /się/ kogo, o co
quiet down - uspokajać się/uspokoić się

rain - padać/upaść - na kogo, na co

raise - budować/zbudować - co
reach - dochodzić/dojść - do czego
     - dojeżdżać/dojechać - do kogo, do czego; czym
     - dopływać/dopłynąć - do czego
read - czytać/przeczytać - o kim, co
reason with - przekonywać/przekonać - kogo, o czym
recall - odwoływać/odwołać - kogo, co
     - przypominać/przypomnieć - komu, o czym
receive - dostawać/dostać - od kogo, co
     - przyjmować/przyjąć - od kogo, co
reckon /on/ - liczyć/policzyć - na co
recognize - poznawać/poznać - kogo, co
refer - kierować/skierować - kogo, do kogo
refund - zwracać/zwrócić - komu, co
refuse - odmawiać/odmówić - komu, czego
regret - żałować/pożałować - kogo, czego
regulate - nastawiać/nastawić - co
rejoice /at/ /in/ - cieszyć się/ucieszyć się - kim, czym;
     z czego
relate - opowiadać/opowiedzieć - komu, o czym
rely on - liczyć/policzyć - na kogo, na co
remain - pozostawać/pozostać - gdzie
     - zostawać/zostać - u kogo
remember - pamiętać/zapamiętać - kogo, co; o czym
remind - przypominać/przypomnieć - komu, o czym
remove - sprzątać/sprzątnąć - co
rend /asunder/ - rozrywać/rozerwać - co
rent - wynajmować/wynająć - od kogo; komu, co
repeat - powtarzać/powtórzyć - komu, co
repeated, be - powtarzać się/powtórzyć się
replace - zwracać/zwrócić - co
reply - odpowiadać/odpowiedzieć - komu, na co
request - prosić/poprosić - kogo, o co
require - zapotrzebować, /P only/

rescue - ratować/uratować - kogo, co
reserve - zajmować/zająć - kogo, co
reside - mieszkać/zamieszkać - w czym; gdzie
resolve - rozwiązywać/rozwiązać - co
rest - odpoczywać/odpocząć
return /an object/ - zwracać/zwrócić - komu, co
return /come back/ - wracać/wrócić - skąd
return /give back/ - oddawać/oddać - komu, co
revoke - odwoływać/odwołać - co
rewrite - przepisywać/przepisać - co
ride - jeździć, ID*jechać, D/pojechać, P - czym; gdzie
ride down - zjeżdżać/zjechać - z czego
ride /in/ - wjeżdżać/wjechać - w co, na co
ring /up/ - dzwonić/zadzwonić - do kogo, czym
rise - wstawać/wstać - z czego
root, take - przyjmować się/przyjąć się
run - biec/pobiec - do kogo, do czego; po co
run away - uciekać/uciec - przed kim, przed czym; gdzie
run in - wpadać/wpaść - do kogo; w co; na co
run out - kończyć się/skończyć się - kto, co
run through - przebiegać/przebiec - przez co
rush - rzucać się/rzucić się

sail - pływać, ID*płynąć, D/popłynąć, P - czym; gdzie
sail across - przepływać/przepłynąć - co; przez co
save - ratować/uratować - kogo, co
save oneself - ratować się/uratować się
say - mówić/powiedzieć - do kogo, co; komu, o czym
say good-bye - żegnać/pożegnać - kogo, co
scream - krzyczeć/krzyknąć - komu; z czego
search - szukać/poszukać - kogo, czego
secure - starać się/postarać się - od kogo, o co
see - widzieć/zobaczyć - co
see one another - widzieć się/zobaczyć się

see to - starać się/postarać się - od kogo, o co
seek - szukać/poszukać - kogo, czego
seem - wydawać się/wydać się - komu, co
    - zdawać się/zdać się - komu
select - wybierać/wybrać - kogo, co
sell - sprzedawać/sprzedać - komu, co
send - wysyłać/wysłać - kogo; komu, co; do kogo
serve - podawać/podać - komu, co
    - służyć/posłużyć - komu, czemu
set - nastawiać/nastawić - co
    - stawiać/postawić - co; gdzie
set at variance - kłócić/pokłócić - kogo, z kim
set /table/ - nakrywać/nakryć - do czego; czym
settle - urządzać/urządzić - co
settle accounts - lubić się/polubić się
settle down - uspokajać się/uspokoić się
sew - szyć/uszyć - komu, co
shatter - rozbijać/rozbić - komu, co
shout - krzyczeć/krzyknąć - komu; z czego
show - pokazywać/pokazać - komu, co
shut - zamykać/zamknąć - co
sight-seeing, go - zwiedzać/zwiedzić - co
sign - podpisywać/podpisać - komu, co; u kogo, czym
silent, be - milczeć/przemilczeć
sing - śpiewać/zaśpiewać - komu, co
sit down - siadać/usiąść - na czym; gdzie
sleep - spać, A*sypiać, F/pospać OR przespać, P - gdzie
slight - lekceważyć/zlekceważyć - kogo, co
slow down - hamować/zahamować
smell - czuć/poczuć - od kogo, co
smoke - palić/zapalić - co
snow - padać/upaść
soil - brudzić/zabrudzić - komu, co
solve - rozwiązywać/rozwiązać - co

solved, be - rozwiązywać się/rozwiązać się

sorry, be - żałować/pożałować - kogo, czego

speak - przemawiać/przemówić - do kogo; za kim

speak /to/ - mówić/powiedzieć - do kogo, co; komu, o czym

speak /with/ - rozmawiać/porozmawiać - z kim, o czym

spend /time/ - spędzać/spędzić - co

stand - stać/postać - gdzie
    - stawać/stanąć

stare at - przyglądać się/przyjrzeć się - komu, czemu

start - zaczynać /się/zacząć /się/ - co

start from - wyruszać/wyruszyć - z czego; dokąd

stay - zostawać/zostać

steal - kraść/ukraść - u kogo, co

step down - schodzić/zejść

stir - ruszać/ruszyć - kogo, co

stop - przestawać/przestać
    - stawać/stanąć

stress - podkreślać/podkreślić

strike - bić/pobić - kogo, czym

strike down - kłaść/położyć - kogo

study - uczyć się/nauczyć się - czego

subscribe - podpisywać/podpisać - co

succeed - udawać się/udać się

suffice - wystarczać/wystarczyć - czego

suitable, be - odpowiadać, I - komu, czemu; na co

support - znosić/znieść - co

surmise - domyślać się/domyślić się - czego

swim - pływać, ID*płynąć, D/popłynąć, P - czym; gdzie

swim across - przepływać/przepłynąć - co; przez co

switch on - włączać/włączyć - co

switch off - wyłączać/wyłączyć - co

take - brać/wziąć - od kogo, co; skąd; z czego

take a bath - kąpać się/wykąpać się

take an exam - zdawać/zdać - co

take advantage - korzystać/skorzystać - z czego

take /someone/ away - odprowadzać/odprowadzić - kogo; gdzie

take /something/ away - odbierać/odebrać - komu, co

                 - zabierać/zabrać - komu, co

take back - odnosić/odnieść - komu, co

take care of - zajmować się/zająć się - kim, czym

take down - zdejmować/zdjąć - co

take leave of - żegnać się/pożegnać się - z kim

take off /clothing/ - zdejmować/zdjąć - komu, co

taken down, be - zdejmować się/zdjąć się

take out - wyjmować/wyjąć - co

take up - podnosić/podnieść - kogo, co

take possession - brać/wziąć - od kogo, co

take root - przyjmować się/przyjąć się

talk - mówić/powiedzieć - do kogo

talk to - rozmawiać/porozmawiać - z kim, o czym

taste - próbować/spróbować - czego

      - skosztować ̄/P only/ - co

teach - uczyć/nauczyć - kogo, czego

tear - drzeć/podrzeć - co

     - rwać/urwać - co

tell - mówić/powiedzieć - do kogo, co; komu, o czym

tell about - opowiadać/opowiedzieć - komu, co; o kim, o czym

tell a lie - kłamać/skłamać - komu; o kim, o czym

terminate - kończyć/skończyć - co

test - próbować/spróbować - czego

thank - dziękować/podziękować - komu, za co

think /of/ /about/ - myśleć/pomyśleć - o czym; nad czym

think over - zastanawiać się/zastanowić się - nad kim, nad czym

throw - rzucać/rzucić - co

tidy - sprzątać/sprzątnąć - co

touch - dotykać /się/dotknąć /się/ - kogo, czego; czym

- ruszać/ruszyć - kogo, co
translate - tłumaczyć/przetłumaczyć - komu, co
transmit - nadawać/nadać - do kogo, co
transport - wozić, ID*wieźć, D/powieźć, P - co
travel /by vehicle/ - jeździć, ID*jechać, D/pojechać, P -
    czym; gdzie
trust - wierzyć/uwierzyć - w co
try - próbować/spróbować - czego
    - skosztować /P only/ - co
try to get - starać się/postarać się - od kogo, o co
tune in - nastawiać/nastawić - co
    - włączać się/włączyć się
turn out - wypadać/wypaść - komu, co

underline - podkreślać/podkreślić - co, w czym
understand - rozumieć/zrozumieć - kogo, co
    - rozumieć się/zrozumieć się - na czym
undertake - brać się/wziąć się - do czego
undress - rozbierać się/rozebrać się
untie - rozwiązywać/rozwiązać - co
untied, be - rozwiązywać się/rozwiązać się
upset - martwić/zmartwić - kogo, czym
upset, be - martwić się/zmartwić się - o kogo, o co; czym
urge - przekonywać/przekonać - kogo, w czym
use - korzystać/skorzystać - z czego
    - używać/użyć - czego

vanquish - bić/pobić - kogo
vary - zmieniać/zmienić - co
verify - sprawdzać/sprawdzić - co
vex - martwić/zmartwić - kogo, czym
visit - odwiedzać/odwiedzić - kogo, co
    - zwiedzać/zwiedzić - co

wait /for/ - czekać/zaczekać - na kogo, na co; kogo
wake - budzić/obudzić - kogo, co
wake up - budzić się/obudzić się
walk - chodzić, ID*iść, D/pójść, P - po czym; po co; gdzie
walk across - przechodzić/przejść - przez co; na co
walk around - obchodzić/obejść - kogo, co
walk away - odchodzić/odejść od kogo, od czego
walk in - wchodzić/wejść - do czego
walk off - odchodzić/odejść - od kogo, od czego; skąd; gdzie
walk out - wychodzić/wyjść - z czego; skąd
walk up to - podchodzić/podejść - do kogo, do czego
want - chcieć/zechcieć - czego, co
wanting, be - brakować/zabraknąć - komu, czego
wash - myć/umyć - kogo, co
wash oneself - myć się/umyć się
watch - pilnować/dopilnować - kogo, czego
water - polewać/polać - kogo, co; czym
wear - nosić, ID - co
wear out - wycierać się/wytrzeć się
weep - płakać/zapłakać
welcome - witać/przywitać - co; kogo, czym
win - wygrywać/wygrać - co
wipe - wycierać/wytrzeć - kogo, co
wipe oneself - wycierać się/wytrzeć się
wish /for/ - chcieć/zachcieć - czego; co
withdraw - odwoływać/odwołać - co
work - pracować/popracować - gdzie; nad czym; w czym
worry - martwić/zmartwić - kogo, czym
      - martwić się/zmartwić się - o kogo, o co; czym
write - pisać/napisać do kogo, co; komu, o czym; dla kogo
write back - odpisywać/odpisać - komu, co
wrong, be - mylić się/pomylić się - w czym

yield - ustępować/ustąpić - komu, czego
      - rodzić/urodzić - co

3 Foreign Language Series From Barron's!

The **VERB SERIES** offers more than 300 of the most frequently used verbs. The **GRAMMAR SERIES** provides complete coverage of the elements of grammar. The **VOCABULARY SERIES** offers more than 3500 words and phrases with their foreign language translations. Each book: paperback.

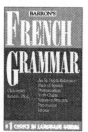

FRENCH GRAMMAR
ISBN: 4292-1
$5.95, Can. $7.95

GERMAN GRAMMAR
ISBN: 4296-4
$5.95, Can. $7.95

ITALIAN GRAMMAR
ISBN: 4311-1
$5.95, Can. $7.95

JAPANESE GRAMMAR
ISBN: 4643-9
$6.95, Can. $8.95

RUSSIAN GRAMMAR
ISBN: 4902-0
$5.95, Can. $7.95

SPANISH GRAMMAR
ISBN: 4295-6
$6.95, Can. $8.95

FRENCH VERBS
ISBN: 4294-8
$5.95, Can. $7.95

GERMAN VERBS
ISBN: 4310-3
$5.95, Can. $7.95

ITALIAN VERBS
ISBN: 4313-8
$5.95, Can. $7.95

JAPANESE VERBS
ISBN: 4525-4
$5.95, Can. $7.95

RUSSIAN VERBS
ISBN: 4754-0
$5.95, Can. $7.95

SPANISH VERBS
ISBN: 4283-2
$5.95, Can. $7.95

FRENCH VOCABULARY
ISBN: 4496-7
$5.95, Can. $7.95

GERMAN VOCABULARY
ISBN: 4497-5
$5.95, Can. $7.95

ITALIAN VOCABULARY
ISBN: 4471-1
$5.95, Can. $7.95

JAPANESE VOCABULARY
ISBN: 4743-5
$6.95, Can. $8.95

RUSSIAN VOCABULARY
ISBN: 1554-1
$6.95, Can. $8.95

SPANISH VOCABULARY
ISBN: 4498-3
$5.95, Can. $7.95

Barron's Educational Series, Inc.
250 Wireless Blvd., Hauppauge, NY 11788 • Call toll-free:1-800-645-3476
In Canada: Georgetown Book Warehouse
34 Armstrong Ave., Georgetown, Ontario L7G 4R9 • Call toll-free: 1-800-247-7160
Can.$ = Canadian dollars
Books may be purchased at your bookstore or by mail from Barron's. Enclose check or money order for total amount plus sales tax where applicable and 15% for postage and handling (minimum charge $4.95 U.S. and Canada). Prices subject to change without notice.
ISBN PREFIX: 0-8120

(#26) R10/96

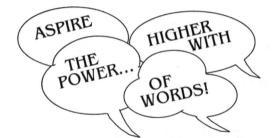